舵手汇

www.duoshou108.com

聪明投资者沟通的桥梁

天堂在左　地狱在右

——揭幕者震荡市投资笔记

揭幕者　著

山西出版传媒集团
山西人民出版社

图书在版编目（CIP）数据

天堂在左　地狱在右：揭幕者震荡市投资笔记 / 揭幕者著. -- 太原：山西人民出版社，2019.4
ISBN 978-7-203-10376-9

Ⅰ. ①天… Ⅱ. ①揭… Ⅲ. ①股票投资－基本知识 Ⅳ. ①F830.91

中国版本图书馆CIP数据核字（2018）第061190号

天堂在左　地狱在右：揭幕者震荡市投资笔记

著　　者：	揭幕者
责任编辑：	崔人杰
复　　审：	贺　权
终　　审：	秦继华

出　版　者：	山西出版传媒集团·山西人民出版社
地　　址：	太原市建设南路21号
邮　　编：	030012
发行营销：	0351-4922220　4955996　4956039　4922127（传真）
天猫官网：	http://sxrmcbs.tmall.com　电话：0351-4922159
E-mail：	sxskcb@163.com　　发行部
	sxskcb@126.com　　总编室
网　　址：	www.sxskcb.com

经 销 者：	山西出版传媒集团·山西人民出版社
承 印 厂：	三河市京兰印务有限公司

开　　本：	710mm×1000mm　1/16
印　　张：	16
字　　数：	220千字
印　　数：	1—5100册
版　　次：	2019年4月第1版
印　　次：	2019年4月第1次印刷
书　　号：	ISBN 978-7-203-10376-9
定　　价：	78.00元

如有印装质量问题请与本社联系调换

天堂之路与地狱之门

对于很多投资者而言，当一段上涨行情结束时，也正是天堂之路走到尽头之时，因为股市里明显的赚钱效应不见了，代之而起的往往是一轮暴跌之后的震荡行情。此时的股市跌中有涨，涨中有跌，但是一不小心，就会出现被套的情况，并且一套便很难解套，或是刚刚解套即会出现再次被套，震荡的行情无异于向投资者打开了一扇地狱之门。

当投资者行走在这种震荡行情中，可谓遍地荆棘。此时赚钱不仅已经变得很难，而且稍有不慎即会碰得头破血流，不停地买入后，看着行情急转直下；不停地卖出后，却眼睁睁看着行情风生水起。投资者似乎永远也把握不好股市震荡的节拍，只能看着起起伏伏的股市之潮今起明又落，自己遍体鳞伤地伫立岸边，茫然叹息。

事实上，这正是股市运行的规律使然，当一轮下跌行情结束后，股市即会进入震荡行情中，这种位于牛市与熊市之间的市况又被称为猴市。就个股来说，当庄家低位洗盘时会形成猴市，当庄家高位清仓时同样会形成猴市。就大盘来说，当各种对证券市场影响重大的消息或政策密集出台时，会导致股指猴性大发。当大盘经历过长时间、大幅度的上涨或下跌后，也容易形成猴市。

顾名思义，猴市的出现一如投资者的心情，时而行情上涨，如遇天堂之路；时而行情下跌，似入地狱之门，这种震荡行情曾让许多投资者为之疯狂。一步踏错，就有可能与天堂之路擦肩而过，而步入了地狱之门。

其实震荡行情中的趋势并不难把握，只是多数投资者由于自身的不了解，对这种行情心存畏惧，从而踯躅不前、战战兢兢、寸步难行！

为此，笔者根据多年的投资心得及投资经历，从震荡行情的实际行情发展趋势入手，以判断震荡行情的买入与卖出为原则，从实战的角度入手，以震荡行情的选股实战，阶段性高点与低点的实情判断为出发点，详细介绍了各种技术指标在震荡行情中的运用，以及如何综合利用各种技术指标逃顶、抄底，告诉投资者何时买入何时卖出，为什么要在这种情况下选择买入，又为什么在这种情况下选择卖出。以及震荡整理行情中的各种震荡整理形态的实战意义所在。

另外，笔者又从短线的角度出发，介绍了一些震荡行情中的短线实战策略与技巧，以及在面对震荡行情时，如何进行波段操作；还有，在短线操作中，如何巧用分时图的不同形态，进行实战操作，如何买在最佳点，卖在最佳点。

毋庸置疑的是，震荡行情往往是庄家最为活跃的时候。为此，笔者又从庄家的角度出发，帮助投资者分析庄家在震荡行情中的一举一动：从震荡行情为什么会出现，到庄家利用震荡行情的洗盘，再到震荡行情中股票出现的各种异常陷阱。让投资者明白，如何利用庄家在震荡行情中的各种举动来判断行情的涨跌，从而更好地把握好震荡行情的买卖点。

每一位股市投资者都想捕捉到黑马股，所以笔者又从黑马股在震荡行情中的各种表现，详细介绍了如何利用震荡行情，一举擒获黑马股的策略和技巧。

当投资者明白了本书中的所有内容之后，不仅对震荡行情有了较为深刻的认识和理解，也会发现，原来震荡行情并不可怕，我们只要按着书中的提示，在天堂之路出现时买入，当地狱之门打开前卖出。要做到这一点不再是一个遥不可及的梦，只要投资者能够认真阅读本书，做到举一反三，一定能够在震荡行情中避开地狱之门并踏上天堂之路，从而获得理想的收益。

目 录

第一章 震荡行情的选股实战 ·················· 1

1.1 震荡行情的选股策略 ·················· 2
1.2 震荡行情的操作方法 ·················· 13
1.3 震荡行情仓位的控制策略 ·············· 22

第二章 震荡行情的技术指标实战 ············ 27

2.1 指数平滑异同移动平均线 MACD ········ 28
2.2 随机指标 KDJ ························ 31
2.3 路径指标 BOLL ······················· 34
2.4 震荡指标 ASI ························ 39
2.5 强弱指标 RSI ························ 43
2.6 能量潮指标 OBV ······················ 45
2.7 区间震荡指标 DPO ···················· 48

第三章 震荡行情的抄底实战 ················ 53

3.1 如何从底部判断买点 ·················· 54
3.2 K线实战底部形态 ···················· 61
3.3 经典底部实战形态 ···················· 72

第四章 震荡行情的逃顶实战 … 83

4.1 如何从顶部判断卖点 … 84
4.2 K线实战顶部形态 … 90
4.3 经典顶部实战形态 … 101

第五章 震荡行情的K线整理形态实战 … 109

5.1 经典震荡整理形态实战 … 110
5.2 震荡行情的买入形态 … 116
5.3 震荡行情的卖出形态 … 120

第六章 震荡行情的分时图实战 … 125

6.1 如何从分时图看涨跌趋势 … 126
6.2 分时图买入形态 … 136
6.3 分时图卖出形态 … 141
6.4 分时图T+0战法 … 147

第七章 震荡行情的跟庄实战 … 155

7.1 为什么会出现震荡行情 … 156
7.2 庄家洗盘时惯用的手法 … 160
7.3 如何识破庄家的陷阱 … 165

第八章 震荡行情的短线实战 … 175

8.1 短线操盘策略 … 176
8.2 短线买入技巧 … 182
8.3 短线卖出技巧 … 188

第九章 震荡行情的波段实战 ··················· 195

9.1 如何把握波段操作 ························· 196
9.2 波段操作的仓位控制 ······················· 201
9.3 如何抓波段买点 ··························· 207
9.4 如何抓波段卖点 ··························· 215

第十章 如何在震荡行情中捕捉黑马股 ············ 223

10.1 黑马股选股策略 ·························· 224
10.2 黑马股选股技巧 ·························· 231
10.3 逆向思维选择黑马股 ······················ 238

第一章 震荡行情的选股实战

在震荡行情中，很多投资者都抱怨很难选股，也很难从中赚到钱。其实震荡行情并不一定就是不赚钱的市况，如果把握得好，震荡行情中的收益往往一点不比牛市中赚得少。只是因为，很多投资者不懂得如何在震荡行情中选股，比如在什么时机选股，选择什么样的股票，又应该在震荡行情中坚守怎样的投资策略，如何在震荡行情中控制好自己的仓位等等，以至于当震荡行情到来时，投资者往往一头雾水，像无头苍蝇一样乱闯，才越发踏不准节拍，碰得头破血流。

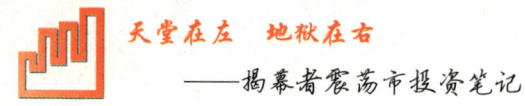

1.1 震荡行情的选股策略

1.1.1 主题投资

主题投资指的是通过研究实体经济中的结构性、周期性和制度性的变动趋势,从而挖掘出对经济变迁具有大范围影响的潜在因素,再对受益的行业和公司进行投资。通常,这种投资并不是按照一般的行业划分方法来选择股票的,而是将驱动经济体长期发展趋势的某个因素作为"主题",来选择地域、行业、板块或个股。

从分类上来看,主题投资可以分为趋势型投资和事件驱动型投资两种。

趋势型投资策略

趋势型投资策略主要是分析宏观经济走向、行业趋势和企业的经营形势,通过选择和把握基本趋势来获得预期的收益。

比如,在 2015 年 3 月,总理在政府工作报告中提出了"互联网 +"行动计划,这也就意味着在未来中国经济改革中,"互联网 +"将成为中国经济发展的一个趋势性方向,那么未来相关概念及行业必将会受到政策上的扶持,并成为中国经济未来发展的一个新兴特点与趋势方向。

那么,当经历了 2015 年 6 月的暴跌,股市进入震荡市后,这些受到政府支持的行业必然会率先开始反弹,并出现高于其他行业个股的涨幅。

比如，其中的互联网金融概念中的龙头股生意宝（002095）在股价经历暴跌进入震荡市后，短时间内反弹的力度相当大，超过了90%，原因正是出于其本身具有趋势性投资价值。如（图1-1）中所示：

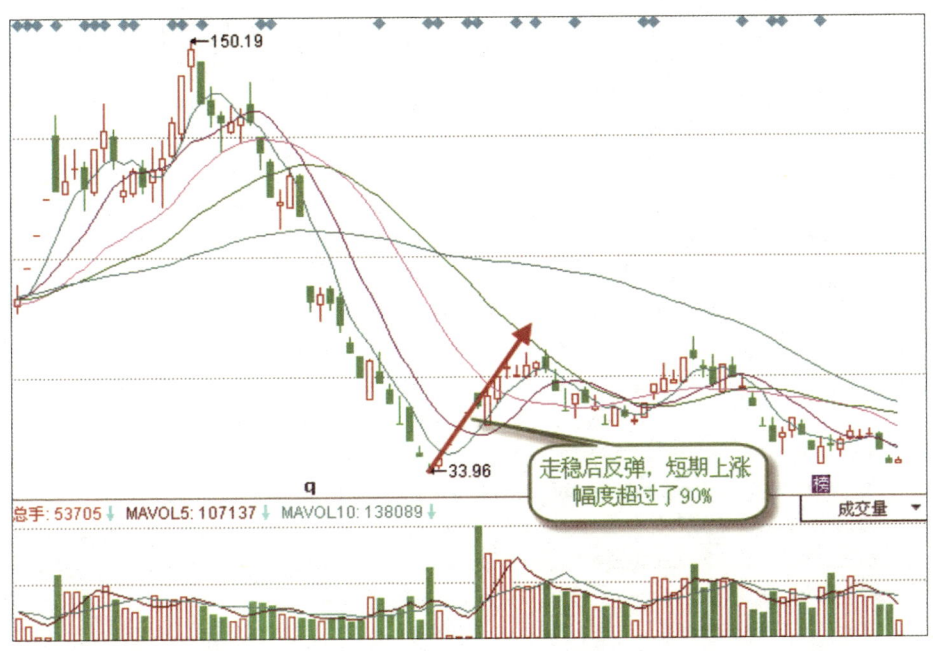

图1-1　生意宝——日线图

事件驱动型投资策略

事件驱动型投资策略也是主题投资的一种，其往往依赖于某些事件或某种预期，从而引发投资热点。

例如，在2015年7月31日下午，同花顺转发了一篇《央行拟为网络第三方支付"定规矩"相关概念股全解析》的文章，如（图1-2）中所示：

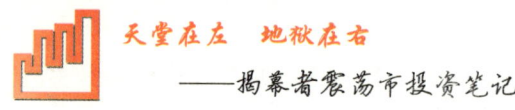

图1-2 同花顺——个股要闻

这一规定的出台，无疑使得相关第三方支付公司的运行更加规范化，更有利于这些公司在未来的健康运行。因此，这无疑对那些优质的相关第三方支付的上市公司来说，是利好的。比如中科金财（002657），在规定发布后的次日，股价立即出现了止跌，并很快就此展开反弹，短短数个交易日，股价上涨即超过了20%。如（图1-3）中所示：

图 1-3 中科金财——日线图

实战要点：

1. 价值型策略、套利型策略，从某种意义上来说，其实都可以理解为趋势型投资策略与事件驱动型投资策略这两种类型的延伸。

2. 当某类股票上涨或下跌以后，会出现脱离其所属群体的情况，从而使得相关股票出现相对低估或高估的情形，这为投资者提供了新的盈利机会。

3. 当前在 A 股市场上，主题投资大多演变成了缺乏业绩支撑、市盈率高、分红率低的代名词。市场特征就是炒概念、炒上市公司投资、转型、重组公告，投资者应当根据这一特征寻找投资标的。

1.1.2 阶段性操作

阶段性操作也叫波段性操作，指的是股票在震荡行情中一种常用的操作方式。因为这种操作方式较为灵活，还能够有效地回避市场风险，保存自身的资金实力并培养市场感觉。一次完整的波段操作过程涉及了"选股""买"和"卖"三个方面。

选股

在阶段性操作中，选股往往起着十分重要的作用，因为所选股票的好坏，直接影响到了阶段性投资的收益。

这里就涉及一个主题性投资。也就是说，当股价在震荡行情中出现短暂的阶段性止跌时，投资者一定要选择那些跌幅大的并处于热门的题材。比如在2015年8月初，股市在初次暴跌反弹后再次下跌，此时一旦发现下跌结束了，就要选择前期的热门板块来操作了，如军工板块，因为这一板块在上次的反弹中是一大热点，而热点在形成后往往不会快速消失，如（图1-4）中所示：

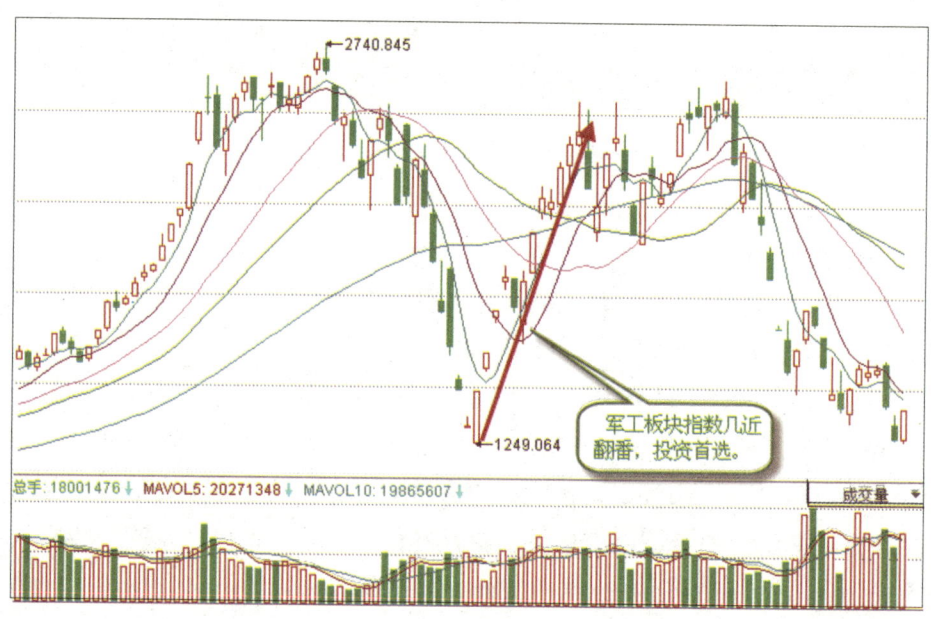

图1-4　军工881166指数——日线图

此时，投资者就可以选择军工板块中的个股了，如中直股份（600038），却不能选择反弹力度弱的板块中的个股。因为，此时虽然一波反弹已经结束，但热点板块的热度并未完全凉下来，而新的热点尚未形成，因此，在

第一章 震荡行情的选股实战

此时略有下跌后出现的反弹中，军工板块仍然会充当反弹急先锋。

买

选股有了目标，接下来，自然是买入了。此时，中直股份在 8 月 4 日当日走出一根长阳柱，成交量也出现了明显的放大，因此，这说明短线调整已经到位，此时就可以放心买入了。如（图 1-5）中所示：

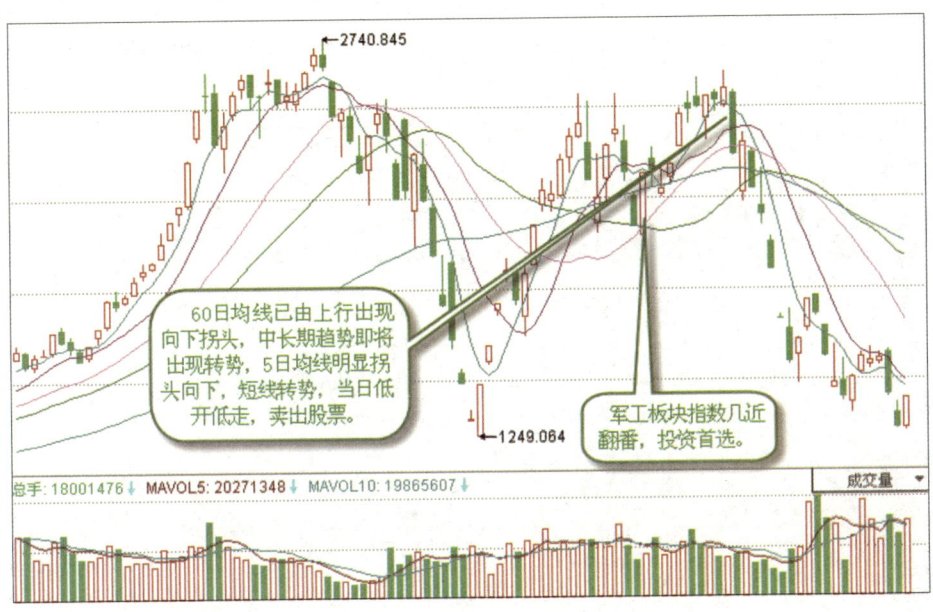

图 1-5　中直股份——日线图

在寻找到了阶段低点后，真正买入时，投资者就需要从分时图上来具体把握买入点了。比如还是中直股份这只股票，此时，投资者通过看其在 2015 年 8 月 4 日的分时图就会发现：当日在略低开后，股价立即出现快速上涨，成交量有效放大，而冲高回落时，股价并未出现深跌，而是在昨日收盘价之上做横盘整理，并且此时成交量也出现了明显的萎缩，典型的上涨前蓄势的形态。

其后，当 KDJ 指标出现低位金叉，成交量再次逐渐放大，并出现了一根顶天阳量，股价再次恢复了上涨趋势，成为盘中的最佳买点。其后，股价一路上涨，并冲至涨停。因此，投资者可以在 KDJ 金叉出现后，在出现明显的放量时果断买入。如（图 1-6）中所示：

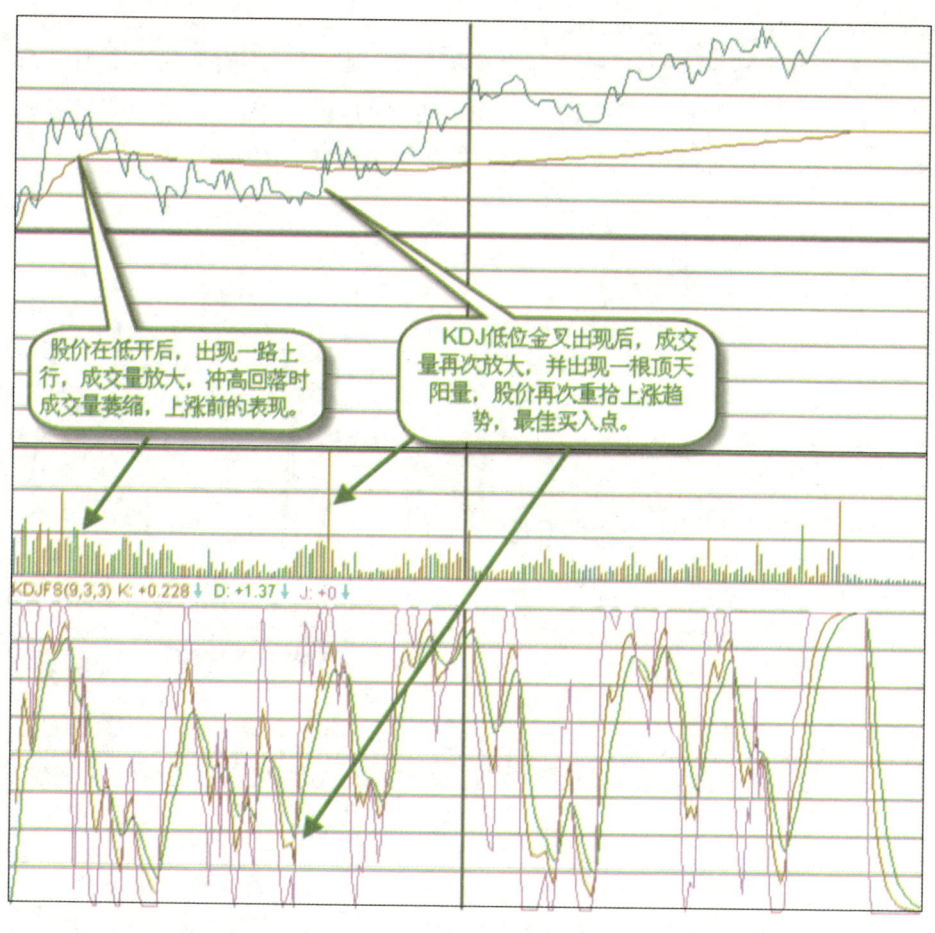

图 1-6　中直股份——2015 年 8 月 4 日分时图

卖

在阶段性操作中，当投资者买入了一只股票之后，接下来就是在持股的过程中，如何来寻找阶段性的高点去卖出股票了。

如（图 1-6）中所示，当投资者在 2015 年 8 月 4 日买入中直股份后，当股价反弹至 8 月 18 日，此时 60 日均线出现了明显的向下拐头，这说明中长线趋势已经走坏，而短期 5 日均线明显在向下运行，则说明短中长期均线都已不再支持股价继续走高,表明反弹行情已至此结束,股价将再次回归下跌。此时,股价已经运行到了阶段性的高点,投资者应当选择卖出股票了。

同样,在确立了卖出股票后,在选择高点时,也是要从分时图形态上去判断的。此时,如果去观察 8 月 18 日的分时图就会发现,股价在低开后出现了一跌走低,并且每次反弹都是一波比一波弱,KDJ 也不时发出低位死叉的警示,因此投资者此时应当果断逢反弹尽早卖出股票。如(图 1-7)中所示:

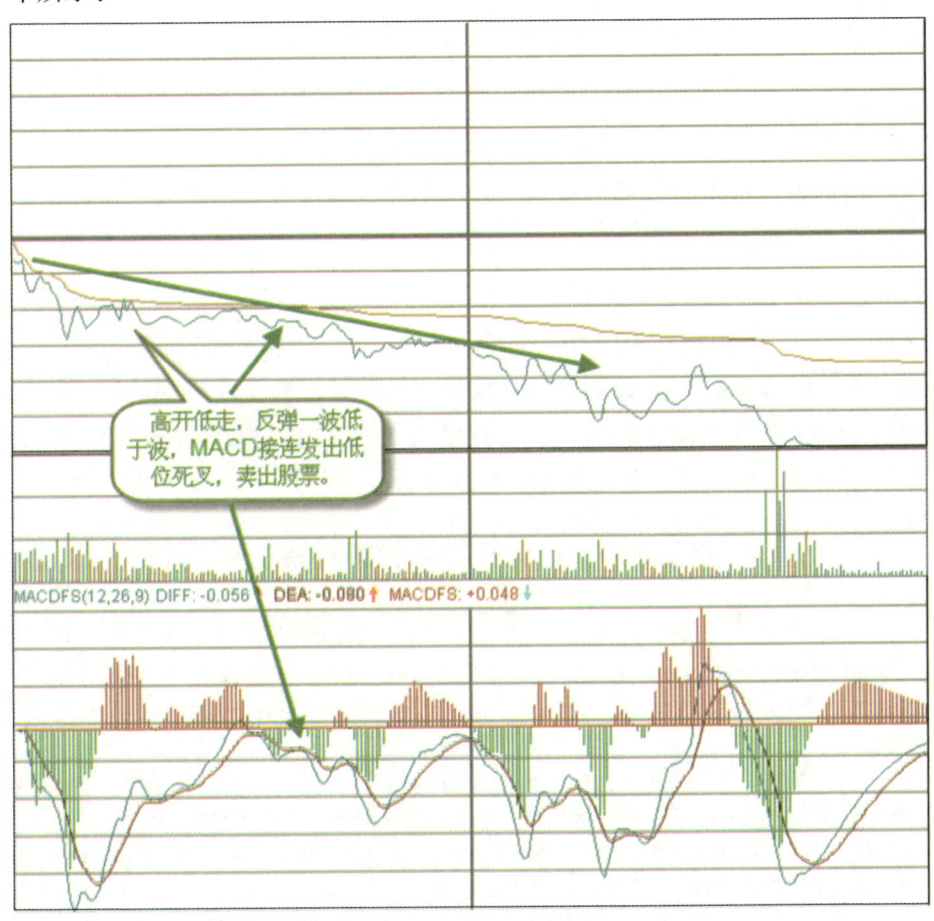

图 1-7　中直股份——2015 年 8 月 18 日分时图

实战要点：

1. 阶段性操作中，只有选择好主题投资，才能让自己在阶段性持股过程中收益更大。

2. 在阶段性操作中，买入股票时间一定要在发现个股当前已经确认出现了止跌后，最好是一根长阳出现的次日，这样更安全些。

3. 阶段性操作时，如果是卖出股票，一定要提早，在各个指标中，只要发现有一个指标提示高点出现，即将转势，就应当果断卖出，宁可少赚，也不可贪图小利而被套。

1.1.3 政策主导性操作

投资者在市场投资的过程中，要学会向主导性政策去看齐，说白了就是要学会听党的话跟党走。因为A股市场毕竟还是以政策主导型为主的运行方式，所以，当政策偏向哪一方时，哪一方的资金就会云集，政策也会支撑这一方。所以说，2014年开始的大牛市基本上都是因政策主导产生的，而当市场经历暴跌后的震荡市中，政策主导性又往往会起到更大的作用，比如2015年6月中旬至7月初，股市在经历暴跌后，正是政策主导性的救市，才引发了股市的止跌。如（图1-8）中所示：

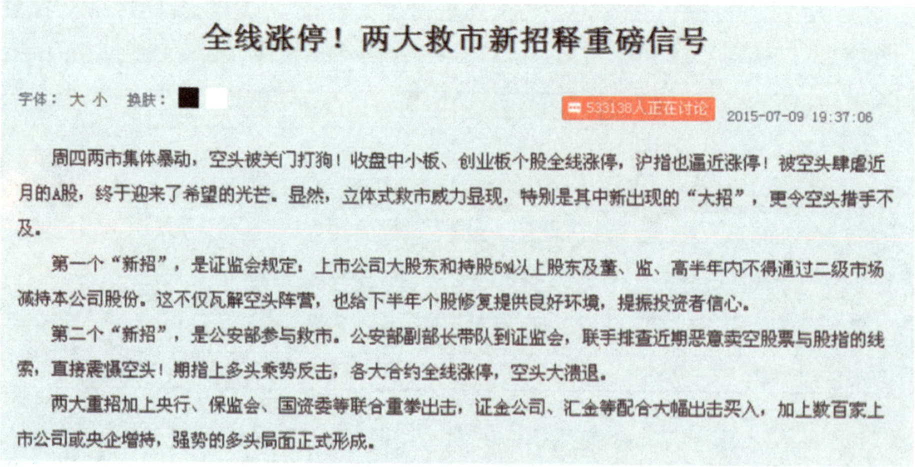

全线涨停！两大救市新招释重磅信号

字体 大小 换肤　　　　　　　　　　　533138人正在讨论　2015-07-09 19:37:06

周四两市集体暴动，空头被关门打狗！收盘中小板、创业板个股全线涨停，沪指也逼近涨停！被空头肆虐近月的A股，终于迎来了希望的光芒。显然，立体式救市威力显现，特别是其中新出现的"大招"，更令空头措手不及。

第一个"新招"，是证监会规定：上市公司大股东和持股5%以上股东及董、监、高半年内不得通过二级市场减持本公司股份。这不仅瓦解空头阵营，也给下半年个股修复提供良好环境，提振投资者信心。

第二个"新招"，是公安部参与救市。公安部副部长带队到证监会，联手排查近期恶意卖空股票与股指的线索，直接震慑空头！期指上多头乘势反击，各大合约全线涨停，空头大溃退。

两大重招加上央行、保监会、国资委等联手重拳出击，证金公司、汇金等配合大幅出击买入，加上数百家上市公司或央企增持，强势的多头局面正式形成。

图1-8　同花顺——要闻

第一章　震荡行情的选股实战

正是在这一政策主导性的利好之下，沪深两市出现了止跌的信号，并出现了千股涨停的奇观。如（图1-9）中所示：

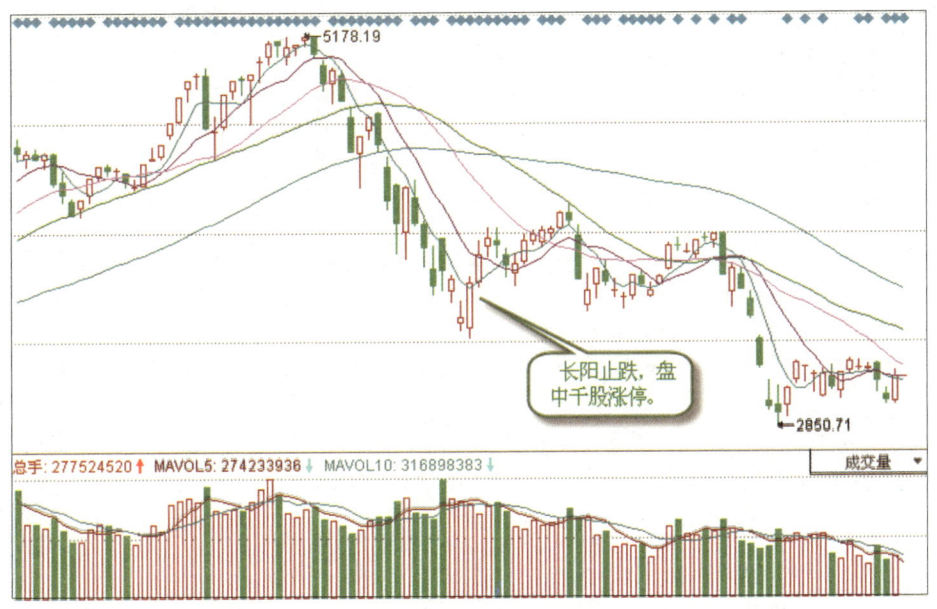

图1-9　上证指数——日线图

同样，在随后股市反弹后再次出现下跌后，股市之所以能够再次企稳并出现反弹，证金公司在其中起到了关键性的作用。因为此时国家在努力救市，而证金公司便充当了重要的角色，举巨资投入市场，只为稳定市场。而市场毕竟是资金推动型的市场，在巨大的资金面前，股市再现了一轮反弹行情。

如果此时投资者能够抓住这一政策主导性的思路去操作的话，那收益也是很可观的，尽管此时是在起伏不定的震荡市。

例如，梅雁吉祥（600868）在2015年8月4日发布了一份大股东变更的公告，如（图1-10）中所示：

从这一公告中可以看出，梅雁吉祥得到了证金公司的大举买入，证金公司从而一举成为公司的第一大股东。而这一情况的变化，同样引发了市场资金的高度热捧，在众多个股都反弹乏力的情况下，梅雁吉祥股价出现了接连上涨，并一举突破了牛市大跌开始前所创出的高度，股价在九个涨停之下，快速出现了100%的收益。如（图1-11）中所示：

> 600868：梅雁吉祥第一大股东变更
>
> 本次股份变动属于公司第一大股东变化，其持股比例未达到5%，不触及要约收购。
> 根据《公司法》、《上市公司收购管理办法》及《上海证券交易所股票上市规则》等相关法律法规对控股股东、实际控制人的定义和关于拥有上市公司控制权认定的相关规定，公司认为目前本公司不存在控股股东和实际控制人。
> 一、本次公司第一大股东变动基本情况
> 根据向中国登记结算公司查询的股东名册结果显示，截止至2015年7月31日，法人股东中国证券金融股份有限公司持有本公司股份合计9,826,800股（占总股本的0.52%），为目前公司第一大股东。
> 二、所涉及后续事项
> 1、根据《公司法》、《上市公司收购管理办法》及《上海证券交易所股票上市规则》等相关法律法规对控股股东、实际控制人的定义和关于拥有上市公司控制权认定的相关规定，公司认为目前本公司不存在控股股东和实际控制人。
> 2、鉴于公司不存在控股股东和实际控制人且股权分散的情况，公司将定期关注每月最后一个交易日收盘后第一大股东持股或变化情况，并按要求及时履行信息披露义务。

图1-10　同花顺——梅雁吉祥公告

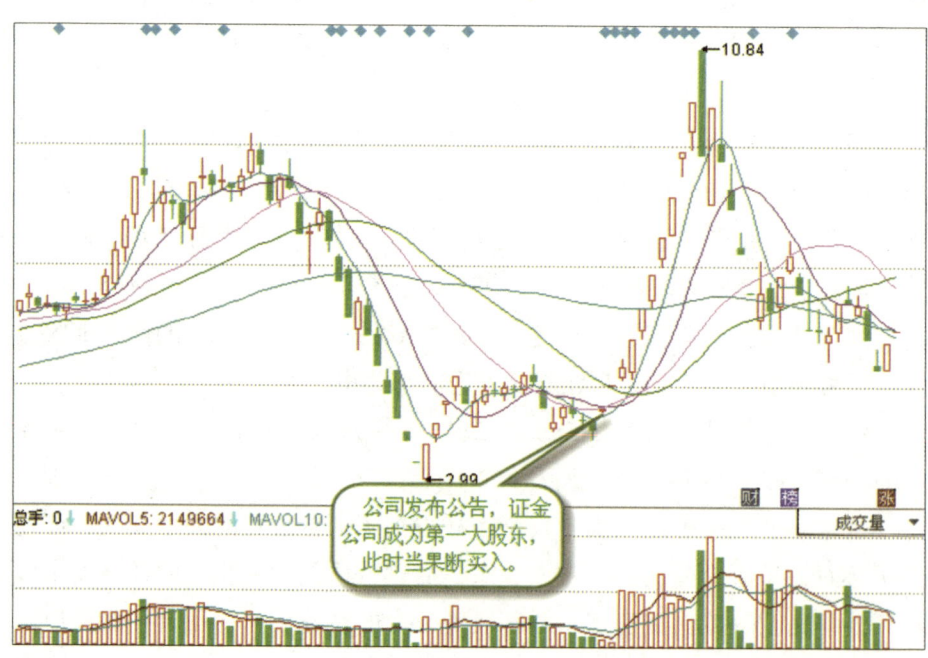

图1-11　梅雁吉祥——日线图

因此，投资者在震荡市中选择股票时，一定要紧跟政策的导向，这样才能获得即使是牛市里也难以达到的收益。

实战要点：

1. 在以政策主导型为主的市场中，投资者在选股时应当以政策的倾向性为主，因为抓住了政策的风向，就等于是抓住了市场的热点。

2. 投资者在选择时，应当避开那些政策关注度小的板块个股，以免坐冷板凳。

3. 有未来发展潜力、能够引领经济潮流的行业个股，往往会成为未来政策导向的风口，应加以关注。

1.2 震荡行情的操作方法

1.2.1 低位震荡行情

低位震荡也是筑底时期的震荡行情，是当股价经过了接连大幅下跌，并已经持续了较长的时间后出现的。如果从波浪理论来看，此时浪形上至少要下跌3浪至5浪，成交量处于极度萎缩的状态，并且，此时股价的最高价和最低价差价极小，有时全天甚至是几个交易日中都出现极小的波动。

这时，如果发现某只股票的震荡幅度突然变大，应格外留意，因为极有可能是主力已经开始行动，这给投资者提供了一次极佳的建仓机会。

因为在低位震荡行情中，此时往往是个股中长期的底部区域，因此投资者要多考虑买入信号，而忽略短线卖出信号。因为在此位置中，筹码一旦被震出，将很难再以这一低位价格买回来。这时的股市，应是中长线建仓的良好时机。

得润电子（002055）在2012年12月就出现过这种情况。当时，得润电子已经经历了长达8个月的下跌走势。至2012年12月，即使是股价下跌，但跌幅已经很小，成交也出现了极度的萎缩，如（图1-12）中所示：

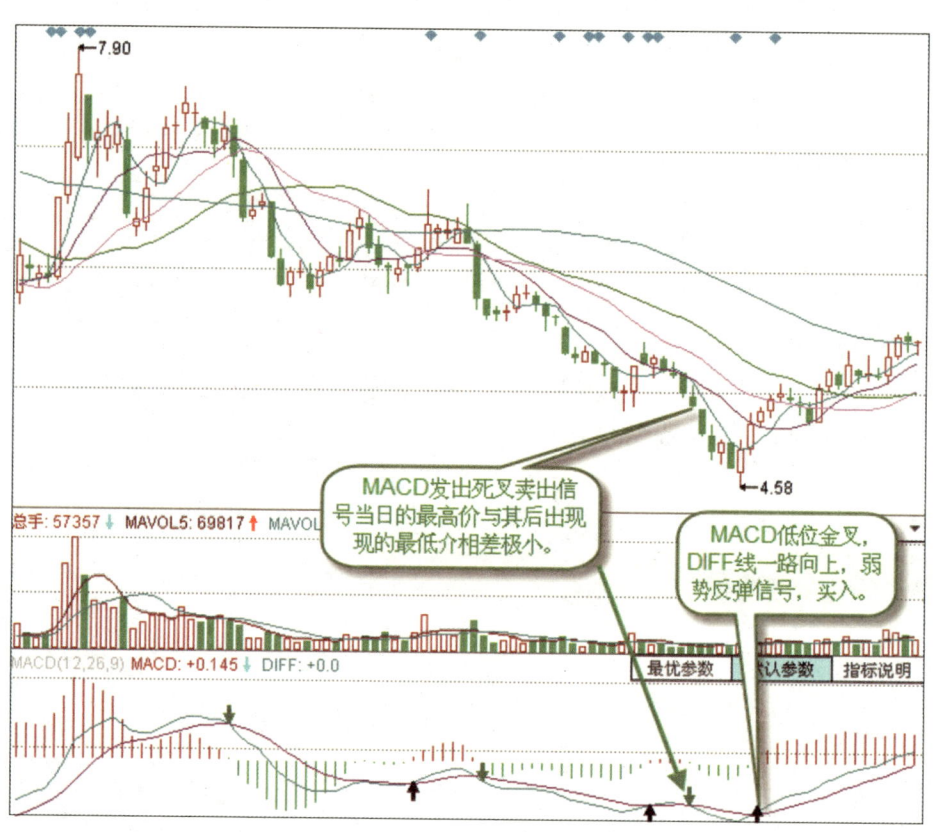

图1-12　得润电子——2012年4月至12月日线图

在（图1-12）中可以看出，在创出新低4.58元后，得润电子的股价随后突然发动了上涨，行情就此出现了180度的转折，一波新的行情就此展开，而此时的低点，也成了之后再未出现过的低点。因此，当此时的低点出现时，投资者应当以中长线的思路，在MACD出现低位金叉时果断建仓买入，并一路持有，等这一波行情结束时再卖出一部分，然后股价调整到低点后再行买入。如图（1-13）中所示：

第一章　震荡行情的选股实战

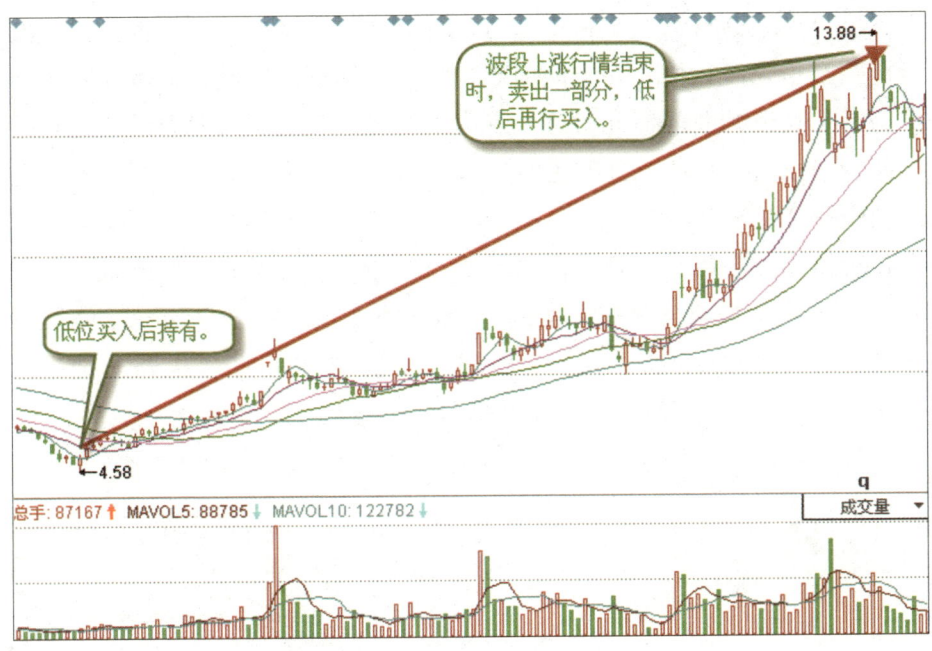

图1-13　得润电子——2012年12月—2013年5月日线图

实战要点：

1. 当股价在低位震荡时，投资者对上市公司的资料一定要进行综合判断和分析，从中挑选出一些成长性好、发展前景广阔的优质个股，选出股票后，就应当看准时机买入，中长线投资持有。

2. 当低位震荡行情出现时，往往是投资者中长线选股的最佳时机，在买入后，可根据个股的波段运行规律，在持有一定筹码的基础上采取中长线持有、波段操作的方法操作。

3. 当股价在低位震荡行情时，投资者一定要选择那些有未来成长性的优质股票，这样未来收益才会更大。

1.2.2 中位震荡行情

中位震荡行情指的是，当股价已经出现了一波上升行情。由于短期获利盘较多，必然引发获利回吐，出现了震荡行情。所以，投资者也可以看出,当震荡行情发生在中位时,行情往往已经展开了。但是,一波行情甚至是几波行情,并不能确立是牛市启动了,因此投资者此时应当根据情况具体判断。但此时有一点应当明确,就是这只股票的上涨此时已经告一段落了,所以此时是投资者卖出涨幅较大的股票,买入即将上涨股票的换股时机。

例如,在经历了暴跌后的反弹后,贵族百灵(002424)至 2015 年 7 月 24 日,此时股价从起涨点算起,已经上涨了 100%,相对于大多数股票来讲,其反弹的幅度要大得多。因此,此时投资者可在 7 月 25 日冲高出现回落时卖出。如(图 1-14)中所示:

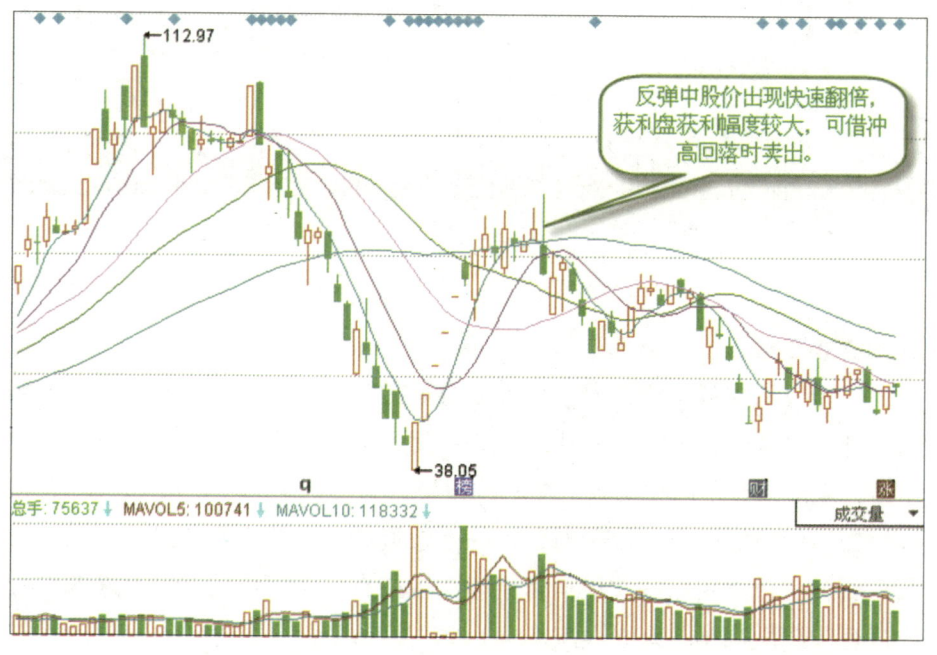

图 1-14　贵族百灵——日线图

在卖出贵州百灵后,此时投资者应当选择那些同样的优质公司,但此次反弹却不多的股票,在短线调整结束后买入,从而实现换股。比如天齐锂业,此时投资者就可借短线调整结束后果断买入。因为它是国内的锂业龙头,新能源汽车等产品的兴起,产业向好,又收购了下游企业,因此可短线买入,直到此次反弹结束时再卖出。如(图 1-15)中所示:

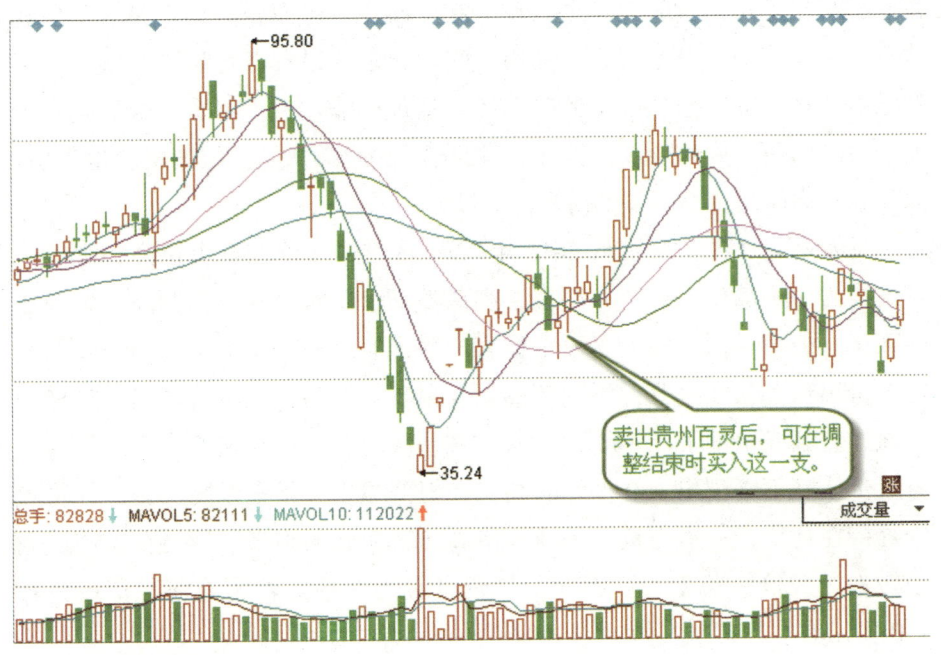

图1-15 天齐锂业——日线图

实战要点:

1. 当股价在中位震荡中时,往往是投资者借上涨出局,实现调仓换股的好时机。此时要坚持放弃无业绩支撑、涨幅巨大的股票,买入业绩良好的未来有发展空间的潜力股。

2. 如果中位震荡行情发生在牛市中时,投资者应当视股票的质地及调整力度来决定卖出与否。此时如果换股,往往是以换成那种绩优股中业绩好、上涨力度强的股票为宜。因为牛市中的股票往往是强者恒强、弱者恒弱。

3. 当股价在中位震荡行情中时,选择那些主题投资板块中的领涨股,会扩大收益。

1.2.3 高位震荡行情

高位震荡行情指的是,当股价已经出现了连续走高后,突然在高位区出现了震荡的趋势。通常情况下,此时股价在高位区的震荡往往是主力将股价维持在高位出货时的一种表现。在此阶段，主力经常会大肆散布利好消息，或是以节日及重要事件为由，来迎合散户投资者企盼股市将要大涨的强烈心理预期，但实际上此时做股票的风险非常大。但是，由于此时正处于股价的最后拉升阶段，股价震荡的幅度也非常大，短线的机会也很多。因此属于高风险、高收益的阶段。

葵花药业（002734）自2015年4月13日，股价在上市拉高整理后，再次进入一个高位平台，并出现了震荡整理。此时机构不断调高葵花药业的评级，公司也适时抛出了一个更大的牛市利好——十送十的高送转，此后股价出现了快速拉升，屡创新高，并出现了震荡，但股价依然拉连出现上涨，直到股价冲上了140元之后，又一次出现了在高位的震荡。尽管此时股价依然不断创出150多元的高位，但明显主力是在拉高出货，并将股价维持在高位，一边出货，一边等待高送转实施的到来，最终在实施了高送转后，股价一落千丈。因此，投资者应当在高送转实施前股价维持在150多元前果断卖出。如（图1-16）中所示：

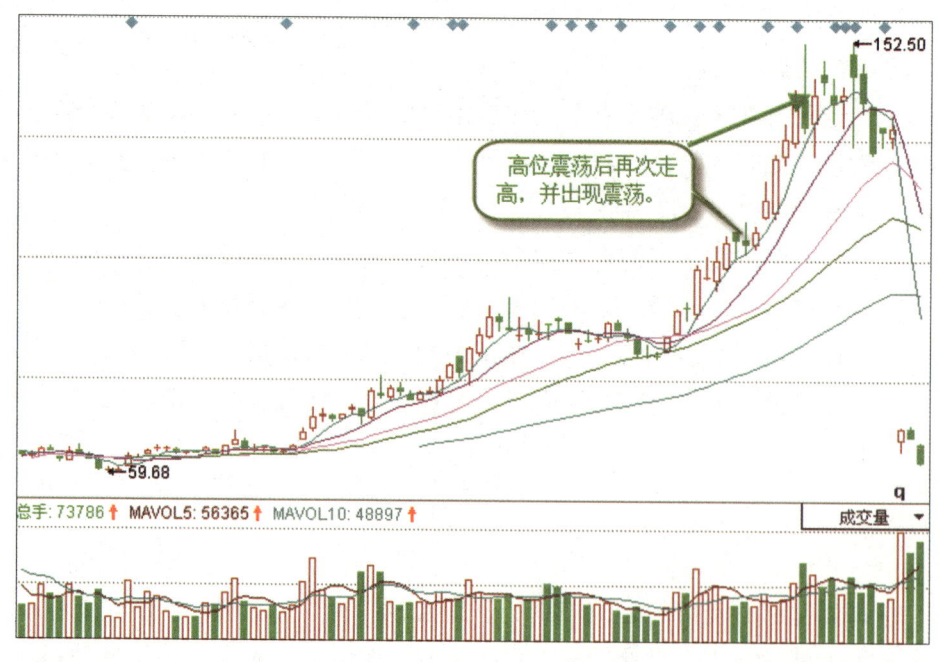

图1-16　葵花药业——日线图

实战要点：

1. 高位震荡行情往往也是个股的顶部形态形成的过程，投资者一经发现，就应当果断卖出股票了。若未能及时卖出，当大盘破位下行时，也应不顾一切卖出，以避免深幅下跌带来的巨大损失。

2. 高位震荡行情经常出现在高送转个股身上，主力此时往往借高送转推出前将股价拉高，并借高位震荡大举出货。因此，投资者遇到这种情况时，不要幻想短期填权行情，这样的例子只是个别现象，不具备普遍性。

3. 当高位震荡行情出现时，K 线图上往往会出现上影线较长的 K 线，是主力大举派发的结果。或是出现各种经典的 K 线头部反转形态，投资者应当回避。

1.2.4 上升途中的震荡行情

上升途中震荡行情的出现，往往是投资者的各种恐慌心理造成，稍有收益便获利了结，或者是一旦解套就马上卖出股票。再有就是，主力为了节省在拉升过程中资金的使用量，有意做出来的震荡洗盘，迫使那些持股不坚决的投资者卖出股票。

在这种情况下，投资者经常可以发现，一些股票大多在一个有规则的上升通道中运行。一旦发现这一点，就可以画出这只股票的上升通道。当股价运行至上升通道的上档压力位时，就卖出股票；当股价运行到下档支撑位时，就买入股票。

益佰制药（600594）自 2015 年 1 月结束调整展开上涨行情后，股价立即出现了每上涨一段时间就出现震荡整理，使得 K 线上形成了一个规律，呈锯齿状向上运行。股价沿 5 日均线向上运行，并以 10 日均线为依托，一旦中途出现调整，股价跌破了 10 日均线，即出现回升。因此，每当股价跌破 10 日均线时，就成了短线操作中的最佳买入点。如（图 1–17）中所示：

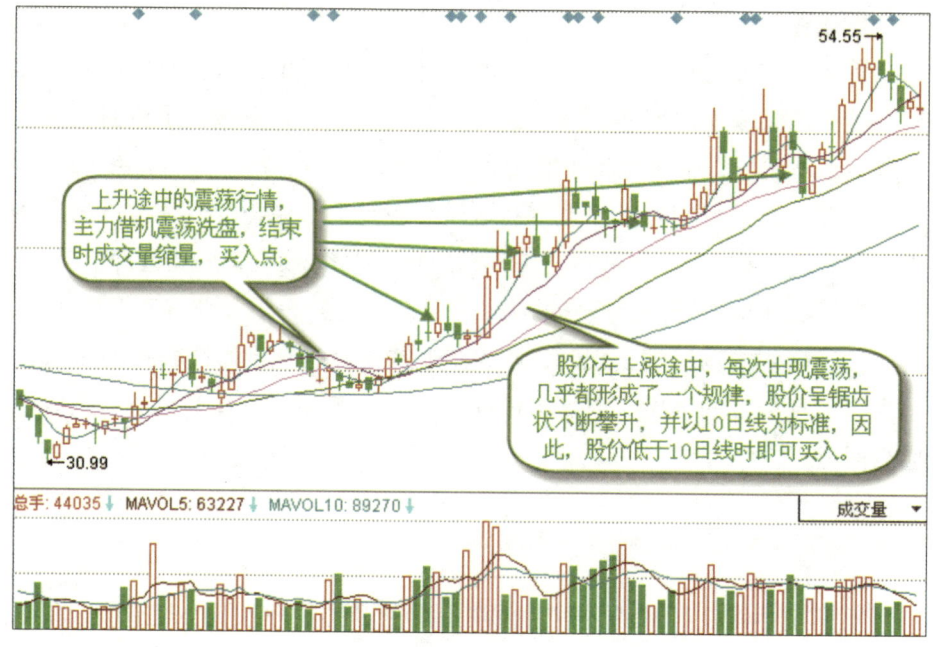

图 1-17　益佰制药——日线图

实战要点：

1. 在上升途中的震荡行情中，如果出现了两根软弱的阴线或是出现强有力的阳线，则是投资者建仓的大好时机。

2. 当上升途中出现震荡行情时，投资者应当根据震荡的规律，并综合大趋势，在盘中借主力震荡洗盘之际，波段操作，从而扩大收益。

3. 震荡行情若是出现在上升途中时，投资者首先应当判断此时股价是否已经涨幅过大。若过大时，则震荡行情的结果极有可能是在高位形成头部。

1.2.5 下跌途中的震荡行情

下跌途中的震荡行情也就是震荡行情出现在下跌的途中，即反弹或下跌途中的整理。在这个阶段，投资者应当采取逢高出货的策略，还要避免满仓去操作。这是因为，下跌趋势中的震荡整理，往往结束后股价会重新回归下跌趋势，所以投资者应当回避、观望。

宝钢股份（600019）自2015年6月15日趋势转为下跌后，于7月初开始止跌，并出现震荡，其后又出现过两次震荡，但每次震荡结束后，股价均出现了一定程度的下跌，因此这种行情是下跌趋势中的一种中继整理，投资者应当在震荡整理时，逢高卖出股票，规避损失。如（图1-18）中所示：

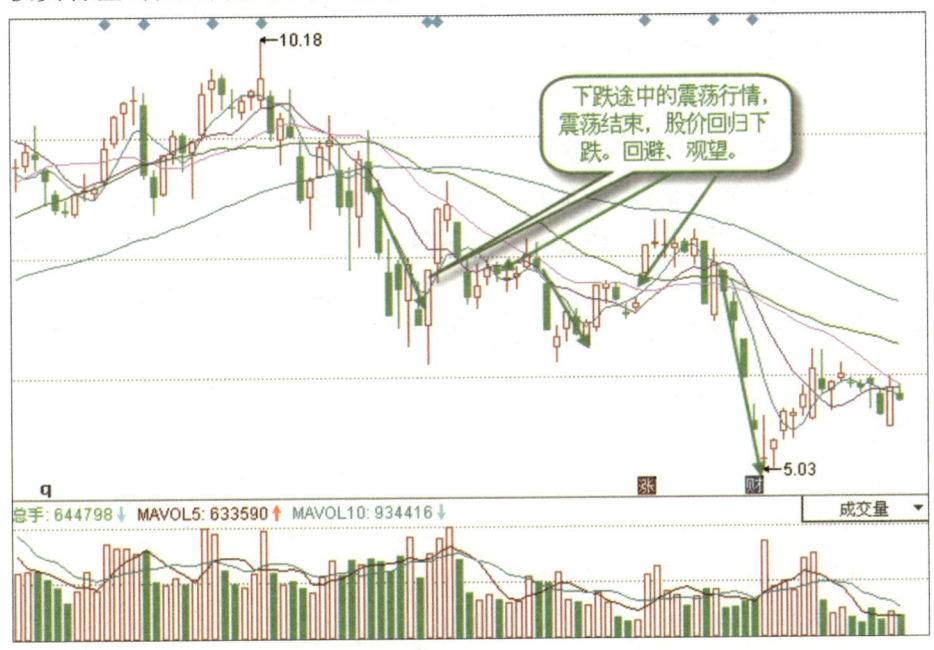

图1-18　宝钢股份——日线图

实战要点：

1.在下跌途中出现震荡时，即使是发现逆势的牛股时，仓位也不宜过重，以防万一，因为逆势炒股失误率往往较高。

2.在下跌途中出现震荡时，由于大盘与个股的运行周期经常有不同步的情况。大盘指数在震荡行情中的下跌阶段，即使是逆势上扬的牛股，往往也会借机进行洗盘调整。投资者一定要利用好这一规律，抓住市场热点，选好牛股，逢低介入。大盘一经企稳，这些个股必将跑赢大市。

3.下跌途中出现的震荡行情，是一种下跌中继形态，整理结束后，股价将重回下跌。因此，投资者应当采取回避，即使抢反弹，也应当控制好仓位，快进快出。

1.3 震荡行情仓位的控制策略

1.3.1 半仓操作

在震荡行情中,投资者一定要学会控制好自己的仓位,尤其是在大盘经历了大跌之后,此时即使是大盘基本上已经止住了跌势,但行情处于反弹及震荡整理之中,中长线往往方向不明,行情会时好时坏出现反复,投资者是很难把握短线的机会的。因此,投资者此时应当采取半仓操作来抢反弹,这样进可攻,退可守,以防行情突变。

例如,中原高速(600020)在经历2015年6月的暴跌后,当股价止跌进入震荡行情时,投资者应当在跌势止住的次日半仓买入。因为当日买很容易被套,其后,当股价在反弹的过程中出现K线上明显的上冲无力时,应当果断卖出,随后出现快速的下跌,往往使得股价回到起点。如此掐头去尾地稳妥操作,获利略多于10%。若是全仓,一旦行情出现震荡走低,或是震荡结束,则很难补救,只能被套或是割肉出局。如(图1-19)中所示:

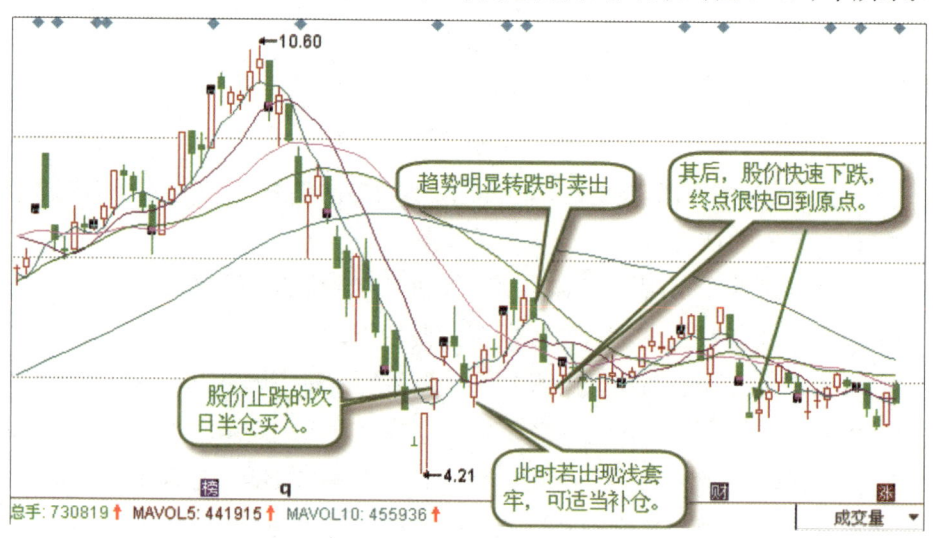

图1-19 中原高速——日线图

实战要点：

1. 即使是上升趋势中出现了震荡行情，投资者也应当在出现时先行卖出半仓，只有等股价走稳或是调整即将结束前再买入，这样可以先行保住利润，以免发生突然变脸，将利润化为泡影。

2. 下跌途中的震荡行情出现时，投资者可以半仓操作来抢反弹，但也要快进快出，不可轻易补仓，只要看到大盘确实已经企稳后方可适当补仓。

3. 半仓操作是为了将风险控制在最低，以备不时之需。因为震荡行情时行情本来就不够稳定，如果一旦发生意外的利空，行情即刻就会出现变脸。

1.3.2 试探性"抄底"

每个投资者在投资股市时，都喜欢抄到底，可是往往很难有人会抄到底。这是因为，真正的底往往是主力介入时砸出来的，而不是走出来的。所以，投资者若是想抄到底，就必须在行情震荡未明时，用少量的仓位进行试探性"抄底"。因为，此时的介入会承受很大的风险，所以必须控制好仓位。因为一旦出现抄高了，可以再分批介入，摊平成本。

比如在2013年底，大盘在经历了前期的长时间下跌后，当指数创出1991.25点后，大盘开始出现反弹。投资者可在2014年1月21日出现明显止跌反弹时进行试探性的"抄底"，但此时仓位一定要小，以三分之一为宜。

其后大盘反弹至2100多点后回落，并再次震荡走低，此时可以确认为回踩前期低点，但跌破了前期低点后企稳。此时，投资者可在再次出现明显止跌反弹时再试探性地用三分之一的仓位去抄底。

大盘其后再度反弹回上次高点，此时的K线形态极似W底，只是随后大盘再度震荡回落，形态宣布失败。如（图1-20）中所示：

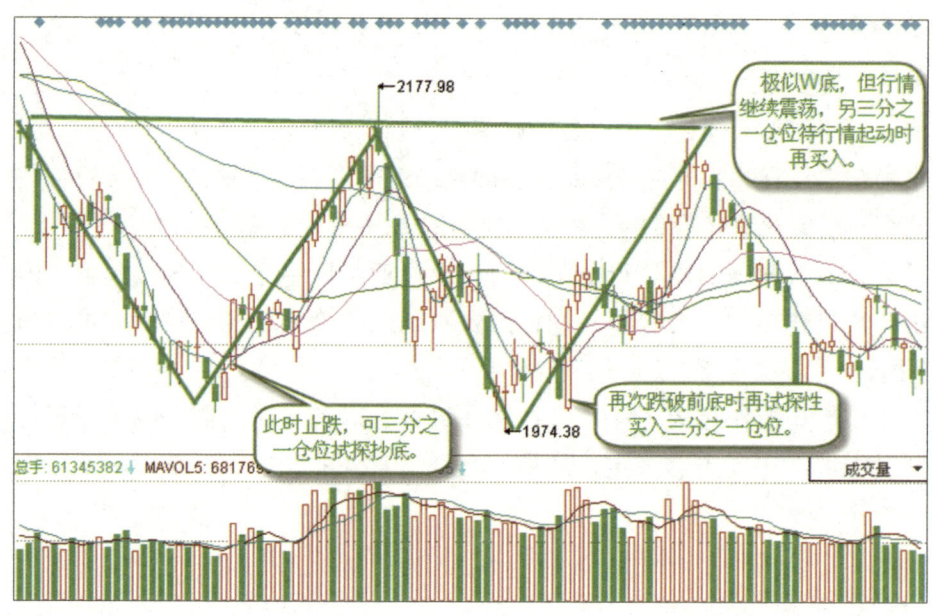

图 1-20　上证指数——2013 年 12 月至 2014 年 5 月日线图

尽管 W 底在此时宣告失败了，但投资者此时只是试探性地完成了两次抄底，其后，大盘再次回落到 1900 多点后却未再创出新低，这说明，底极有可能会以多重底的形式出现，而其后，在 2014 年 7 月 28 日，成交量在冰肌几日堆积放大的阳量基础上，再次出现了有效放大，并以跳空高开方式开盘，并一路上涨，这说明底部已经探明，行情开始出现转势，此时投资者即可将另三分之一仓再次买入，并持股待涨。如（图 1-21）中所示：

抄底虽然是抄个股的底，但真正的底往往不是个股，而是大盘，因为只有大盘的底出现了，盘中个股的底才会真正出现。因此，投资者在控制好仓位进行抄底时，一定要从大盘的底出发，才能真正抄到个股的底。

实战要点：

1. 底部往往出现在震荡行情的尾声，但也是最难判断的，因此必须控制好仓位，才能拭探性地一次次抄到大底。

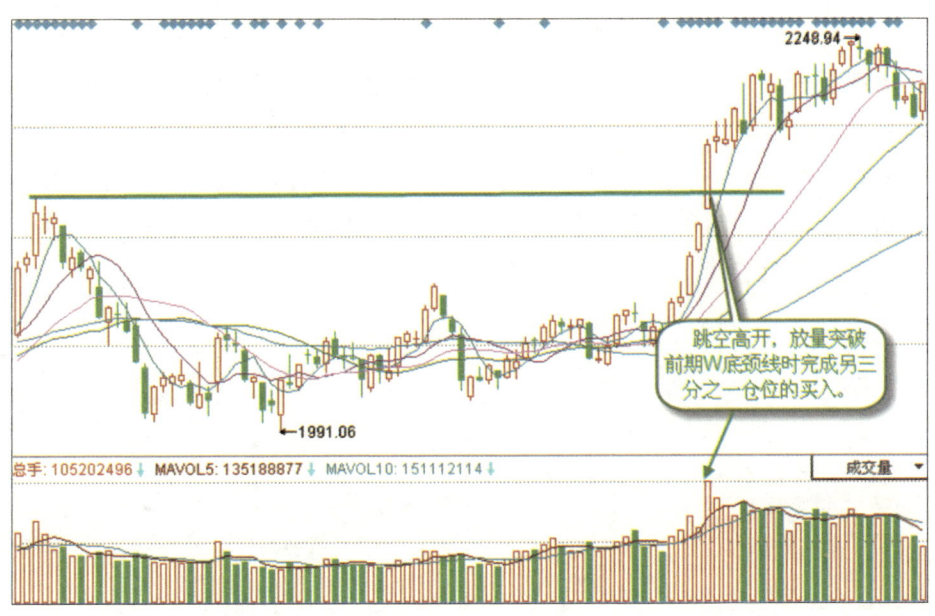

图 1-21　上证指数——2014 年 4 月至 8 月日线图

2. 底部是股票或大盘结束下跌震荡行情时的低点，但并不一定是最低的点位或价位，因此，抄底并不一定是要买到股票的最低价，而是股票震荡调整结束时的阶段性低价。

3. 投资者在抄个股短期底部时，应当在辨明大趋势的基础上去抄，否则很有可能会抄在半山腰、补在半山腰，即使是仓位控制得很好。

1.3.3 坚持上行遇阻卖出

投资者在震荡行情中一定要控制好仓位，而控制仓位并不只是指不要过多地买入股票，而是要学会在买入股票后懂得及时卖出，这同样是一种控制仓位的最有效方式。因为震荡行情时，市场往往不够稳定，一有风吹草动，极易出现快速下跌，所以投资者在买入股票后，一旦发现股价在反弹的过程中，向上运行时受到了阻力，就要及时卖出了。

白云机场（600004）自 2015 年 7 月 8 日出现暴跌后的反弹行情后，至 8 月 18 日以高开的方式继续上行，并在开盘后继续维持了这种态势。

但是很快，股价上行的力度便显得很弱，股价只向上突破60日均线后，即出现了一路下跌，并很快再次回到了60日均线之下运行。这说明60日均线对股价形成了较大的压力，也就是股价在下跌的过程中，中长线持股者未能支撑股价，反而对股价的上涨带来阻力，所以，投资者此时应当及时卖出股票了。因为如果中长线持股者进行抛售的话，压力会更大，股价必将出现再次下跌。如（图1-22）中所示：

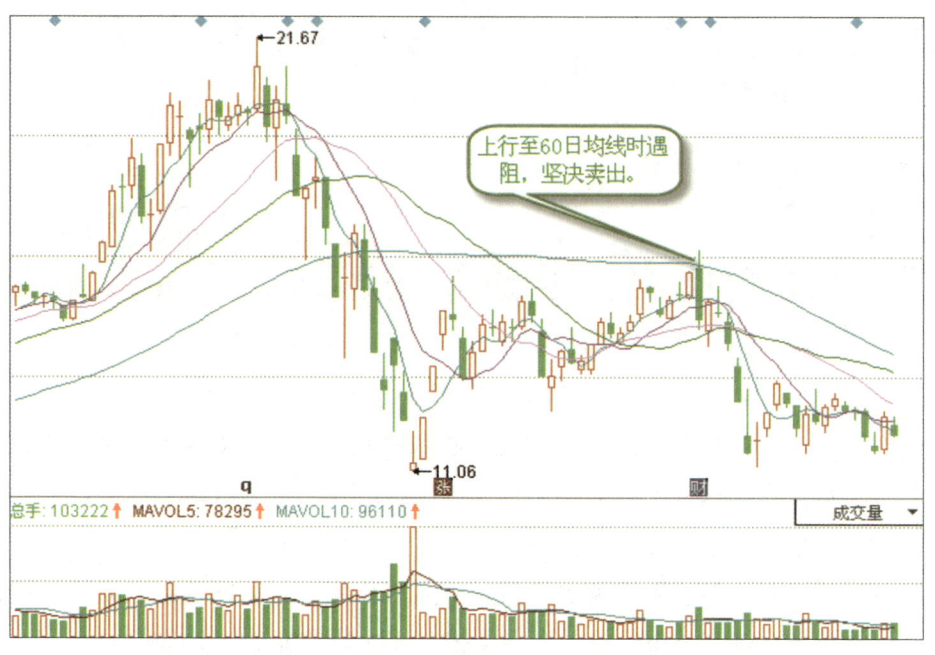

图 1-22　白云机场——日线图

实战要点：

1.震荡行情中，一旦股价上行遇阻，必然会引发再次的向下寻求支撑，因此应当及时卖出股票，控制好仓位，以免受损。

2.当股价在震荡行情中出现上行遇阻时，投资者可根据各种技术指标去判断，只要发现遇阻就应当卖出，而不能犹豫。

3.当股价在震荡行情中出现上涨时，如果是短期股价上行遇阻时，可根据行情适当卖出，直到反弹行情结束遇阻后全部清仓离场。

第二章 震荡行情的技术指标实战

当投资者面对震荡行情时,要想抓住震荡的节拍,做到在应该买的时候买入,在应该卖出的时候卖出,就必须多学一些技术理论知识,因为仅仅从肉眼的判断是无法推测出行情的演变的,投资者只有了解并掌握了各种技术指标的运用,才能明白:什么时候应该买入股票,为什么在这种时候买入股票;什么时候应该卖出股票,为什么在这种时候卖出股票。这是因为,K线图形可以欺骗投资者,但是技术指标是由各种数据分析出来的结果,是和真金白银一样无法欺骗投资者的。

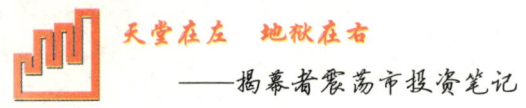

2.1 指数平滑异同移动平均线 MACD

2.1.1 MACD 金叉

MACD 金叉指的是当股价在运行过程中，DIFF 线出现向上交叉 DEA 线并突破 DEA 线的情况。MACD 金叉出现后，股价往往会出现上涨。因此，MACD 发出金叉时往往是一种买入股票的信号，尤其是在震荡行情中，MACD 金叉的出现，是投资者波段操作中买入的好时机。

中国国贸（600007）在 2015 年 7 月 16 日，就出现了 DIFF 线向上交叉突破 DEA 线的 MACD 金叉，这说明股价在止跌企稳后出现短线回调后已经遇到了支撑，将继续反弹行情，因为此时，尽管 DIFF 线是运行在 0 值以下，但已经走平并向上运行，这说明将出现一段超跌后的反弹行情，所以投资者此时可以买入股票，适当参与反弹行情。如（图 2-1）中所示：

实战要点：

1. 震荡行情中出现的 MACD 金叉，只有在出现暴跌行情后才更可信。因为 DIFF 线若是运行于 0 值以下时，往往代表着空头行情为主的市场，属于弱势格局，而弱势格局下的反弹往往很短暂。

2. 震荡行情中 MACD 金叉若是出现在接近 0 值，或是在 0 值以上时最为可靠。

3. 如果震荡行情中出现 MACD 金叉是在 0 值以上时，则行情极有可能将会由以震荡为主转为上涨。

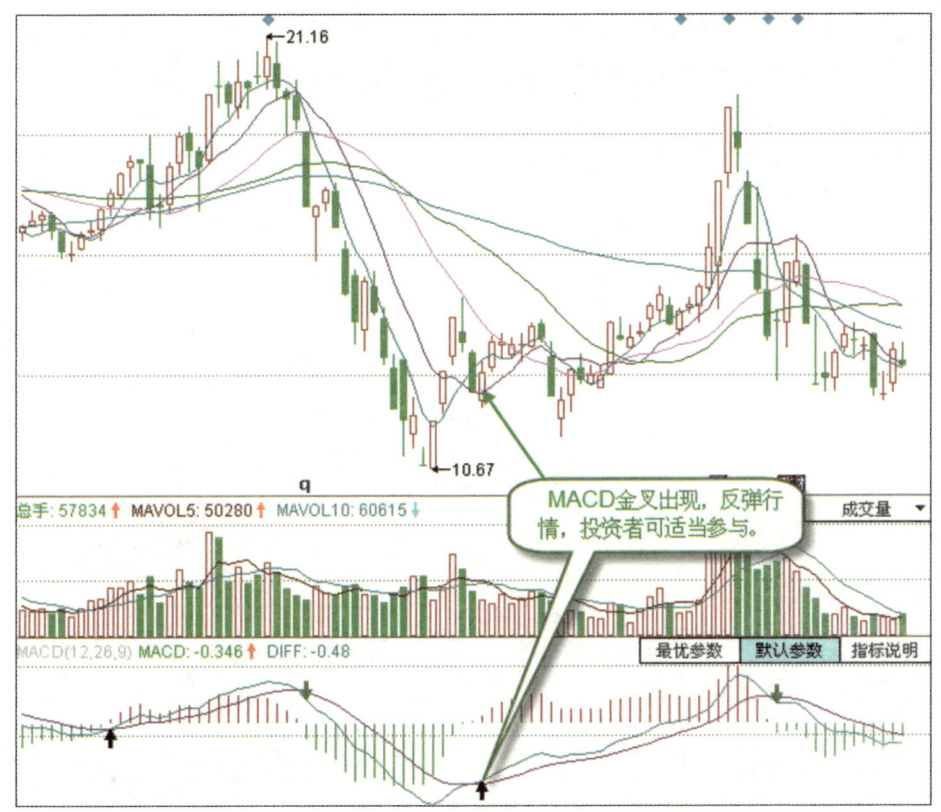

图 2-1　中国国贸——日线图

2.1.2 MACD 死叉

MACD 死叉是股价在运行过程中，MACD 中的 DIFF 线在 DEA 线之上运行时，突然出现向下拐头，并与 DEA 线交叉后实现向下突破。这种情况的出现，往往预示着股价在经过前期的上涨行情后，即将转为下跌调整，因此是一种卖出股票的信号。

山东钢铁（600022）在 2015 年 7 月开始的震荡行情中，当股价震荡走高时，DIFF 线在向上突破 0 值后突然出现了向下拐头，并死叉 DEA 线的情况，这说明此时股价已经结束了反弹行情，再次回归了震荡下跌的走势。因此，投资者可在 DIFF 线出现在突破 0 值后出现向下拐头时选择卖出，

因为当 MACD 发出死叉时，股价往往已经出现下跌了，因此，在震荡行情中应当根据 MACD 死叉出现前 DIFF 线的运行方向的转变来选择卖点。如（图2-2）中所示：

图 2-2 山东钢铁——日线图

实战要点：

1.震荡行情中的 MACD 死叉往往反应较慢，因此可根据 DIFF 线头的变化，与 K 线形态结合来判断最佳卖点。

2.一旦在震荡行情中出现 MACD 死叉时，一定要卖出股票，因为此时新的震荡下跌已经开始，其后会见到更低的价格。

3.MACD 死叉出现在震荡行情中时，MACD 红柱也会呈逐渐减少的形态，这说明盘中委买量在减少，委卖盘在加大，因此必然导致其后的股价下跌。

2.2 随机指标 KDJ

2.2.1 KDJ 金叉

当 K、D、J 三条线均低于 20 时，一旦 J 线出现由下向上穿过 K 线和 D 线的交点（此时 K 线在 D 线的下方），并形成有效的向上突破的时候，就是 KDJ 金叉。通常而言，金叉是很好的买入点信号，股票一旦发出 KDJ 金叉，短线即会出现上涨，因此是震荡市中不可或缺的一个指标工具。

南方航空（600029）在 2015 年 7 月 10 日就出现过这种情况，当时，股价经过下跌后，短线出现了企稳的现象，并于 7 月 10 日出现了 J 线上穿 K 线、D 线的金叉，并且此时 K 值、D 值和 J 值均在 20 以下，这说明短线股价即将出现反弹，因此投资者应当在 KDJ 金叉出现时果断买入。如（图 2-3）中所示：

然而，正如（图 2-3）中所示，并不是所有的 J 线上穿 K 线与 D 线的情况都是金叉，南方航空在 2015 年 8 月 7 日出现的交叉，投资者就不能以金叉对待，因为此时的 K 值、D 值、J 值均在 30 多，已经超过了 20。

实战要点：

1.在震荡行情中，KDJ 往往是短线波段操作的重要指标，只要 K 值、D 值与 J 值均在 20 以下时出现交叉，投资者即可买入。

2.在震荡行情中，有时即使未出现 KDJ 金叉，但 K 值在 20 以下，D 在 30 以下，为超卖，反弹概率大。

3.KDJ 金叉不仅可以在日线上使用，同样可以在月线、周线或 15 分钟、30 分钟、60 分钟及分时图上使用，但不同的周期也代表着不同时期段落内的股价变化。值得注意的是，周线或月线上出现 KDJ 金叉时往往会比短周期的日线上的要早些。

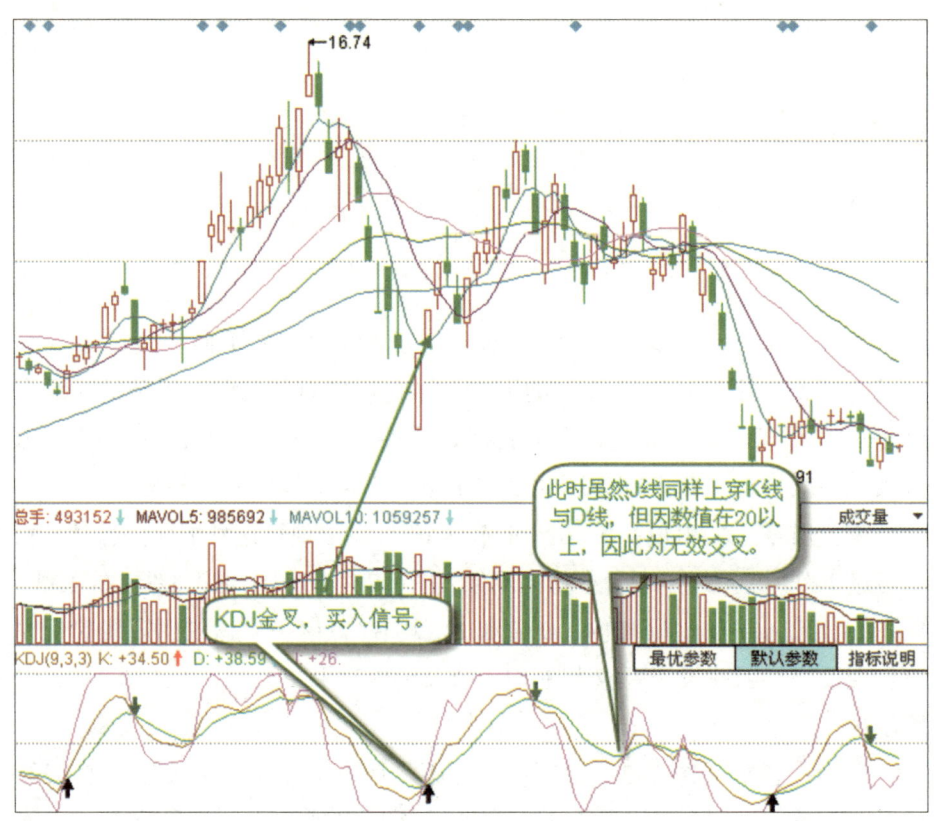

图 2-3　南方航空——日线图

2.2.2 KDJ 死叉

当 K 值、D 值和 J 值均高于 80 时，一旦 J 线出现由上向下穿过 K 线和 D 线的交叉点，K 线在 D 线上方，并形成有效的向下突破的时候，就叫作 KDJ 死叉。通常情况下，KDJ 死叉的出现是一种卖出股票的信号。因此，投资者一旦发现 KDJ 死叉出现时，就应当果断卖出股票了，因为这表示，股价阶段性的顶部出现了。

三一重工（600031）在 2015 年 7 月 24 日就出现过这种情况。当时，股价刚刚经历过下跌后的反弹，并进入震荡行情中，但是当 K、D、J 三条线在向上运行过程中，出现了拐头向下，J 值在上面突然出现了向下与 K

线与 D 线的向下交叉，形成了一种向下的突破，股价此时也出现了冲高后的回落走势，这说明反弹行情已经结束，股价将会出现震荡下跌。因此，投资者此时应当果断卖出股票。如（图 2-4）中所示：

图 2-4　三一重工——日线图

但是，并不是所有的 J 线向下与 K 线、D 线的交叉都是死叉的，只有当时三条线的数值在 80 以上时才能够成立。因此，如（图 2-4）中所显示，当股价运行至 2015 年 8 月 12 日出现的 J 线向下与 K 线与 D 线的向下交叉的情况，因当时 K、D、J 三条线的数值均在 70 左右，因此，此时不能以 KDJ 死叉来看待。

实战要点：

1.KDJ 死叉是股价阶段性上涨行情结束的信号，因此，对于波段性操作的投资者来说，一经发现就要及时卖出股票了。

2. 只有当 K 线、D 线与 J 线三线的数值在 80 以上时出现的 J 值向下与 K 线、D 线的交叉，才是死叉。

3. 有时，即使未曾出现 KDJ 死叉，但 K 值在 80 以上，D 在 70 以上时，也往往是股票超买的状态，后市回档的概率较大，应当引起注意。

2.3 路径指标 BOLL

2.3.1 布林线实战抓买卖点

布林线是股市中经常用到的技术指标之一，它反映了股价的波动状况。布林线是由三条线组成，以同花顺炒股软件为例，上面的一条（UPPER）是阻力线，叫上轨；中间的一条（MID）为平均线，叫中轨；下面的一条（LOWER）是支撑线，中下轨。

在使用布林线判断股票的买点时，通常是当股价向下击穿下轨的时候作为买点。

比如，在 2015 年 7 月 8 日，日照港（600017）当日以跌停价 5.18 元开盘，而此时布林线下轨为 5.4 元，很明显，股价在此时已经跌破了布林线下轨，成了很好的买点。而其后，股价就此止跌，股价很快打开跌停板，出现了上涨，并由此开始了一轮反弹行情。如（图 2-5）中所示：

图 2-5　日照港——日线图

当股价向上击穿布林线上轨时为卖点。

比如，上港集团（600018）在 2018 年 8 月 18 日，当时股价正处于震荡向上的行情中，当日股价在开盘后曾一度上冲至 8.44 元，但此时布林线上轨的价格只有 8.43 元，很明显，股价出现了向上突破布林线上轨。因此，此时应当果断卖出股票。而其后，股价随即出现了一轮震荡走低。如（图 2-6）中所示：

图 2-6　上港集团——日线图

在布林线中,中间的那条中轨,也就是平均线,它是考验一个趋势的。不管这个趋势是上升还是下降或是盘整,它主要是考验这个趋势是否具有得以继续的重要支撑或阻力。

例如,当平均线处于水平运行状态时,股价运行的趋势往往是以震荡为主的;当平均线向上运行时,股价往往是上涨趋势;而当平均线是向下运行时,股价往往是处于下跌行情。

宝钢股份(600019)在2015年3月底至5月初,布林线中轨呈向上运行,股价处于上涨行情中;在5月初至6月中旬,布林线中轨呈起伏略向上运行,股价则震荡上行;至6月中旬至7月初,布林线中轨呈向下运行,股价出现了一路下跌的趋势。如(图2-7)中所示:

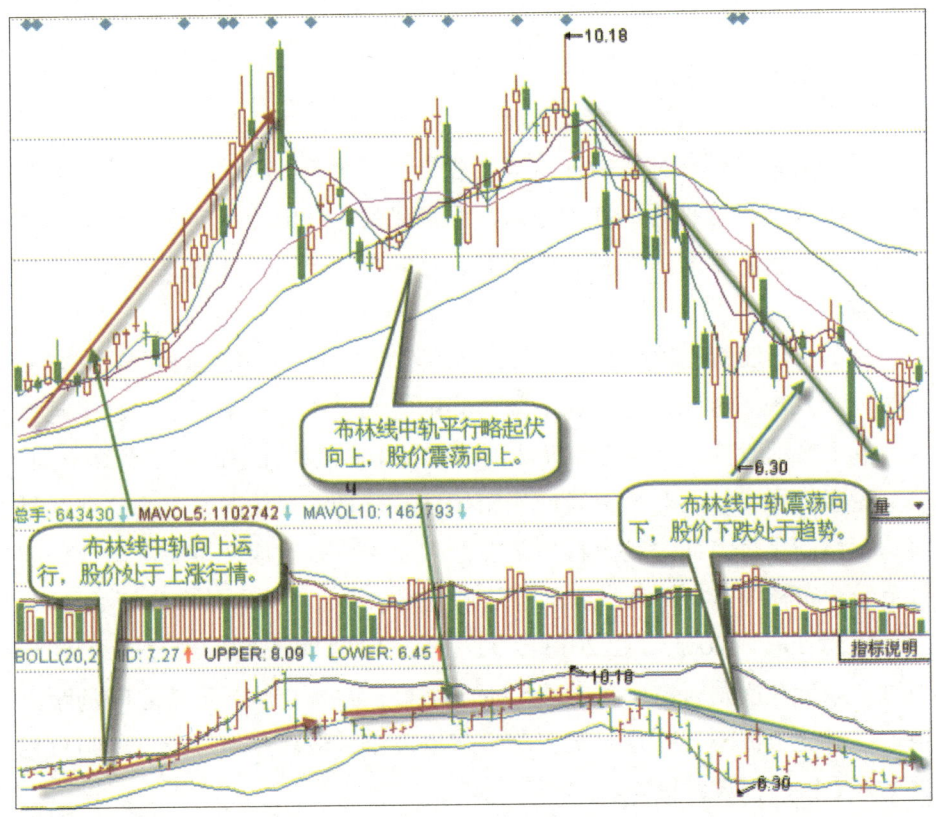

图 2-7 宝钢股份——日线图

实战要点：

1.当股价向上突破布林线上轨时，往往是股价冲高后遇阻，因此股价会很快回落下跌，因此股价突破上轨时为最佳卖点。

2.当股份向下突破布林线下轨时，往往是股价深跌后遇到支撑，因此超跌后会引发快速反弹，因此跌破下轨时为最佳买点。

3.布林线中轨是判断趋势支撑与阻力的有效途径，尤其是在震荡行情中，股价遇阻后必然会引发回落，遇到支撑时自然会止跌回弹。投资者可根据布林线中轨的细微变化判断股价波段运行方向，从而决定买或卖。

2.3.2 缩口与开口

投资者在使用布林线指标时，当股价处于盘整状态时，布林线上轨与下轨出现收缩，这种情形称为缩口；而当股价出现向上或向下突破时，布林线上轨与下轨会呈逐渐打开的形态，这时称为开口，证明股价即将产生大的波动。

比如，当股价经过数波下跌后，随后经常会转为较长时间的窄幅整理，这时就会发现布林线的上限和下限之间的空间极小，越来越窄，越来越接近。盘中显示股价的最高价和最低价差价极小，短线几乎没有了获利空间，成交量极为稀少。此时投资者应当密切注意这种缩口情况，因为这往往是震荡行情的尾声，而一轮大行情正在酝酿之中，一旦成交量突然增大，股价上升，布林线开口扩大，震荡行情将就此结束，上升行情宣告开始。

华润万东（600055）在2013年11月至12月期间就曾出现过这种情况。当时，股价在震荡行情中，突然出现了缩口，并且上轨与下轨之间的距离很近，成交也极小，并且股价震荡幅度也极小，最高点与最低点之间只相差了几毛钱，很难做价差。

到了2014年1月2日，成交量突然出现了成倍的放大，布林线上轨与下轨也开始向上向下张开，其后，股价一举走出震荡行情，开始了一路震荡上行的多头行情。因此，投资者应当在成交量突然放大、布林线开口放大时买入。如（图2-8）中所示：

实战要点：

1. 如果布林线中轨出现向下运行，此时出现的开口，往往是股价下跌的表现，投资者此时应当以卖出股票为主。

2. 如果布林线中轨是向上运行，此时出现的开口，往往是股价转为上涨的表现，投资者此时应当以买入股票为主。

3. 如果布林线中轨是向下运行时出现缩口，一旦上、下轨无法再继续收缩，中轨出现平行时，往往是股价止跌的表现，此时可待缩口变开口、中轨向上运行时买入。

4.如果布林线中轨是向上运行，一旦出现缩口，当上、下轨无法再收缩时，往往是股价震荡调整结束的表现，此时可在缩口变开口时买入股票。

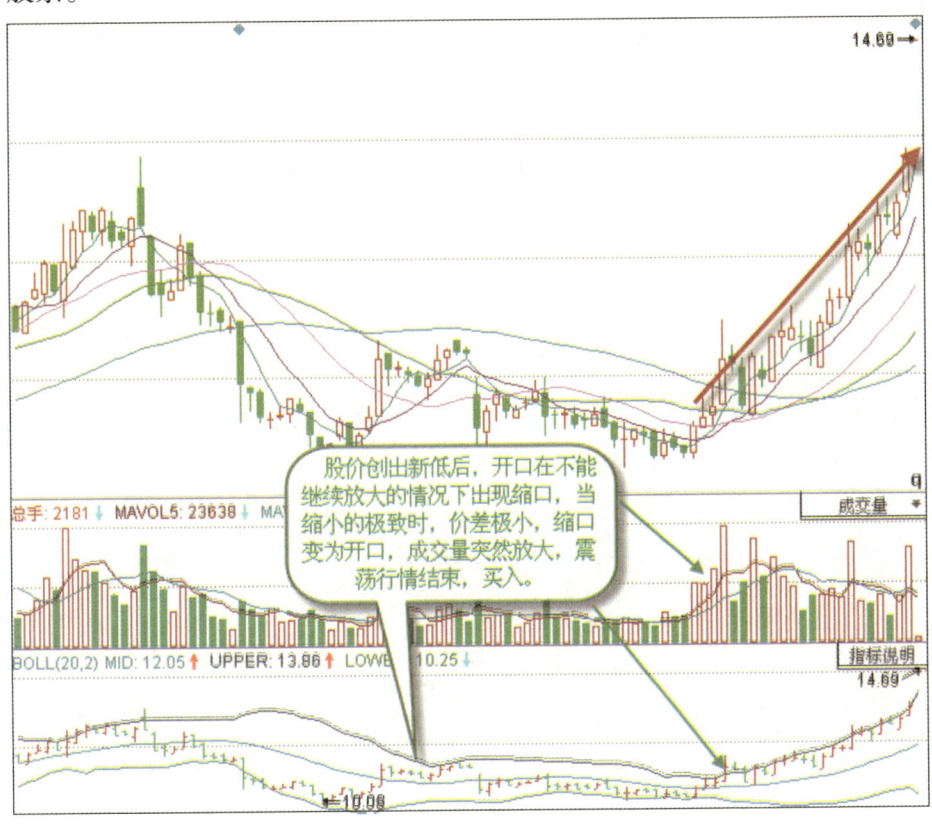

图 2-8　华润万东——日线图

2.4 震荡指标 ASI

2.4.1 ASI 领先买入法

在震荡行情中，当股价是由下往上运行的过程中，在欲穿越前一波的高点套牢区时，在接近高点处但并未确定股价能否顺利穿越的时候，如果ASI此时领先股价，提早一步通过相对股价的前一波ASI高点的话，那么在这之后，股价必然能够顺利突破前期的高点套牢区。投资者此时可以利用ASI指标的这种领先性，提前买入股票。

中国卫星（600118）在2015年7月15日与16日期间曾经出现过这种情况，当时股价处于由下向上运行，但此时股价在接近但尚未突破7月6日下跌时出现的一根长阴柱，可是此时的ASI却已经突破了前期下跌至此时的区域，这说明股价其后必然会一举突破这一区域，继续上行。因此，投资者可在ASI突破这一压力区、股价尚未突破时果断买入。如（图2-9）中所示：

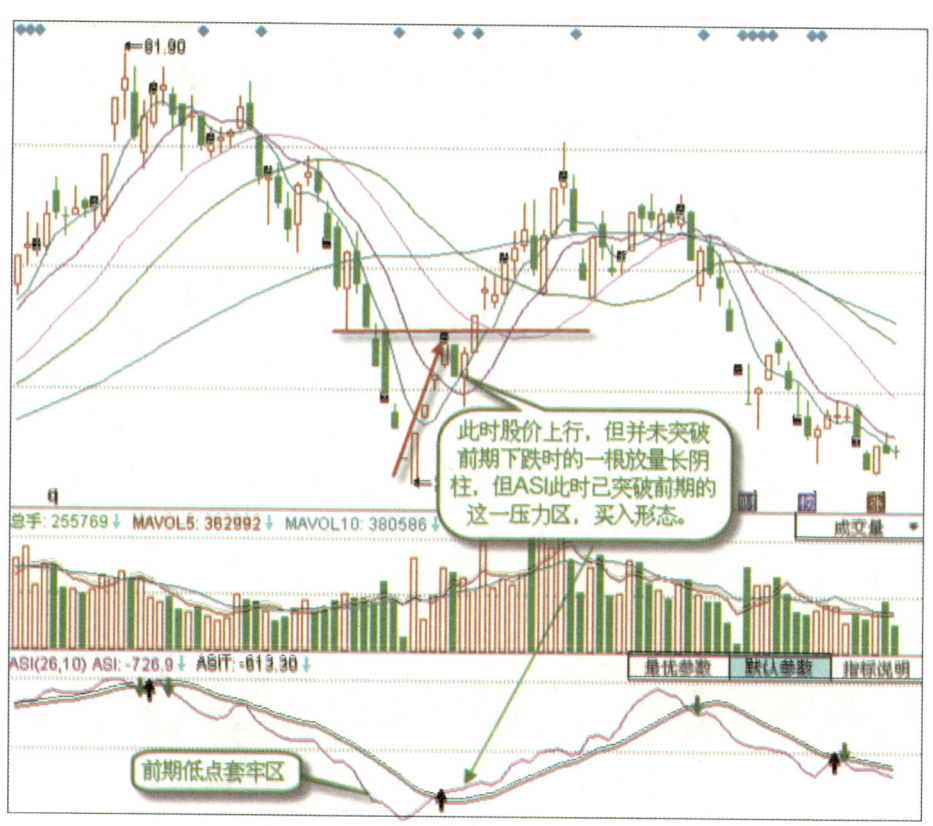

图2-9　中国卫星——日线图

实战要点：

1. 若 ASI 指标先于股价出现突破压力区域时，这往往是股价会出现持续上涨时的一种信号，即使是在震荡行情中，投资者也应当果断买入，因为这说明上涨还未结束。

2. 当股价走势一波比一波低，ASI 却未相对创新低点，与股价形成底背离时，同样是一种买入的信号。

3. 当 ASI 趋势向上时，往往行情也会是上涨的。因此，投资者也可以根据 ASI 在走平后出现拐头向上时，结合其他指标判断买点。

4. 在使用 ASI 金叉买入时，应当结合其他指标综合判断，而不能单独使用 ASI 金叉买入。

2.4.2 ASI 提前卖出法

在震荡行情中，当股价正处于由上向下的运行时，正欲穿越前一波低点的密集支撑区时，在运行至接近低点处、但并未确定股价是否会跌破支撑的时候，如果出现 ASI 领先股价的运行，提早一步跌破了相对股价的前一波 ASI 低点，那么在随后，股价将会跌破低点支撑区继续下行。因此，投资者可以在此现象出现时选择卖出股票，因为其后还会有更低的价格出现。

*ST 舜船（002608）在 2015 年 6 月 30 日，当时股价尚处于由上向下的运行之中，此时股价接近了前一波下跌时出现的低点，也就是 5 月 8 日的 10.93 元，但尚未到达这一价位，可是 ASI 此时却出现了早一步跌破了前一次下跌时的低点，这说明股价此时股价随后即将跌破这一低点。因此，投资者此时应当果断卖出股票。如（图 2-10）中所示：

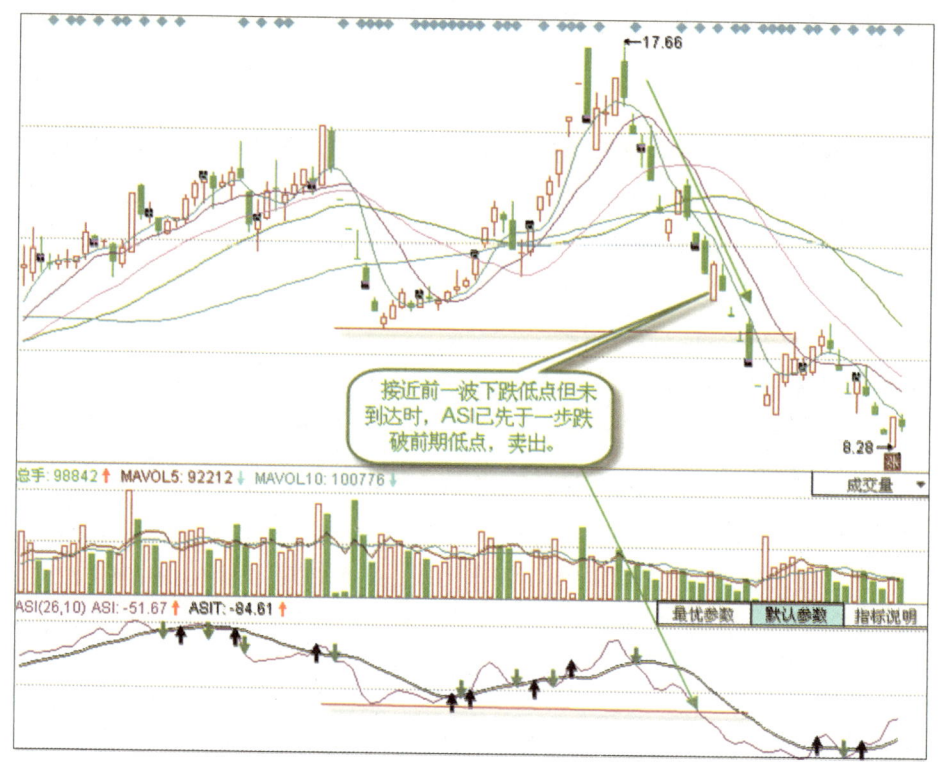

图 2-10 *ST 舜船——日线图

实战要点：

1. 投资者不能简单地使用 ASI 出现的死叉来判断卖点，如欲使用，应当结合其他技术指标综合运用，如 MACD、KDJ，若是出现三线死叉时，应当果断卖出股票。

2. 当 ASI 下运行时，股价往往是处于下跌趋势的，若是水平震荡，说明行情为震荡行情，因此，ASI 往往在判断股价趋势方向时较为准确。

3. 大多时候，ASI 与股价运行都是同步的，但当股价走势一波比一波高，ASI 却未相对创新高点，与股价形成顶背离时，应卖出。

2.5 强弱指标 RSI

2.5.1 RSI 逃顶

RSI 是反映股价相对强弱的一种指标，在股价正常运行的过程中，RSI 值多在 30 至 70 之间变动，而一旦 RS 值在 80 至 90 运行时，则说明此时市场已到达了超买状态，至此价格会出现回落调整。因此，在震荡行情中，这一情况成了判断股价运行阶段性高点的标准，也是投资者逃离顶部的时机。

例如，中国船舶（600150）在 2015 年 8 月 12 日、13 日、14 日，股价经过连续上涨后，RSI 值也运行到了顶部，数值一直在 80 至 90 之间徘徊，并且股价在超买的情况下并未再次出现上涨，K 线上形成了一个渐行渐上的倒 V 字的左边，这说明股价形成倒 V 型顶的可能极大。因此，投资者此时应当果断卖出股票。如（图 2-11）中所示：

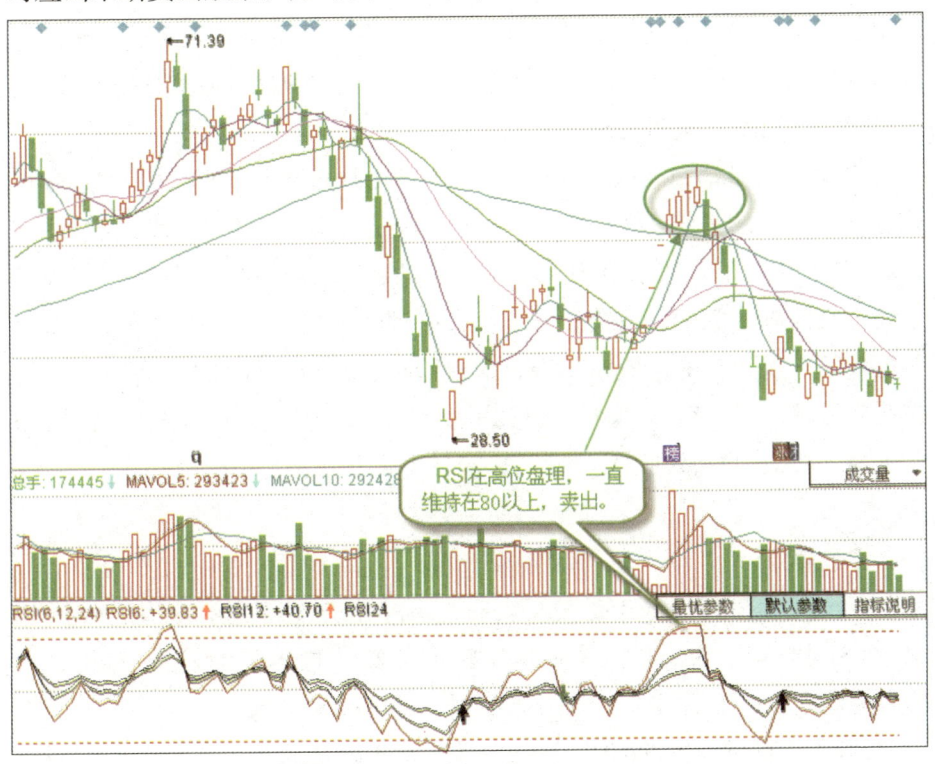

图 2-11　中国船舶——日线图

实战要点：

1.RSI 共分为 3 条线，分别为 RSI6、RSI12、RSI24，它们所代表的是不同的周期，通常短线使用时会以最短的一根 RSI6 为准。

2.RSI 中的三条线与均线一样，也会出现短期与长期之间线的交叉，向上为金叉，但却并不能以此来作为判断股票买点的依据。

3. 当 RSI 值处于 80 至 90 之间运行时，应当结合 K 线或其他指标来综合判断行情。

4. 当 RSI 在阶段性顶部运行时，若股价接连上行，但 RSI 却在不断走低、呈顶背离，此时也应当果断卖出股票。

2.5.2 RSI 抄底

RSI 抄底指的是，RSI 在 30 至 70 之间正常运行时，当运行到低于 30 时，则说明盘中出现了超卖，数值处于 10 至 20 间时为市场严重超卖。至此，市场价格自然面临企稳后的回升。因此，投资者此时可利用 RSI 指标及其他指标综合判断，从而实现抄底。

比如，亚星锚链（601890）在 2015 年 1 月至 2 月期间，股价此时正处于下跌震荡的走势，RSI 在 30 至 70 之间运行着，突然在 2015 年 2 月 6 日运行在 30 以下，显示盘中出现了一定的超卖，但此时 K 线图上，股价正处于底部震荡之中，成交量并不大，这种情况极有可能是主力在砸盘时所造成的，因为在随后股价出现再次探低时，并未回踩到前期低点即开始震荡回升，并且此时 K 线上已初具了双底形态。因此，投资者应当在 RSI 低于 30 后回升时买入股票。如（图 2-12）中所示：

实战要点：

1. 投资者在利用 RSI 超卖买入时，不一定非要等到 RSI 值运行至 10 至 20 区间时，因为低位时往往卖压较小，多为主力砸盘所致。因此，只要出现超卖，并 K 线上形成底部形态时，即可抄底买入。

2.RSI 短期线与长期线向上交叉时，并非确切的买入信号，此时应当结合其他技术指标综合研判。

3.当股价下跌,但 RSI 线却出现向上运行的背离现象时,这往往是短线买入的好机会,但并不一定此时就是底。

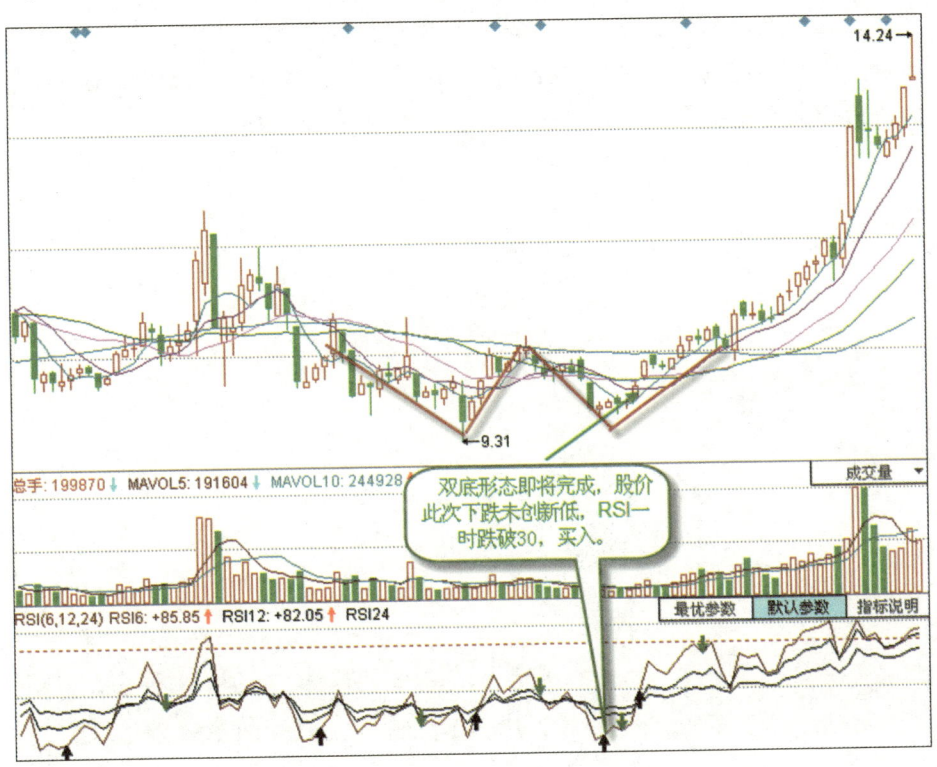

图 2-12　亚星锚链——日线图

2.6 能量潮指标 OBV

2.6.1 OBV 顶背离卖出法

OBV 顶背离指的是,当股价在高位出现向下运行的时候,OBV 却出现了向上运行的情况,这说明股价在下跌的时候,成交量是呈现逐级放大的趋势的,说明主力是不断在高位卖出股票,股价其后往往会出现继续下跌的走势。因此，当OBV与股价形成顶背离时，投资者应当及时卖出股票。

中航飞机（000768）在2015年6月2日股价运行至高位后，开始出现了震荡走低，但OBV却出现了震荡向上的趋势，与股价运行方向恰好相反，这说明，股价在高位区震荡走低中，量能出现了放大，主力在高位出货。因此，投资者此时可选择果断卖出股票，因为OBV顶背离出现后，股价很快就会出现一轮下跌的走势。如（图2-13）中所示：

图2-13 中航飞机——日线图

实战要点：

1.当OBV线从正的累积数转为负数时，为下跌趋势，应该卖出持有股票。

2.当OBV线出现急速上升时，表示力量将用尽，因此是卖出股票的信号。

第二章 震荡行情的技术指标实战

3. 当 OBV 与股价出现顶背离时，有时 OBV 线可能会出现水平运行，这同样是一种背离，只不过背离的程度相对弱些，但同样是卖出股票的信号。

2.6.2 OBV 底背离买入法

OBV 底背离指的是，当股价在低位向下运行的时候，OBV 线出现了向上运行，这表明，因有人在低位时大量买入股票，从而推动量能出现放大，因此是股价即将告别底部区域开始上涨的一种表现。

例如，成发科技（600391）在 2015 年 3 月至 5 月，股价出现了一路下跌的走势，但此时 OBV 线却呈现出缓慢震荡上行的趋势，这说明，主力在借股价下跌时的低位大力吸筹，所以才会出现这种背离。一旦主力吸足了筹码，股价将会出现上涨。因此，投资者可在股价与 OBV 线出现背离后，逢低买入股票。如（图 2-14）中所示：

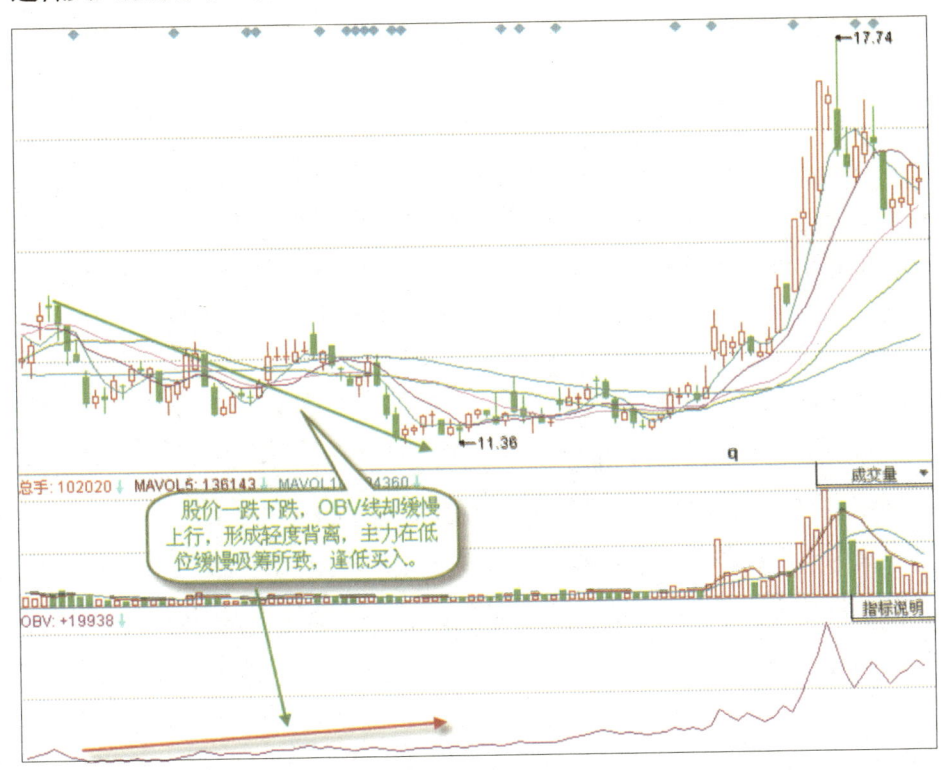

图 2-14 成发科技——日线图

实战要点：

1. 当股价与 OBV 线出现背离时，投资者应当结合其他指标的提示，逢低买入。

2. 股价与 ORV 线出现背离时，只有在低位区出现时才是买入的信号，若价格在中位区时，则往往是上涨趋势中调整结束的信号，此时可买入波段操作。

3. 当 OBV 线从负的累积数转为正数时，为上涨趋势，应该买入股票。

4. 当 OBV 线缓慢上升，表示市场买盘的人气在逐渐加强，为买进信号。

2.7 区间震荡指标 DPO

2.7.1 DPO 卖出法

DPO 是一种区间震荡指标，是由 DPO 与 MADPO 两条线组成，当 DPO 运行于 0 轴之上时，行情往往为多头趋势，此时股票往往处于超买状态。如果 DPO 在 0 轴以上运行，并运行到高位时，这说明超买的情况较为严重，一旦出现向下与 MADPO 线形成向下的交叉，则说明买盘在不断增加股价出现大幅度上涨后，开始转为卖盘不断增加，股价也开始不断下跌回落，因此是卖出股票的一种形态。

华邦健康（002004）在经过了 2014 年 2 月至 3 月的上涨后，DPO 线一直在 0 轴以上运行，并逐渐运行到高位区，此时接连出现与 MADPO 的向下交叉，这说明此时由原来的超买变为了超卖，股价即将出现快速下跌。因此，投资者在此时应当果断卖出股票。如（图 2-15）中所示：

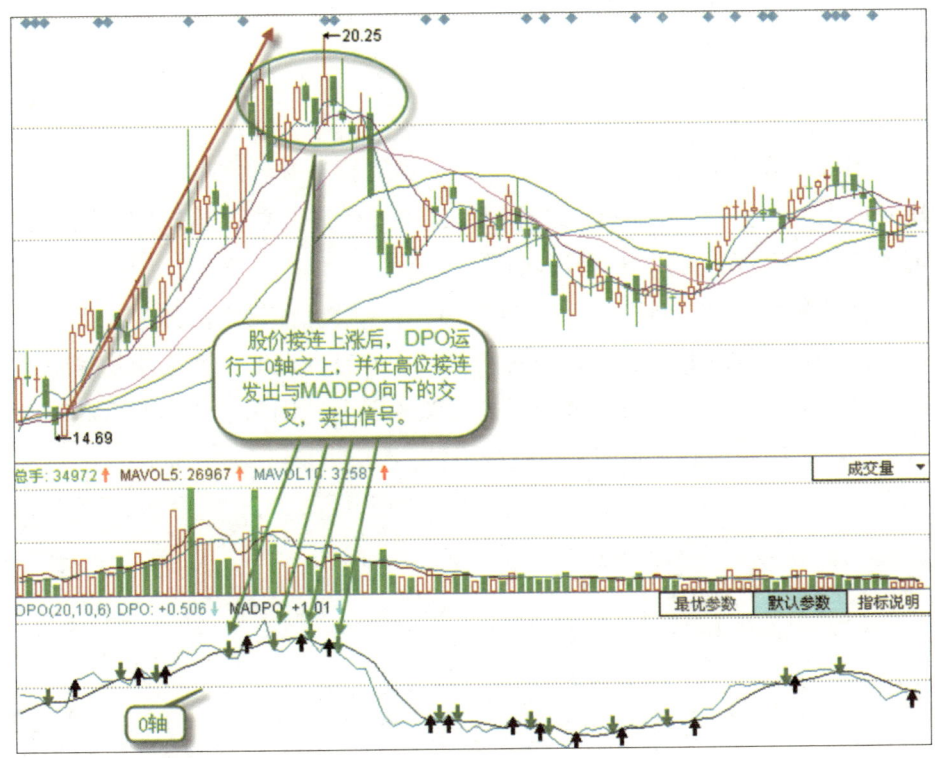

图 2-15 华邦健康——日线图

实战要点:

1.当 DPO 线在 0 轴以上运行到高位时,一旦出现与 MADPO 的向下交叉,成交量往往在此时也是呈放大的,因此,此时综合观察成交量的变化,也能够判断出股价阶段性顶部反转的迹象。

2.当 DPO 在 0 轴以上的高位与 MADPO 向下交叉时,往往是股价阶段性顶部,因此投资者此时应当以卖出股票为主。

3.当 DPO 与 MADPO 在 0 轴以上附近向下交叉时,往往是股价下跌途中,此时同样不要买入股票,因为跌势未止,股份价即将转为弱势运行。

2.7.2 DPO 买入法

当股价在下跌趋势中时，通常 DPO 是运行于 0 轴之下的，一旦出现 DPO 向上运行，并与 MADPO 形成向上交叉时，往往是股价止跌转强的表现。因此，此时投资者可以适当买入股票。

精功科技（002006）在 2015 年 7 月 15 日，股价在止跌反弹中，出现了 DPO 在 0 轴以下的向上与 MADPO 向上交叉，并且，此时的 DPO 线是呈向上运行的趋势。因此，投资者此时可放心买入股票，因为这说明股价此时已真正止跌，即将展开一轮向上反弹的行情。如（图 2-16）中所示：

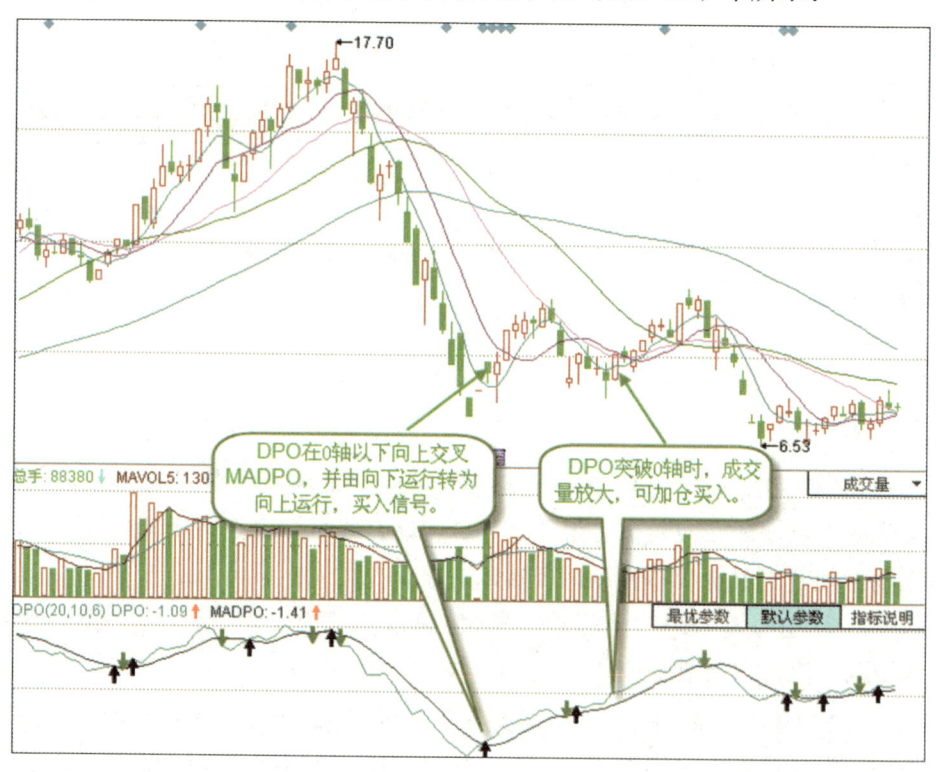

图 2-16　精功科技——日线图

正如（图 2-16）中显示，在随后的 8 月 4 日，DPO 在一路上行的过程中，突然出现了上穿 0 轴的现象，并且成交量出现了有效放大，此时投资者可加仓买入，因为这表明反弹行情并未结束，会持续反弹。

实战要点：

1. 当 DPO 线出现缓慢向上运行时，这表示市场的买盘在不断增加，此时如果 DPO 是位于 0 轴以下，则表明股价正处于反弹行情之中，投资者可买入或放心持股。

2. 当 DPO 向上突破 0 轴后，有大市转强的信号，原则上此时可以加仓，但若是此时 DPO 无法继续上行，而是转为掉头向下，则说明反弹结束，股价将重回下跌，所以参与者应当事先设好止损位，适当参与。

3. 当 DPO 线向上突破 MADPO 后，一旦无法再继续上行，并转为平行时，无论此时 DPO 线是运行于 0 轴之上还是接近 0 轴，都应当卖出股票，因为这说明此时反弹极有可能结束。

第三章 震荡行情的抄底实战

很多投资者梦寐以求地想抄到股市的"底",但真正的"底"到来的时候,很多投资者却往往视而不见。为什么呢?因为这些投资者想到"底"是一回事,却根本就不明白什么才是真正的"底",因为"底"都是走出来的,并不是只要股票出现大幅的下跌就会出现"底"。因此,投资者要想抄到"底",首先就要明白,股票的"底"到底是个什么样子,在什么时候才能抄"底"?又为什么在这种时候抄"底"?

3.1 如何从底部判断买点

3.1.1 长阳上穿 5 日均线

当个股运行于底部区域震荡时，成交量往往是较为低迷的。而当股价在下跌的过程中，此时股价往往是运行于 5 日均线上方的，而一旦个股突然放量，并以一根长阳突然出现，并上穿 5 日均线，或是一日内上穿多条均线，则往往意味着股价短期底部已经探明，因此是投资者短线抄底买入的最好时机。

比如，东方金钰（600086）在2014年初，股价一直处于震荡下跌的趋势，但到了3月21日，股价在走出前期底部前，再次出现了回调，但此时成交量却突然出现了放大，并且股价在以低于5日均线的方式开盘后，出现了上扬，并且很快放量突破了5日均线及10日均线。此后，股价一波震荡上行。因此，投资者此时应当果断买入股票。如（图3-1）中所示：

图 3-1　东方金钰——日线图

这是因为，股价在经过一段时间的下跌后，因长期远离5日均线，从而形成背离，一根放量长阳的出现，则说明此时的股价已经得到了众多资金的认可，因此成为股价短线走强的根本原因。但个股在震荡行情中出现这种情况的时候，大盘往往也同样处于这种形态，因此也是大盘短期见底时的特征。如（图3-2）中所示，在东方金钰股价短期见底的同时，大盘也告别了短期底部。

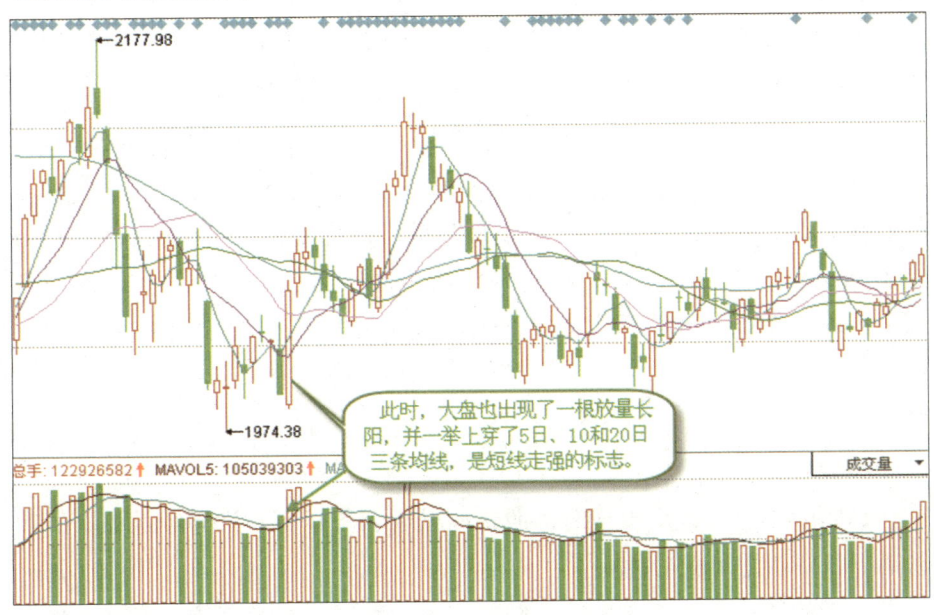

图3-2　上证指数——2014年2月至7月日线图

实战要点：

1.投资者在运用长阳上穿5日均线进行抄底的时候，如果当时的行情是暴跌时，应当先从大盘走势出发，因为只有大盘出现止跌回升了，个股才能见底。

2.放量长阳确立短期底部往往出现在震荡行情中下跌的尾声，此时若是股价一日内上穿多条均线，可信度往往更高。

3.放量长阳出现后，若成交量无法进一步有效放大，则往往意味短期反转失败，应果断止损出局。因此，只有在放量长阳出现后，成交量能够接连大放时才能够确立底部形态成立。

3.1.2 低位二次金叉买入法

低位金叉买入法指的是，投资者在面对震荡下跌的行情中，可以利用各种技术指标出现的低位金叉来进行抄底。此时，股价往往运行在低位区，盘势较弱，但技术指标却显示出逐渐走强的迹象，因此是一种有效的抄底法，但往往股价在低位时，技术指标经常会出现反复，因此投资在利用技术指标抄底时，不管是哪种技术指标，往往二次低位金叉出现时更为可信。

例如，远光软件（002063）在2013年10月至12月间，股价出现了一路震荡下跌的走势，致使MACD指标出现了较长时间的在0值以下的低位运行，但至12月20日及23日却接连发出了低位金叉的买入信号，这说明低位买盘突然增大，股价即将告别底部区域的盘跌走势，出现上涨。因此，投资者可在低位二次金叉出现时及时买入股票。如（图3-3）中所示：

实战要点：

1.因低位金叉首次出现时，股价尚处于弱势运行，只有经过二次的确认后，投资者才可放心抄底。

2.低位二次金叉只有出现在股价底部区域时才更为可信，这是一种强烈的买入信号。

3.低位二次金叉若是出现在大跌后不久，往往不可信，投资者此时应当结合各种指标来综合研判行情。

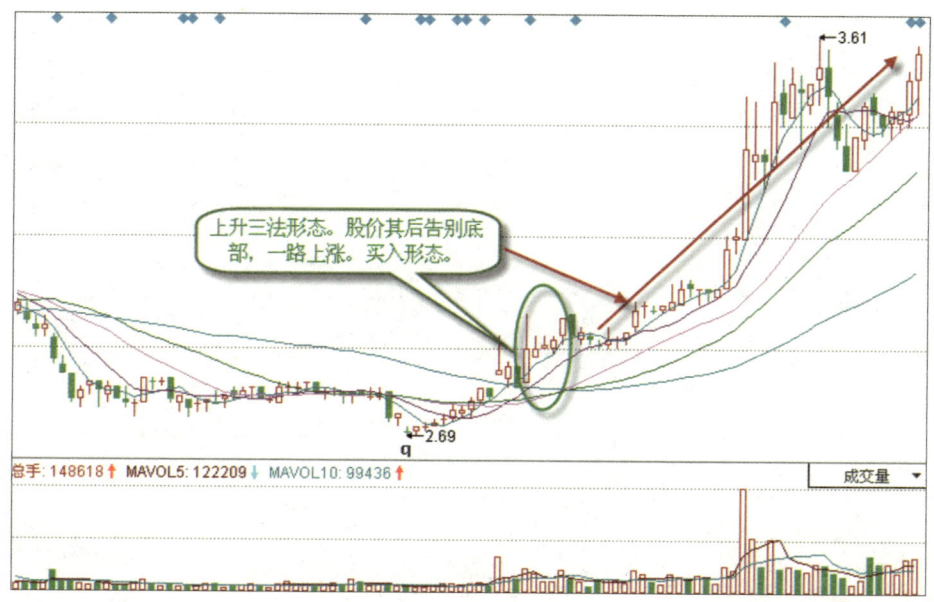

图 3-10　桂冠电力——日线图

3.2.4 红三兵

红三兵又叫上涨红三兵，是股价经过低位震荡整理后开始启动的象征，也是对底部的一种确认，因此是一种买入形态。它是由三条上升的阳线组成，并且这三条阳线应为中小阳线，三条阳线的实体要大体相当，第二条阳线和三条阳线要分别在前一条阳线实体的中心值之上开盘，第三条阳线必须在第二条阳线的最高价之上收盘。

比如，海南椰岛（600238）在 2014 年 7 月 24 日、25 日和 28 日的三个交易中，就曾经出现过这种形态。当时，海南椰岛刚刚走出底部区域，在 7 月 24 日收出一根阳线后，25 日略高开后股价一路上行，持续了昨日的上涨趋势，28 日虽然平开，但依然延续了前两个交易日的上涨趋势，并且以远高于昨日最高价格而收盘。从 K 结上看，这三根阳线均成小中阳线，并且大体相当，就像一个层层向上的阶梯，一个比一个高，并且重心也是呈逐级向上运行的方式出现，成为标准的上涨红三兵。其后，股价彻底告别底部，开始出现了一路上涨。如（图 3-11）中所示：

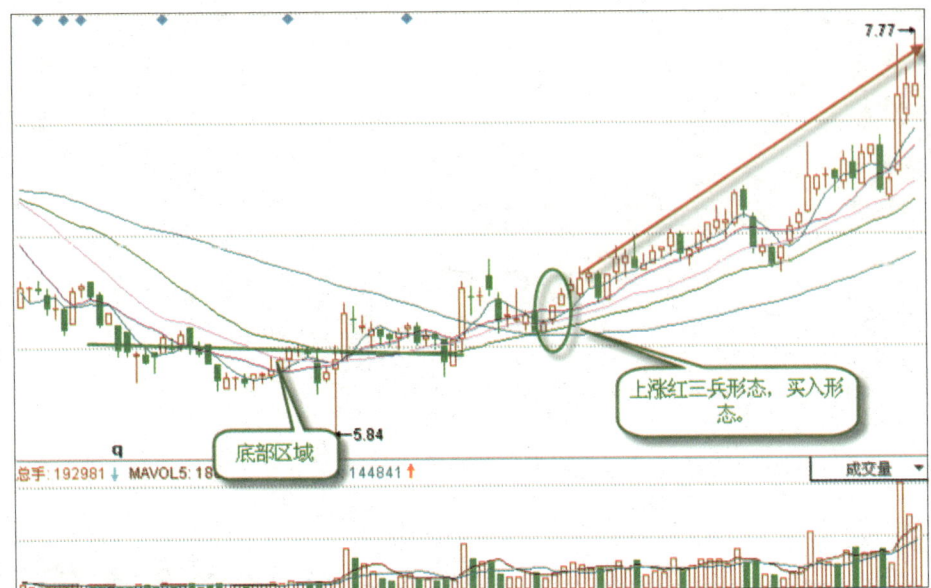

图 3-11 海南椰岛——日线图

实战要点：

1. 红三兵形态是一种告别底部开始上涨前的征兆，它往往出现在底部区域时更为可信，若是出现在上涨途中或是高价区时，应当引起警觉。

2. 红三兵形态的出现，是股价确认前期底部的一种形态，因此出现在低位区的红三兵形态，往往是股价由弱转强的一种信号。

3. 在确认红三兵形态时，必须确保三根阳线实体大体相当，并且从后至前，每一根阳线必须在前一根阳线的重心之上开盘，并且第三根阳线必须是在昨日最高价之上收盘。

3.2.5 早晨之星

早晨之星形态是出现在下跌末端的一种底部形态，也是股价即将启动时的形态。它是由三根 K 线组成：第一天，股价继续下跌，此时由于恐慌性的抛盘而出现一根巨大的阴线；第二天，股价再次跳空下行，但跌幅不大，实体部分较短，形成星的主体部分，但星的主体部分，可以是阴线或阳线；

第三天，一根阳线拔地而起，股价很快收复了第一天的大部分失地，发出明显看涨的信号。

七星电子（002371）在经历了前期的下跌后，于2015年1月12日突然出现了一根较长的阴线实体，这说明股价在下跌过程中受到恐慌情绪的感染，出现了放量下跌；1月13日，股价跳空低开，再次持续了昨日的主趋势，继续下跌；1月14日，股价却出现了高开，略有下探后却出现了与前两个交易日截然相反的走势，开始了一路上涨，并收出了一根拔地而起的阳线，并收复了1月12日那根阴线的头壁江山，从而形成了早晨之星形态。其后，股价在略有震荡走低后即开始了震荡上行，彻底告别了形态出现时所创出的低价。如（图3-12）中所示：

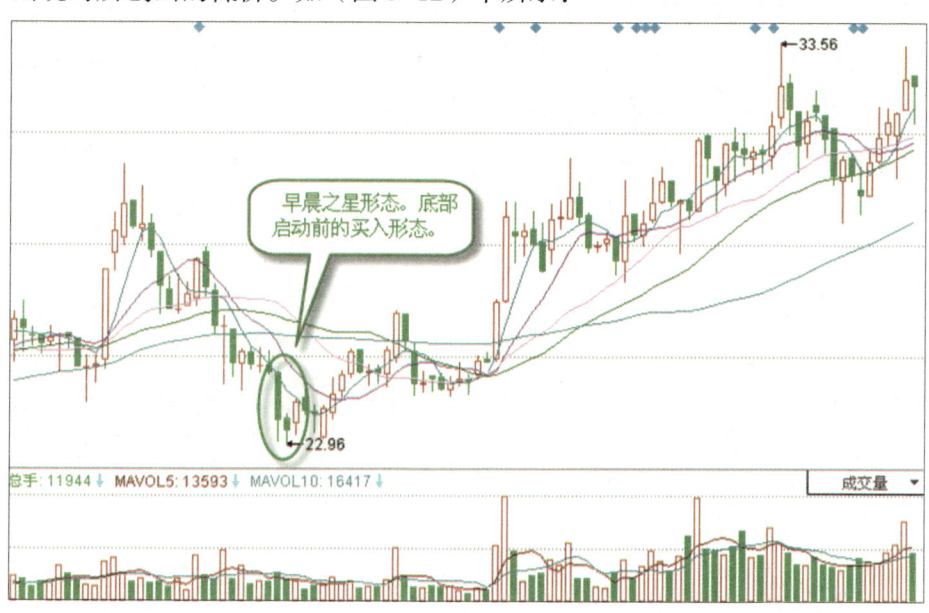

图3-12　七星电子——日线图

实战要点：

1.早晨之星是股价见底的信号，它表明股价经过大幅回落后，做空能量已经大量释放，股价无力再创新低。因此在底部出现了回升，是明显的转向信号。

2. 早晨之星出现后，成交量应当出现稳步增加。如果成交量继续萎缩，则说明股价仍有震荡整理的需求。

3. 早晨之星往往出现在下降趋势的末端，而形态中第三根阳线是发出趋势反转的信号，因此是一个非常好的抄底买入时机。

3.2.6 曙光初现

顾名思义，曙光初现形态就是指像早晨出现的曙光一样，是太阳升起前的征兆，预示着其出现后，未来将会是一片光明，因此这种形态也是一种买入股票的形态。它是由两根走势完全相反的K线构成，前一天为阴柱，后一天为阳柱。第二天阳线向下跳空低开，开盘价远远低于前一天的收盘价，但收盘价却高于前一天的收盘价，而且阳柱的收盘价深入第一根阴柱的实体部分当中，几乎达到了前一天阴线实体的一半左右的位置。

亚厦股份（002375）在2015年3月6日和9日就曾经出现过这种形态。当时，亚厦股份刚刚走出底部区域，股价经由了短期上涨后突然出现了震荡调整，并于3月6日出现了根较长的阴柱，次日以向下跳空低开的形式出现，略有震荡下跌后却出现了震荡走高，最终当日以一根阳线报收，收盘价远高于昨日收盘价，并且这根阳柱深入了前一天那根阴柱的大部分，超过了一半，形成了曙光初现形态。其后，股价彻底走出震荡调整的行情，出现了震荡上涨的趋势。因此，投资者应当在曙光初现形态形成后及时买入股票。如（图3-13）中所示：

实战要点：

1. 股价位于底部区域，或是在上涨初期的调整时出现曙光初现形态，更为可信。

2. 在曙光初现形态出现时，如果第二根阳柱的实体部分越长，则表示后市上涨的力度会越大。

3. 在熊市中应用曙光初现形态时，第二根阳柱的最低价必须是13个交易日以来的最低价时，方可买入，这主要是为了避免投资者在熊市中盲目追高，避免追高买入的操作风险。

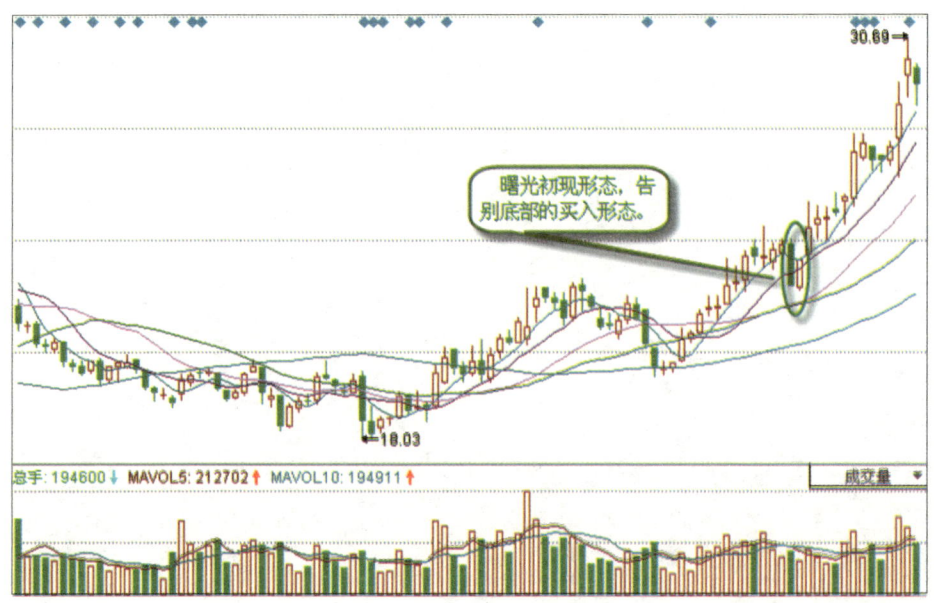

图 3-13　亚厦股份——日线图

3.2.7 旭日东升

旭日东升形态指的是，当股价已形成下跌趋势并出现连续暴跌时，往往会低开低走，甚至连续收阴，但随着下跌动能的逐渐衰竭，股价往往会在某一交易日突然出现大幅跳空高开，并且延续上升趋势直至收盘，股价收出近乎光头光脚的长阳线，并一举将上一日的阴线全部覆盖。由于这种K线形态中最后高开之阳柱犹如一轮红日跃出海面，腾空而起，因此被称为旭日东升。

亿阳信通（600289）在 2015 年 8 月 4 日就出现过这种情况。在此之前，股处一直处于下跌趋势，但在 8 月 4 日股价却出现了高开，并一路上行，收出一根近乎光头光脚的大阳线，并且当天收出的阳线实体完全将昨日的阴线覆盖了，从而形成了旭日东升形态，趋势也由此出现了明显的反转。其后，股价出现了接连上涨，行情因此而转为反弹。投资者应当在旭日东升形态出现时及时买入股票。如（图 3-14）中所示：

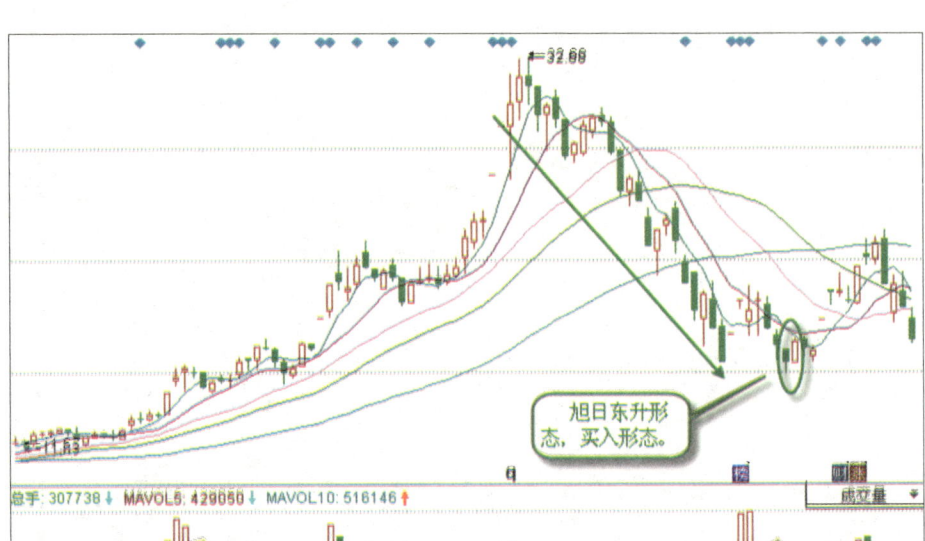

图 3-14　亿阳信通——日线图

实战要点：

1. 在旭日东升形态出现之前，股价必须要经过一轮明显的下跌趋势，次日高开阳线的收盘价必须超越前一日阴线的开盘价，并且阳柱一定要在前一天的阴柱实体之上。

2. 在旭日东升形态出现后往往会有一种止跌的表现，但后市股价往往还会反复震荡，甚至再次下跌，因此投资者应当以超跌后抢反弹的思路来参与。

3. 旭日东升形态往往是短线中一种趋势的突转，因此如果形态是出现了股价低位区时，往往可信度更高，是抄底的良机。

3.2.8 看涨吞没

看涨吞没形态指的是，当股价处于下降趋势中时，突然出现了一根坚挺的实体，将前面的那根实体抱进怀里吞没了。这种情形出现，说明市场上买方的力量已经压倒了卖方的力量，预示着后市看涨，因此是一种买入股票的形态。

天玑科技（300245）在2015年1月15日和16日就曾经出现过这种情况。当时，天玑科技刚刚走了低点，在接近前期平台时，突然出现了一根阴柱，但次日在低开即出现了一路的震荡上行，并收出一根较长的阳柱，一举将15日及14日出现的小阴一并收复了，形成了看涨吞没形态。这说明买方边量突然增强，一举压倒了卖方，股价此后脱离了底部区域，趋势开始由下跌转为上涨，很快出现了翻倍行情。如（图3-15）中所示：

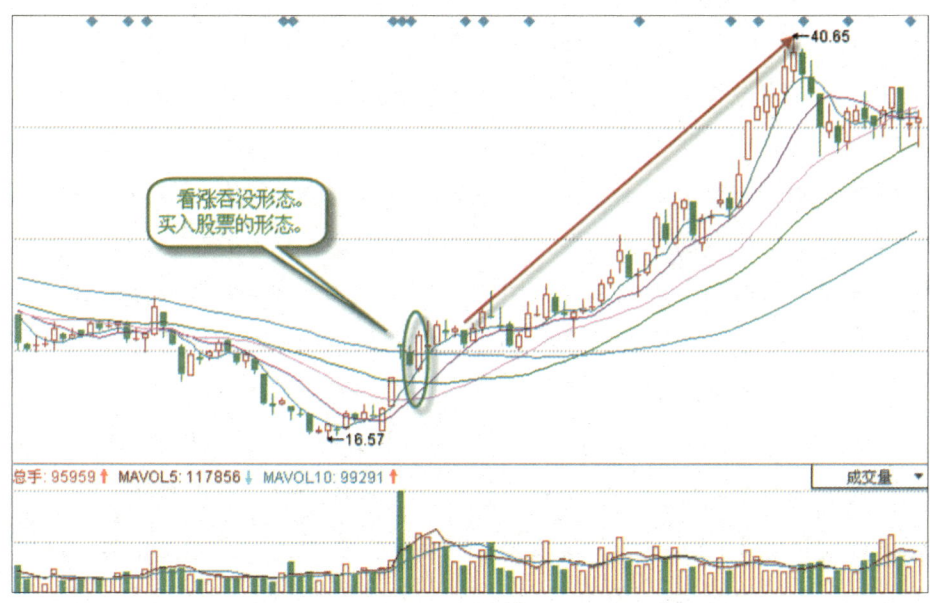

图3-15　天玑科技——日线图

实战要点：

1. 在看涨吞没形态中，第一天的K线实体非常小，可是第二天的K线实体非常大，并且一举将第一天的阴线揽入了实体之内。

2. 在看涨吞没形态中，第二天的实体向前吞没的实体不止一个。

3. 在看涨吞没形态中，必须由两根K线组成，其中第二根K线实体必须整个覆盖第一根K线实体，但不一定要吞没第一根K线的上下影线。

3.3 经典底部实战形态

3.3.1 头肩底

头肩底就是指 K 线形态像人的头和肩的关系，是一种底部形态。头肩底出现后，往往会改变股价原来的下跌趋势，因此是一种底部反转的形态。在头肩底形成过程中，左肩形成时股价出现放量下跌；接着出现成交量小幅的上升，随后再次下跌，并跌破了前期的低点，成交量较左肩反弹阶段时是放大的，于是形成了底部；此后开始回升，成交量有可能放大，整个底部的成交量比左肩多。当股价回升到了前期反弹高点时，出现第三次回落，形成了右肩，此时的成交量明显少于左肩和头部，股价在跌至和左肩平时，逐渐稳定下来。最后，股价放量上升，尤其是突破颈线时，成交量显著放大，从而形成了头肩底。

大族激光（002008）在2014年12月至1月就曾经出现过这种形态。当时，大族激光的股价正处于下跌趋势，在接连放量下跌的过程中形成了左肩；随着成交量的小幅增加，股价反弹，但反弹后再次出现了成交量略大的放量下跌，在创出新低的同时，形成了头；接着股价再次反弹，成交量出现了回升，但未能一举突破颈线，再次回踩右肩时未能跌破右肩的低点即出现回升，并一举突破颈线，形成头肩底形态。股价此后出现了一路震荡上行，最高冲至 2015 年 6 月 15 日的 39.61 元。因此，投资者可在形态确立后回踩时买入，或在股价突破颈线趋势明显发生反转时买入。如（图 3-16）中所示：

第三章　震荡行情的抄底实战

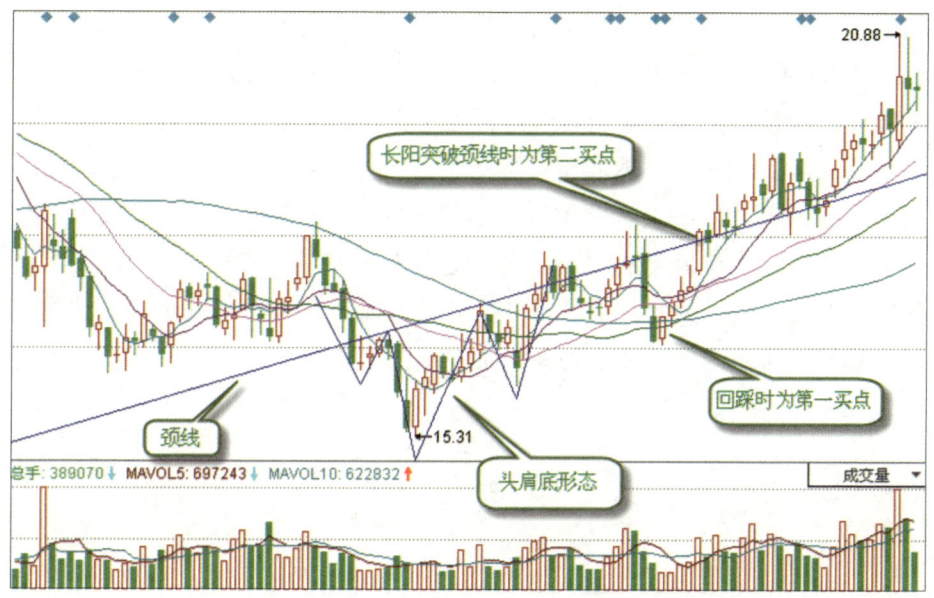

图 3-16　大族激光——日线图

实战要点：

1. 头肩底形态突破颈线后失败，这种情况出现的概率较低，但这也是投资者为什么在任何形态下都要设置止损位的原因，以防止意外情况的发生。

2. 在头肩底形态出现后，第一买点为股价回踩并未能跌破右肩时，第二买点为回踩后反弹并一举突破颈线时。

3. 在头肩底形成后，股价突破颈线时成交量应当出现显著放大，否则后市极有再次出现回落的可能，但回落时股价不能跌破状况最低点。

3.3.2 平底

平底形态指的是，当股票在某一下降趋势中，K 线下端即最低价在某一水平区域平齐，这意味着股价在此水平位置连续获得支撑，此区域很可能成为股价调整的阶段性底部区域。需要注意的是，平底形态一般多出现在股票走势的波段性调整底部，所谓平底也不是要求底部百分百平齐，只要求 K 线最低价大体在同一水平位置即可。稳健的投资者在出现平底形态后，只有均线最佳买点和趋势最佳买点出现后才入场扫货。

在 2014 年 12 月下旬至 2015 年 1 月下旬期间，凯恩股份（002012）就曾经出现过这种形态。当时股价正处于下跌趋势之中，并且在创出了盘中新低 6.14 元之后，尽管股价曾多次震荡走低，但价格最低的水平却始终保持在 6.20 元左右，上下差别极小，并且再未创出新低，从而形成了平底形态。其后，成交量突然放大，股价随即走出了平底区域，开始由下跌趋势转为上涨趋势。因此，投资者可在平底出现后，60 日均线走平、其他短期均线转为向上运行时果断买入。如（图 3-17）中所示：

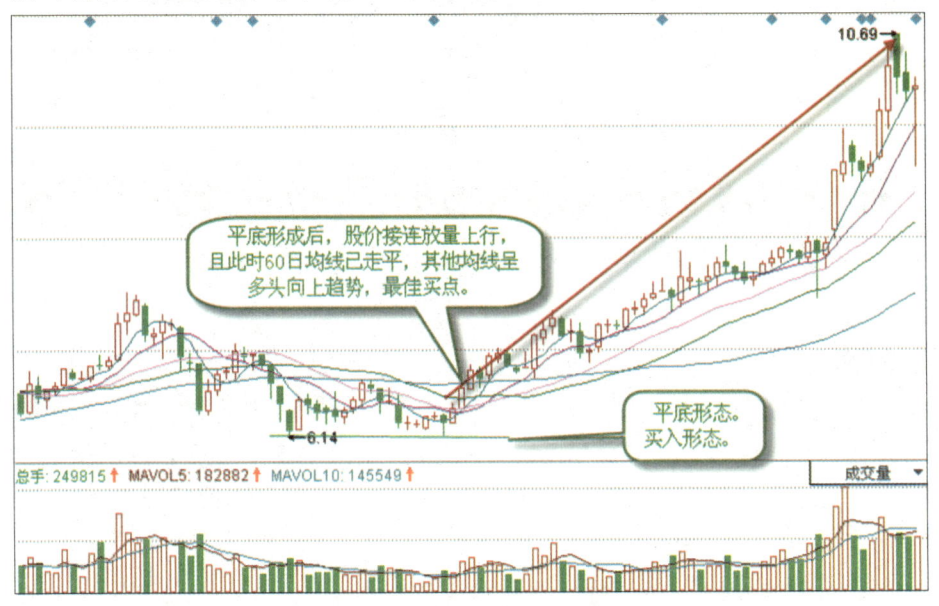

图 3-17　凯恩股份——日线图

实战要点：

1. 平底是一种底部形态，但形成平底时不一定要最低价十分整齐，只要在同一水平，并且价格相差较小即可。

2. 在平底形成后，一旦价格放量突破，且均线均已出现走强的趋向，才是稳健投资者的买入时机。

3. 如果形成平底的时间持续较长，则后市涨幅更为可观。

3.3.3 圆弧底

圆弧底大多是在股价完成一轮中级下跌之后，逐步见底止跌的表现。但股价在见底后并没有展开强力反弹，每次出现的短暂拉升均因没有成交量的配合而半路夭折。股价在大跌后形成的底部区域反复震荡窄幅整理，且并没有再次跌穿前低。股价在整理的后期，低点逐步抬高，成交量出现温和放大，底部被逐步抬高，最终形成一个圆弧状的形态。

恒宝股份（002104）在 2013 年 10 月至 11 月期间，就曾经出现过这种情态。当时，股价经历了前期的下跌，在略有反弹之后，开始再次出现下跌，但此时的跌幅已没有之前的下跌凶猛，它往往是阴线中夹杂着阳线，使得股价出现了渐跌渐缓的走势。当股价跌至 13 元左右时，不再下跌，而是出现了震荡，并在成交量不断增加的情况下，开始慢慢反弹，但力度并不大，每天几乎都只是出现小幅的上涨，从而形成了圆弧状。

当股价渐渐走出底部、接近弧柄处的颈线时，成交量突然放大数倍，股价一举突破了颈线。随后，股价再次出现回落，并跌破颈线，之后放量再次突破颈线时为买点。如（图 3-18）中所示：

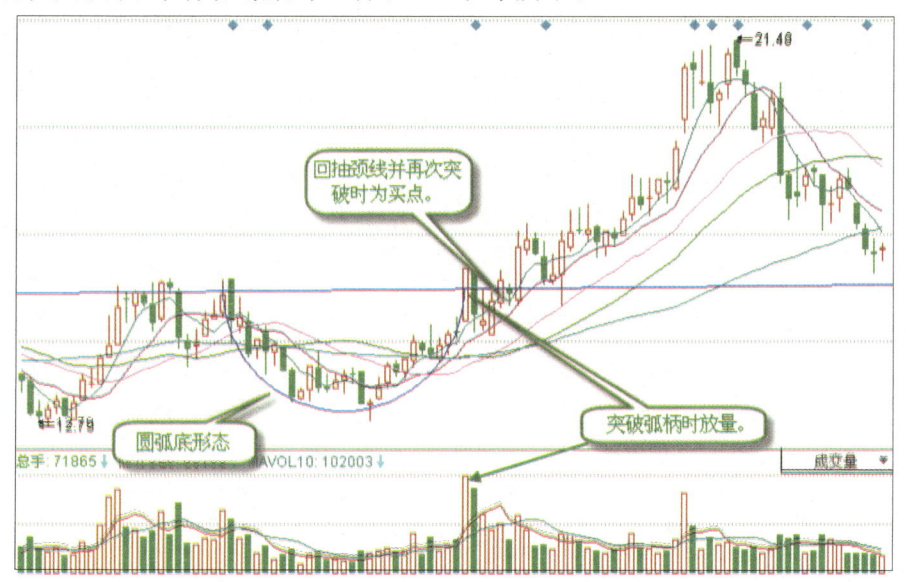

图 3-18　恒宝股份——日线图

实战要点：

1. 周K线上与月K线形成的圆弧底是大周期的底部形态，它们代表的是中长期的大反转行情；日K线形成的圆弧底为中短周期性的底部形态，它代表的是中级波段性反转行情。

2. 圆弧底是可靠的底部反转形态，一旦个股左半部分完成后，股价出现小幅爬升，成交量温和放大，形成右半部圆形时，便是中线分批买入的时机，放量突破颈线时为加仓时机，若出现回踩颈线后，再次突破时为稳健投资者的买点。

3. 有些圆弧底形成时间较长，达半年之久，也有的形成时间较短，为1至2个月。一般短周期整理控制在20至30个交易日以内完成，大周期性底部整理通常在40至60个交易周完成。形成周期越长，则后市涨幅往往越大。

3.3.4 双底

双底指的是，当股票下跌到一定价位后出现技术性反弹，但回升幅度不大，时间也不长，股价再次下跌，当跌至前期低点时获得支撑，再次回升，二次回升时成交量大于前次反弹的成交量。由于股价形成双底过程中的移动轨迹就像是英文字母中的W，所以又称W底。

黔源电力（002039）在2015年1月至3月期间，就出现过这种形态。当股价下跌到一定程度时出现反弹，但回升到下跌点左右的位置时，再次出现冲高回落，但当股价跌至上次回落的低点附近时出现了止跌，并再次展开反弹。此时成交量却出现了明显的放大，使得股价很快再次回升到了最初下跌时及首次反弹时的位置，从而形成了标准的双底。此时，突然放量，股价一举突破了颈线，其后开始了一路上涨。因此，投资者可在形态确立后，股价放量上行突破颈线时果断买入。如（图3-19）中所示：

第三章 震荡行情的抄底实战

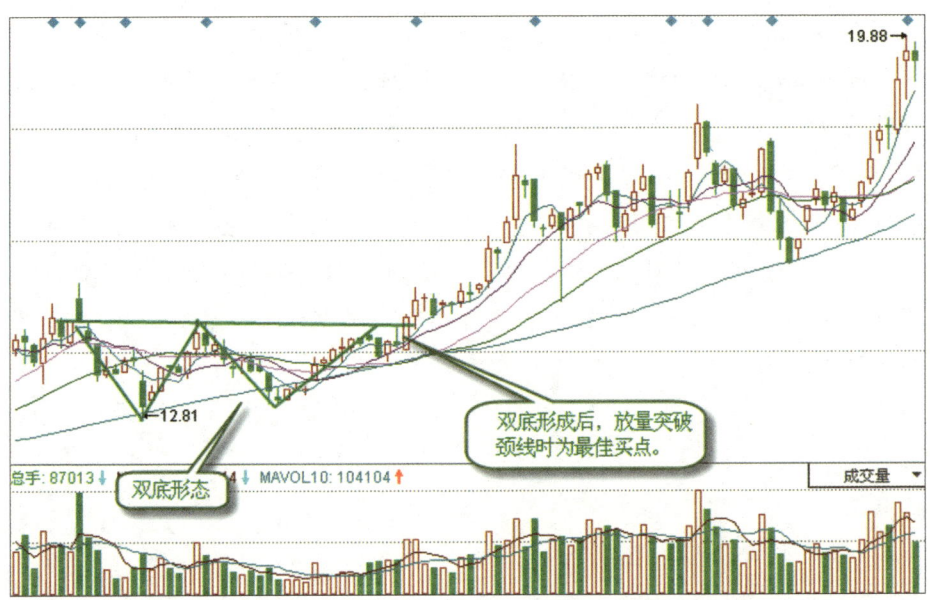

图 3-19　黔源电力——日线图

实战要点：

1. 双底形态形成后，股价必须突破颈线，也就是第一次从低点反弹的最高点，才能确立。而形态一旦失败，投资者应当及时回避、观望。

2. 双底的出现，不一定都是反转信号，有时也会是一种整理形态的信号，修正前期的非理性下跌。这要视两个波谷的时间差决定，出现这种情况时，通常两个低点形成的时间相隔在 20 个交易日以上。

3. 在双底形态形成的过程中，两个低点不一定必须在同一水平上，二者允许有 3% 左右的差别，通常第二个底都较前一个底更高些，成交量也应当比每一个底时出现明显放大。

3.3.5　V 形底

V 形底，又名尖底，由于这种形态出现时的 K 线走势像英文字母中的 V，所以又称为 V 形底。在 V 形底形成时，股价先是持续下跌，在跌至某个价位后，股价开始反转并持续上涨。通常，股价出现 V 形反转是因前期恐慌性下跌所引发的底部反转，因此是一种强烈的买入信号。

同方同芯（002049）在 2014 年 12 月中旬至 2015 年 1 月中旬就出现过这种形态。当时，同方同芯的股价正处于下跌的趋势，经过横盘震荡整理后，在 2014 年 12 月 16 日突然再次出现了下跌，并一底创出了近期的新低，但到了 2015 年 1 月 5 日却止住了下跌的走势，并就此展开了一路上涨，并且很快股价回到了最初下跌的平台，从而形成了一个 V 字形态。其后，股价一路震荡上行。因此，投资者应当在 V 形出现反转时果断介入。如（图 3-20）中所示：

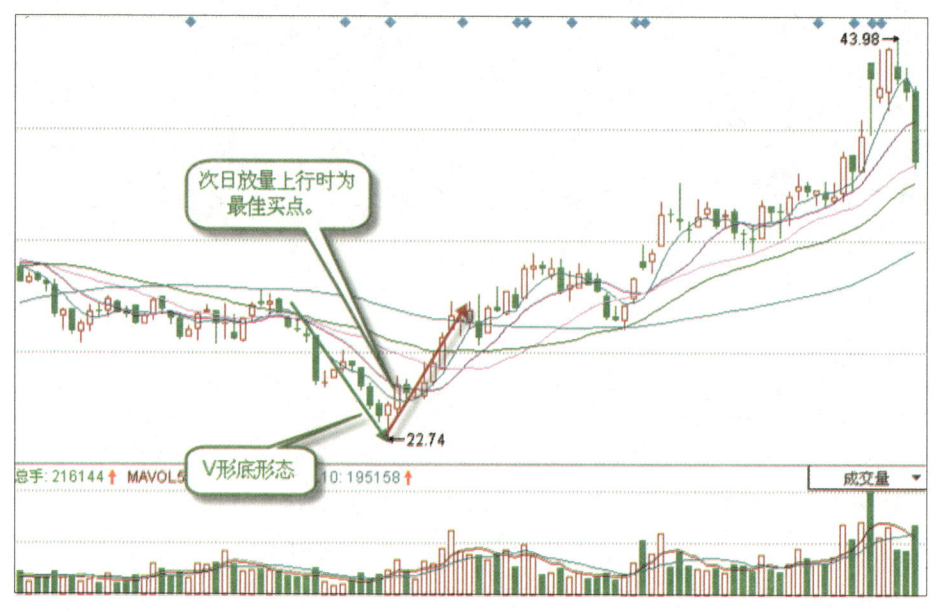

图 3-20　同方同芯——日线图

实战要点：

1. 熊市中的反弹，大多数都是 V 形走势。因为此时主力以出货为主，并不需要在低位建仓。借助 V 形走势，主力可以吸引买盘入场，自己则趁机大肆卖出持股。若是出现在低价区，V 形形态是一种短期反转形态。

2. 在 V 形反转中，由于股价上涨太过迅猛，在底部停留的时间过短，主力很难收集到足够的低位筹码。所以，V 形底很少作为中长期的底部出现。

另外，股价在底部停留时间过短，导致多空在底部的换手不够充分，难以支撑大规模的上升行情。

3. V形底的最佳买点是在反转次日量能持续放大时，但买入要注意把握好节奏，快进快出，一旦发现上行乏力时就要果断卖出。

3.3.6 U形底

股价在运行过程中，先是大幅下挫，在低位做横盘整理，随后再大幅扬升，将前期下跌的空间全数收回。由于这种形态出现时的K线走势图与英文字母"U"非常相似，故其被称为"U形底"或"U形反转"。

新海宜（002089）在2013年12月中旬至2014年1月初就曾经出现过这种形态。当时，股价在经过前期的下跌走势后，再次出现了下跌，并且放量拉出一根较长的阴线，使得很多短线跟风盘出现了松动，但股价在进一步下跌后却开始在低位平台企稳，成交量也转为阳量，并呈逐级递增之势，至2014年1月6日成交量突然出现了放大，股价一举突破低位，开始一路上涨。因此，投资者应在放量突破时买入。如（图3-21）中所示：

图3-21 新海宜——日线图

实战要点：

1. U 形底往往是在股价大幅下跌后出现的，是由股价走出底部区域之前主力的洗盘所为，目的是吓走那些低价的筹码。因此在 U 形底的左侧往往呈较大的阴量，K 线上也会出现中长以上的长阴，但右侧却呈阳量，是主力大举低位吸筹码所致。

2. U 形底往往是股价阶段性底部出现的象征，但股价不一定即会出现趋势上的大反转，后市仍会出现主力的反复洗盘，但 U 形底出现后短线将呈强势，投资者介入后应当把握好波段操作的节奏。

3. 在 U 形底出现时，最佳的买点是当股价从底部出现回升，并明显出现放量上涨时，也就是 U 形底即将完成之际。

3.3.7 岛形底

当股价在经过一段时间的持续下跌后，某一天突然出现了向下跳空低开式的缺口性加速下跌，但股价在低位徘徊不久，却突然以向上跳空缺口的形式出现上涨，这个向上的跳空缺口和向下的跳空缺口，基本上处在同一价格区域的水平位置附近。从 K 线图上看来，这一价格区域，就像是一个远离海岸的孤岛形状，左右两边的缺口令这岛屿孤立于海洋之上，这就是岛形底形态。这也就意味着，岛形底是一种底部反转形态，因此投资者在遇到岛形底时，应当采取买入股票的策略。

例如，汉麻产业（002036）在 2015 年 7 月 6 日、7 日与 7 月 16 日、17 日这四个交易中，就出现过这种形态。当时，汉麻产业正处于下跌趋势，在 7 月 7 日突然出现了大幅向下的跳空低开，并一路震荡下跌，大有加速下跌的趋势，之后股票停牌，但 7 月 16 日复牌后却出现了大幅的向上跳空高开，次日同样以跳空高开的方式出现，留下了一个向上的跳空缺口，与 6 月 6 日与 7 日之间出现的向下的跳空缺口处于同一价格水准，从而形成了岛形底。其后，股价即出现了接连的上涨。因此，投资者应当在岛形底出现时果断买入股票。如（图 3-22）中所示：

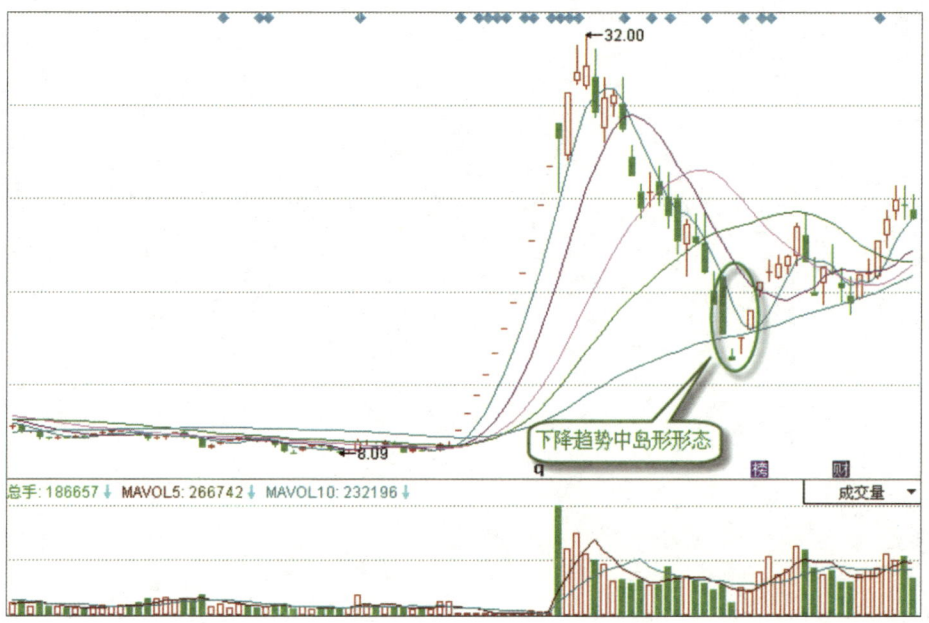

图 3-22 汉麻产业——日线图

实战要点：

1. 岛形底往往出现在股价暴跌时的末期，此时股价下跌的动能往往已经不足，而多方的力量已经强大，因此才会在次日出现大幅跳空高开，因此是一种底部反转形态。

2. 在确认岛形底形态时，必须确保向上跳空缺口出现后，股价不会回补这一缺口，一旦出现回补，应当提防股价短暂反弹后回归继续下跌，因此，此时应当继续观望。

3. 在岛形底出现后，最佳的买点是出现向上跳空缺口的当日，如果当日股价回补了这一缺口，应当次日继续观察，一旦发现股价短期强势未改，则可果断买入。

4. 岛形底只是短期反转的信号，之后的上涨并非趋势上的转变，因此只能以抢反弹的策略对待，一旦发现股价反弹无力时，应当果断卖出离场。

第四章 震荡行情的逃顶实战

很多投资者在股市里摸爬滚打了许多年,却赚不到钱,其中很大的原因并不是因为他们不会买,而是因为能够多次抄到底,可是却不知如何卖,而一犹豫,市场即出现了一轮大跌,此时往往又想着股价回来些再卖,可惜股价却没有回升,而是出现了又一轮跌势。结果往往从赢家转眼沦为输家……所以,投资者既要懂得在何时买,为什么在这时买?同时还要学会卖,在什么情况下卖,为什么要这时卖?这样,才能真正成为笑傲震荡市的赢家。

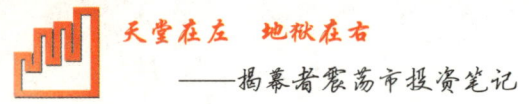

4.1 如何从顶部判断卖点

4.1.1 长阴跌穿 5 日均线

长阴跌穿 5 日均线指的是，当股价处于上涨或反弹行情的过程中，突然在 K 线图出现了一根长阴线，并放出大的成交阴量一举跌破 5 日均线，从而使原本上涨的趋势发生了急转直下。所以，这种情况的出现，往往是股价阶段性顶部的一种明显象征，因此投资者此时应当及时卖出股票，回避风险。

日照港（600017）在 2015 年 6 月 19 日和 8 月 18 日，就曾两次出现过这种情况。在 6 月 19 日之前，股价处于上涨趋势，股价在昨日创出新高 11.75 元后，于 6 月 19 日开盘后曾一度上冲，但并未创出新高即出现冲高回落，并一举跌破 5 日均线，最终几乎以全天最低价收盘，这显示主力在借高位大举出货，其后，股价出现了转势下跌，此时的高位也成了顶部区域。

在 8 月 18 日，当时股价正处于震荡反弹行情，在 17 日拉出一根阳线后，18 日却出现了低开低走的走势，最终跌破 5 日均线后，以跌停价收盘，弱势格局明显，而其后，股价开始了一路震荡下跌的走势。因此，投资者应当在长阴下穿 5 日均线出现后，及时卖出股票，以规避风险。如（图 4-1）中所示：

实战要点：

1. 长阴跌破 5 日线若是出现在反弹或上涨趋势中的高位区时，这往往是上涨行情结束的表现，也就是阶段性顶部，因此投资者应当及时采取回避的态度。

2. 若是在震荡行情中出现一根长阴在一日内跌破多条均线的情况，则说明短期股价已走弱。即使是在低位区时，后市也往往会出现更低的价格，此时投资者仍应当观望，不可贸然介入。

3.在长阴跌破5日线出现时，往往伴随着较大的成交阴量，这是筹码松动的表现。

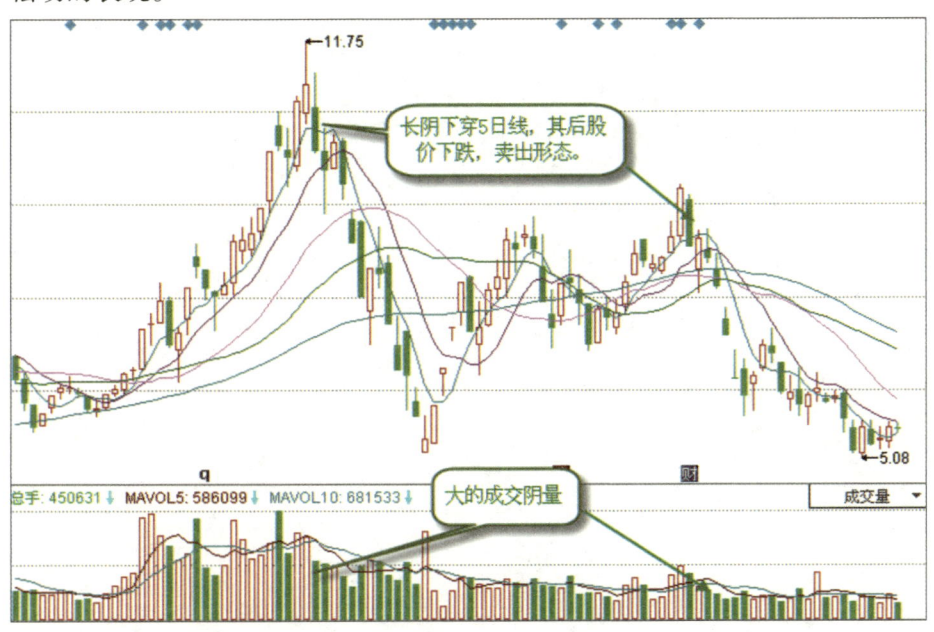

图 4-1　日照港——日线图

4.1.2 均线死叉卖出法

均线死叉卖出法指的是，当股价在价格高位区运行时，出现了短期均线向下与中长期均线交叉的情况。这种均线死叉的出现，往往预示着股价受到了长期均线的阻力，是短期股价见顶回落时的信号，因此投资者一经发现应果断卖出股票，因为其后股价会由上涨转为下跌趋势。

白云机场（600004）在2015年6月25日及8月21日就曾经出现过这种均线死叉的情况。在6月30日，股价开盘即出现了一路下跌，并没有延续昨日的反弹趋势，并且出现了5日均线向下死叉30日均线，其后更是一路下跌。

同样，在8月21日，5日均线在向下死叉10日均线，再次与20日均线与30日均线死叉，这说明股价上行遇阻，随后即展开了新一轮的下跌走势。因此，投资者在5日均线与30日均线死叉时，应当及时卖出股票，因为后市股价会进一步下跌。如（图4-2）中所示：

图4-2　白云机场——日线图

实战要点：

1. 均线死叉出现时，最早往往是5日均线与10日均线死叉，这往往也是短期股价走弱的表现，此时短线投资者可卖出股票，中长线投资者可在5日均线与中长期均线死叉时卖出。

2. 在震荡行情中，如果要确认反弹结束，必须是短期均线与中长期均线出现死叉；在下跌行情中，如果是出线5日均线死叉60日均线，则表明趋势此时已经完全走坏，后市将面临一轮大的调整。

3. 稳健的投资者，在震荡行情中可以在5日均线死叉10日均线时选择卖出。

4.1.3 顶背离卖出法

顶背离指的是，当K线图上，股票的走势一峰比一峰高，股价处于一直上涨的走势时，但K线指标的走势却是一峰比一峰低，即当股价的高点比前一次的高点高、可指标的高点比指标的前一次高点低，这种情况就是顶背离。

例如，福建高速（600033）在2015年6月8日至18日期间，股价处于上涨的趋势，但此时的MACD红柱却出现了相反的情况，一峰比一峰小，形成了股价在高位时的背离。这表明，随着股价的一波比一波地推高，盘中的委买盘却在逐渐减少，而委卖盘却在逐渐增多。而当这种背离结束时，股价即出现了从高位的滑落，股价出现了一泻千里的下跌走势。因此，投资者应当在确认顶部背离的时候，提早卖出股票。如（图4-3）中所示：

图4-3 福建高速——日线图

实战要点:

1. 顶背离是股价外强中干的一种表现,它说明股价即将出现反转走势,因此是一种强烈的卖出信号。

2. 大多数投资者多从MACD指标中判断,但成交量、均线等其他指标有时也会出现顶背离,因此投资者此时可综合其他指标,一旦发现有一种指标出现顶背离时,应当果断卖出股票。

3. 顶背离是一种技术指标先于股价出现转势时的反转征兆,也是主力借股价维持高位出货时的表现,因此是一种卖出形态。

4.1.4 高位放量卖出法

高位放量指的是股价在运行至高位时,成交量突然出现了放大,并多呈阴量,这说明主力在借股价处于高位区域时不断卖出筹码,因此导致了成交量呈现放大的阴量柱,K线上也出现了较长的阴线。因此,高位放阴量是一种股价即将转势前的征兆,所以是一种高位卖出股票时的形态。

例如,云天化(600096)在2015年6月16日,创出新高22.90元后,股价即出现了快速回落,并放出巨大的成交量,这说明主力此时是在低拉高股价出货,此后,股价震荡几日后,即出现了转势,股价也出现了快速下跌的走势。

同样,在7月23日、24日和27日,云天化在股价不断反弹拉高的情况下,接连出现了较大的阴量,K线图上也出现了较长的阴线,其后股价在下跌后再次出现一定的上涨,之后,成交量再次出现阴量,股价也出现了快速下跌的走势。因此,投资者可在高位出现接连放出巨大的阴量时提早卖出股票,以防止其后的下跌给自己带来的损失。如(图4-4)中所示:

或是阴包阳均可，但第二天的K线实体越小，整个形态的反转力量就越大，对短期股价产生的影响才会更大。

3.2.3 上升三法

上升三法指的是，最先出现的是一根长长的红色K线，接着是一群依次下降的小实体K线，可以是阴线，也可以是阳线，只是这群小实体K线的数目是3根或4根，并且这群小实体K线基本上都处于前面那根长红色K线的价格范围之内。接下来出现的必须是一根具有坚挺的红色实体的K线，其收盘价一定要高于第一根红色K线的收盘价，同时，最后这根K线的开盘价也应当高于前一天的收盘价。当上升三法出现时，往往表明调整已经结束，因此是一种买入形态。

比如，桂冠电力（600236）在经过前期的下跌后，在走出低位后，于2014年7月10日出现了一要带有长上影线的中阳线，在其后三个交易日中，均出现了小的阳线，并且均在7月10日这根阳线的范围之内，可到了第四个交易日，股价再次拉出一根带有下影线的中阳线，其收盘价远高于前一天的收盘价，并高于7月10日的收盘价，于是形成了上升三法形态。而其后，股价彻底由此告别了震荡筑底的区域，出现了一路上涨的走势。因此，投资者应当在上升三法形态出现后、股价略有回调时果断买入，并持股待涨。如（图3-10）中所示：

实战要点：

1. 在确定上升三法形态时，应当确保其中的三根小阳在第一根阳线及上下影线的范围之内，颜色可以是绿色的，也可以是红色的，但数目必须是3或4根，不能太多，也不能太少。

2. 在确定上升三法形态时，最后根阳线必须是中阳以上的实体阳柱，并且收盘价要高于昨日收盘价，且高于第一根阳线的收盘价。

3. 如果上升三法形态是出现在股价离开底部区域时，这说明此时经过震荡整理，底部已经形成，股价将由此出现趋势上的反转，投资者一经发现应当及时买入，并持股待涨。

跌后，当日出现了一根中阴线，并创出了新低 2.08 元，其后，股价即出现了见底后上涨，至 2015 年 6 月 12 日，股价曾最高上涨到了 14.74 元，与低位孕时出现的低价相比，上涨了 7 倍多。因此，投资者应当在低位孕线出现后及时逢低买入股票，并持股待涨。因为，阴包阳的低位孕线的出现，往往是股价见大底时的形态。如（图 3-9）中所示：

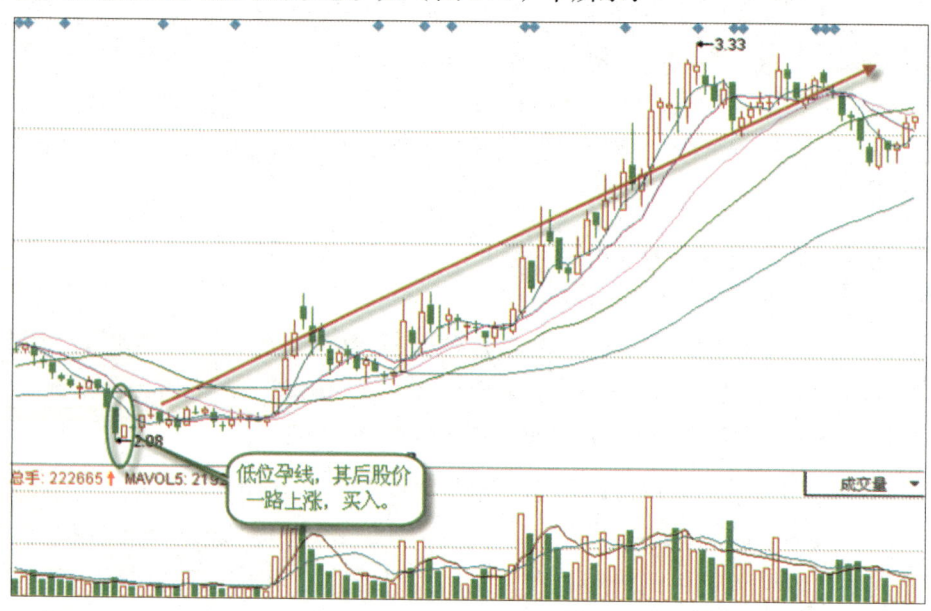

图 3-9　皖维高新——日线图

实战要点：

1. 低位出现的阴包阳的低位孕线，往往是股价跌势末期出现的见底信号，其后往往是一轮新的上涨行情，因此一经出现后，投资者应当果断买入，并一直持有到上涨趋势结束方可卖出。

2. 在低位孕线形态中，第一根必须是中阳或中阴以上的阴线柱或阳线柱，允许有上下影线的出现，但必须确保阳线为中阴以上的阴线或中阳以上的阳线；第二根应当为小阴或小阳，甚至十字星，但其上影线或下影线必须完全在第一根的范围之内。

3. 在低位孕线形态中，必须确保两根 K 线为颜色相反，也就是阳包阴

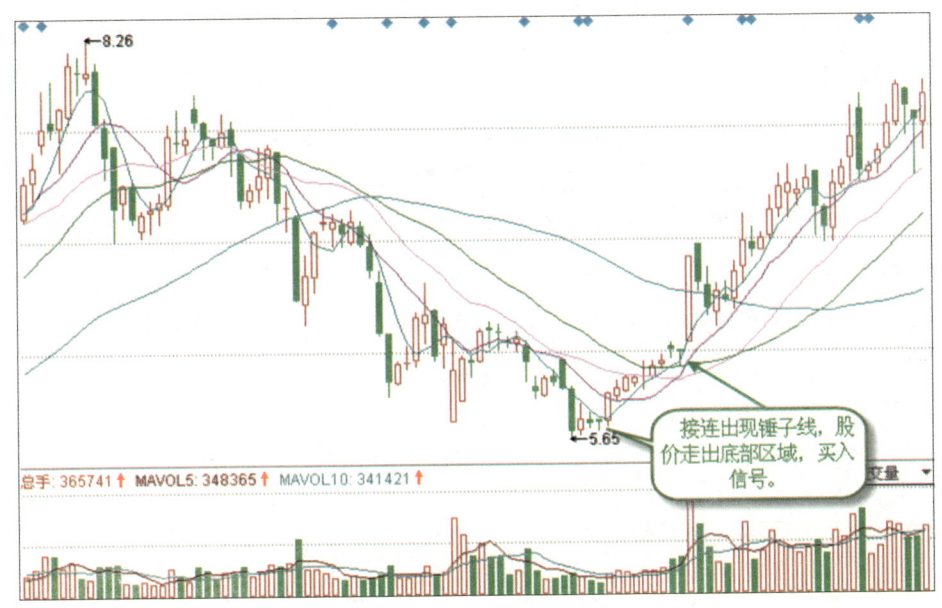

图 3-8　浙江广厦——日线图

实战要点：

1. 在确认锤子线时，锤子线的下影线部分必须超过上面实体部分的 2 倍，并且锤子线中应当没有上影线，即使有也是极小。

2. 锤子线可以是阴性的，也可以是阳性，相对而言，阳性锤子线的底部信号更为强烈些。

3. 只有出现在底部区域的锤子线，才更具买入价值。

3.2.2 低位孕线

低位孕线指的是出现在股价下跌后的价格低位的孕线，是指当股价在低位时，在突然出现了一根较长的 K 线实体后，次日却出现了一根小的实体或是十字星，并且第二根 K 线必须是在前一天那根实体阴线及上下影线的包围之下，且不能超过前的最高价与最低价。这种形态的出现，是一种股价见底时的信号，因此，也是投资者抄底的信号。

例如，皖维高新（600063）在 2014 年 4 月 28 日，股价经由前期的下

实战要点：

1. 当低位放量形态出现时，必须确保是一根较长的阳线柱，并且成交量也应当有明显的放大，否则行情很难出现逆转。

2. 当低位放量形态出现时，股价往往是经过暴跌后，短时间跌幅越大则越是可信。

3. 在低位放量形态出现后，股价往往会呈V型反转式的反弹，股价超跌后出现的反弹，因此投资者在次日确认前一日的形态后，只要不是以涨停开盘，即可果断杀入。

3.2 K线实战底部形态

3.2.1 锤子线

锤子线，顾名思义，就是指K线上面有一个小实体，下面有一定的下影线，看起来就像是一把竖立的锤子。锤子线的出现，往往预示着短线股价已经结束了调整下跌的趋势，即将出现反转上涨。这是因为，尽管盘中股价曾一度跌得很低，但很快便被拉起，因此筹码大多集中在了锤子的头区域，而下端极少，是筹码向上移动和聚集所造成的。因此，锤子线在低位出现时，往往是市场资金拒绝低价的一种表现，后市往往看涨。

例如，浙江广厦（600052）在经历了之前的一路下跌后，于2015年2月6日创出了盘中5.65元的新低，并于2月11日出现了一根锤子线，其后股价走出底部开始上涨，但在接近出现低点时的平台时，突然于4月9日再次出现了一根锤子线，次日，股价放量上攻，一举突破了底部区域。因此，投资者应当在第一次出现锤子线时及时买入股票，若是错过了最佳时机，可在二次出现锤子线后买入。如（图3-8）中所示：

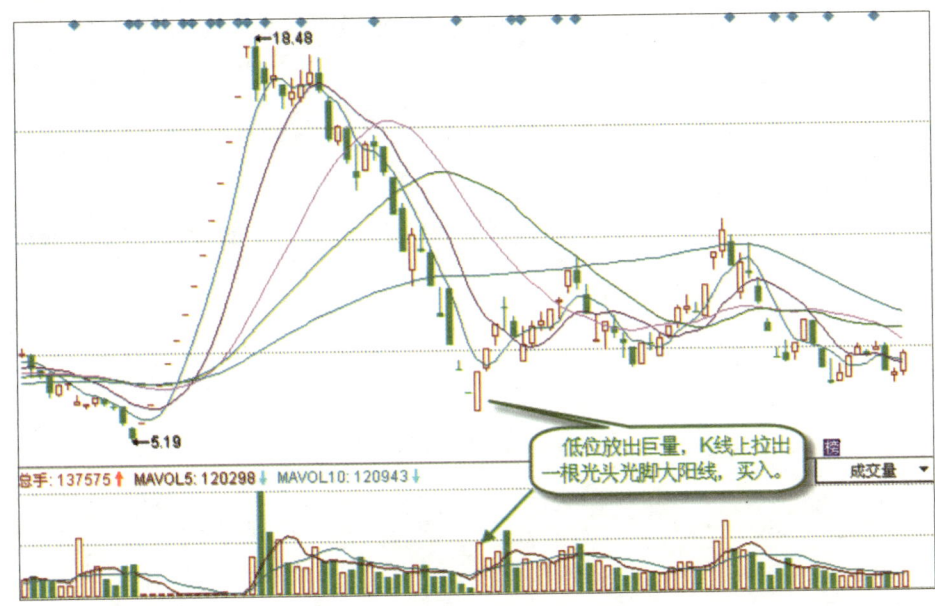

图 3-6　青鸟华光——日线图

因此，投资者可在低位放量长阳出现的当日或是次日买入。比如，为确认短期股价已止跌，投资者可在次日开盘后即买入。如（图3-7）中所示：

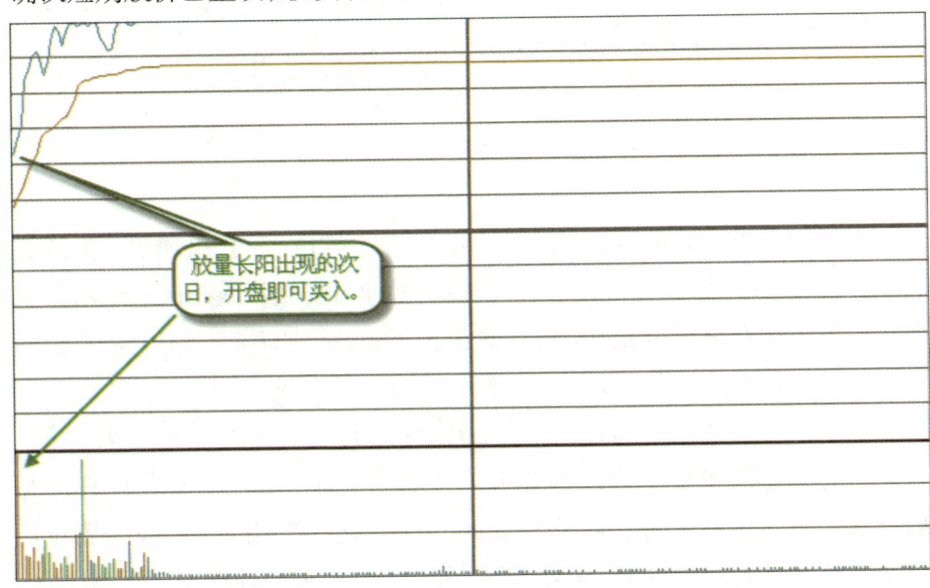

图 3-7　青鸟华光——2015 年 7 月 10 日分时图

3. 指标与股价发生底背离的时间越长,则说明后势反转的愿望更强烈。

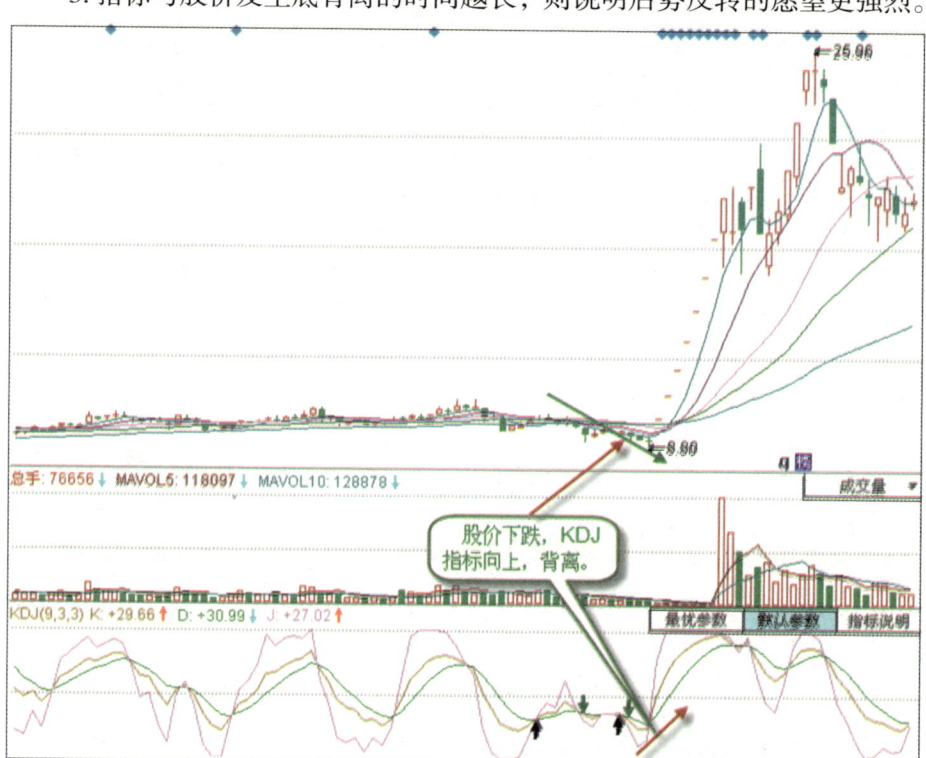

图 3-5　传化股份——日线图—KDJ 指标

3.1.4 低位放量买入法

低位放量买入法指的是,当股价在下跌过程中,一旦出现放出大的成交量,K 线上出现了一根大阳线时,投资者即可在当日或是次日果断买入股票。因为这表明,股价短期内已经出现了超跌,当日得到了大量资金的认可,因此是股价低位止跌的一种信号。

例如,青鸟华光(600076)在 2015 年 7 月 9 日就出现过这种情况。当时,青鸟华光正处于下跌趋势中,但到了 7 月 9 日,当日股价在低开后突然出现了放量上涨,K 线上拉出了一根光头光脚的大阳线,成交量也呈一根明显放大的阳量。其后,股价出现了一波强劲的反弹。如(图 3-6)中所示:

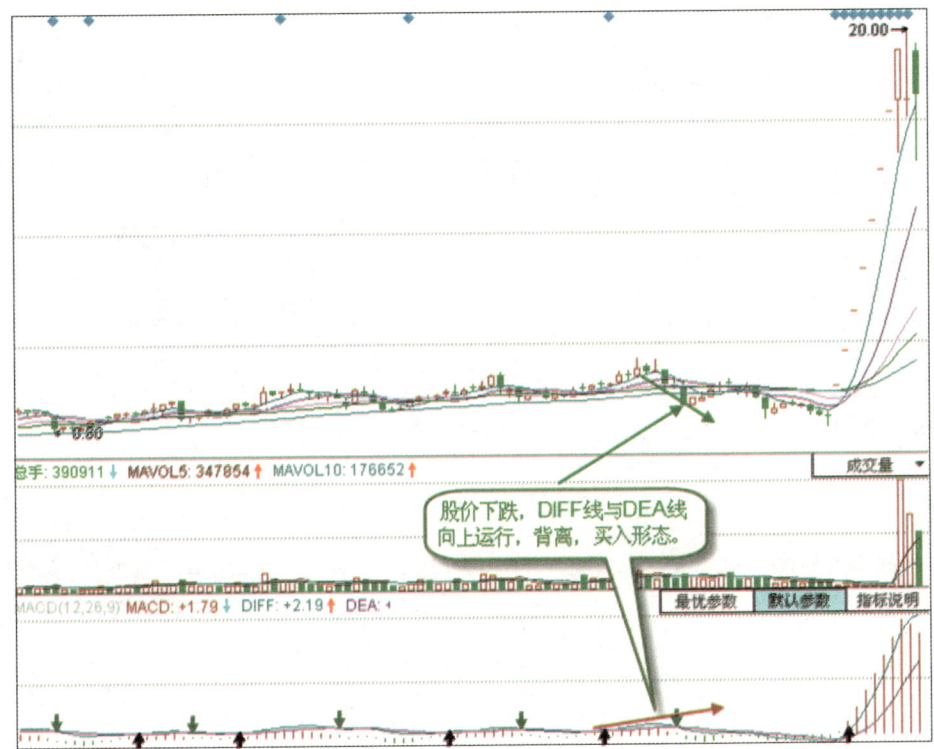

图 3-4　传化股份——日线图—MACD 指标

MACD 指标与股价发生背离后，2014 年 12 月底，股价依然呈下降趋势，此时 KDJ 指标出现了向上的运行，同样也出现了背离。如（图 3-5）中所示：

在 MACD 指标与 KDJ 指标前后接连发生与股价的背离后，传化股份很快走出了底部区域，出现了接连的上涨。因此，投资者可在指标接边发生底背离时，选择果断买入股票，并持股待涨。

实战要点：

1. 当股价在低位与指标发生背离时，通常 KDJ 指标是相对准确的，但要想确认底部，通常会不止一次出现背离现象，但不同指标在接连发出背离信号时更为准确。

2. 底背离是指标先于股价发生转变时的一种告别底部时的信号，因此，一经出现，投资者即可果断入场抄底。

图 3-3 远光软件——日线图

3.1.3 底背离买入法

底背离指的是，股价在震荡下跌的过程中，当股价处于下跌的趋势时，指标却出现了向上的相反的运行方向，从而形成了一种相反的背离的运行方式。这种情况的出现，往往是股价即将出现底部反转的信号。因此，也是投资者短线抄底的买入时机。

传化股份（002010）在2014年8月至12月期间，股价一直处于震荡走势，但在2014年12月初，当股价处于下跌过程中，MACD指标中的DIFF线却与DEA线出现了向上的走势，与股价运行方向出现了背离。如（图3-4）中所示：

第四章 震荡行情的逃顶实战

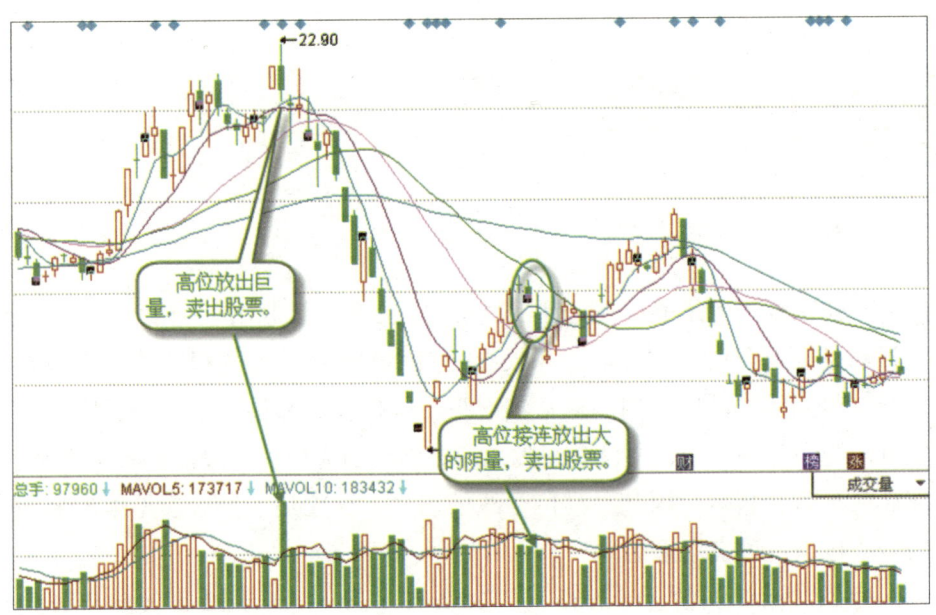

图 4-4 云天化——日线图

实战要点：

1. 在高位放量形态出现时，有时时间维持的相对较长些，此时往往会爆出接连的阴量；若是时间较短，K线上往往会出现一根较长的阴量柱，因此，一经发现就应当及时回避。

2. 在震荡行情中，主力经常借股价在高位时出现的利好消息出货，常常在高位爆出巨大的阴量柱，因此当股价在经过一段时间的上涨后，利好往往会成为股价转势前的借口，此时出现利好应当回避。

3. 在高位放量出现、K线上或是以长的阴柱出现，或是以较长的上影线的阴线或十字星出现时，但不管K线上呈何种图形，成交量均是放大的阴柱。

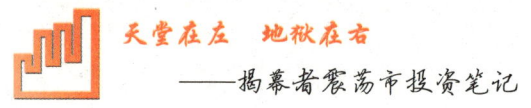

4.2 K线实战顶部形态

4.2.1 高位孕线

高位孕线指的是股价在上涨的过程中，在前一天收出了一根大阳线后，次日却是以低开的方式开盘，并收出一根小的阴线，而这根阴线全部包含于第一根阳线的范围之内。通常情况下，股价在上涨过程中出现长阳后，次日应当高开高走的，高位孕线的出现，则说明应该涨的股份没有出现涨，那么后市就会转跌。因此，高位孕线的出现，往往是一种股票见顶转势的信号，也是一种卖出形态。

比如，丽江旅游（002033）在2015年8月11日与12日就曾出现过这种情况。在此之前，丽江旅游一直处于反弹行情之中，并于8月11日拉出了一根长阳，但次日却没有再次上涨，而是以大幅低开的形式开盘，并且开盘后，股价一直处于震荡向下的走势，最终收盘价也远远低于开盘价。如此一来，其K线上就形成了高位孕线的形态。其后，股价再未上涨，在经过几日震荡后，股价出现了一路下跌的走势。因此，投资者应在高位孕线出现后及时卖出股票。如（图4-5）中所示：

实战要点：

1. 震荡行情中出现的高位孕线，往往是阶段性反弹的高点，而股票在上涨行情中出现的高位孕线则是一轮大行情的顶部。

2. 高位孕线出现时，第二根通常为小阴线，也可以是十字星，但其上、下影线必须完全在第一根阳线的范围之内。

3. 如果是上涨途中出现的高位孕线，则极有可能是空中加油形态的初期。因此，作为见顶信号的高位孕线，必须是震荡行情的反弹高位，或是上涨行情的高位区，若是在涨幅不大的情况下出现的这种形态，则不能以高位孕线来对待。

图 4-5 丽江旅游——日线图

4.2.2 上吊线

上吊线就是下影线较长的 K 线，其实体部分较短，下影线长度在 K 线实体的两倍以上，对实体收阴或是收阳没有严格要求。因为其形状与绞架颇为相似，因此得名。通常，上吊线是股价处在上升趋势中或是震荡行情中的阶段性顶部出现的，因此，是一种趋势即将出现转变的信号，因此也是一种卖出形态。

例如，苏泊尔（002032）在 2015 年 8 月 17 日就曾出现过一根上吊线。当时，股价正处于反弹行情之中，但股价在接连上涨后，却出现了一根上吊线，其后，股价即结束了反弹行情，出现了再次下跌。因此，投资者应当在上吊线出现时及时卖出手中股票，以免高位被套。如（图 4-6）中所示：

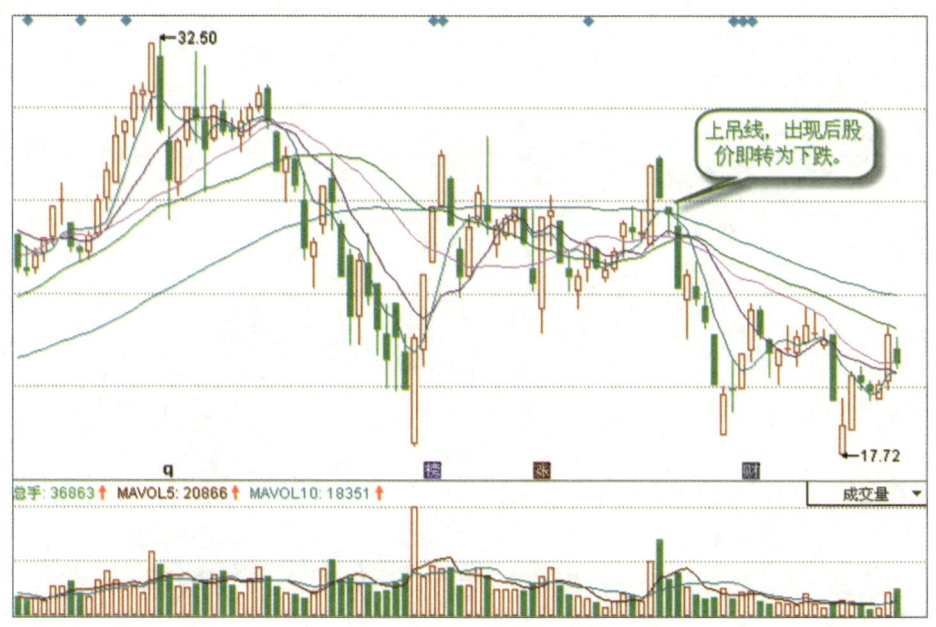

图 4-6　苏泊尔——日线图

实战要点：

1. 上吊线的实体部分较短，呈红色或绿色均可，下影线很长，至少要超过实体部分的 2 倍才能成立。

2. 上吊线的产生，是由于当天的价格一定在低于开盘价的位置，之后反弹使收盘价几乎是在最高价的位置。这时出现的下影线的长下影线显示了一个疯狂卖出是怎么样开始的，因此上吊线是空头势力抬头的开始，也是股价转势前的征兆。

3. 在上吊线中，应当没有上影线，即使有，其长度也是极短的。

4.2.3 下降三法

下降三法指的是，当市场处于下降或调整趋势时，一根长阴线的出现使跌势得到加强。随后三天出现的是三个实体短小的线形，其走势与原来的趋势方向相反。如果这些盘整线形的实体为红色，则情况最佳。必须注意，这些短小的实体全部位于第一根长黑线的高、低价范围内。最后一天开盘价应该在前一天的收盘价附近，收盘则创出新低，宣告行情调整结束，股价将重新回到下跌趋势之中。因此，下降三法是一种趋势反转前假意上攻的形态。

例如，七喜控股（002027）在2013年10月17日就曾经出现过这种情形。当时，股价正处于高位区，股价在高位震荡的过程中，突然在10月17日出现了一根较长的阴线，其后三天均出现了较小的实体，并且趋势是与这根阴线相反的，是向上逐级递增的，但这三根小K线的实体部分却完全在这根阴线的最高价与最低价之间。在第四天，也就是10月23日，股价却出现了低开，一改前三天的向上走势，回归了10月17日的震荡下跌，并创出了五日以来的新低，从而形成了一降三法形态。其后，股价彻底脱离顶部，出现了一路下跌。因此，投资者应当在确立下降三法形态后，果断卖出股票。如（图4-7）中所示：

图4-7　七喜控股——日线图

实战要点：

1. 在下降三法形态形成的过程中，如果三根小K线出现时，若是向上击穿了第一根长阴线的最高价，那么形态即宣告失败。

2. 第五天出现的那根阴线，原则上越长越有效，收盘价最好是能创出新低。如果这根阴线的最低价不能向下突破第一根阴线的收盘价，则形态难以成立。

3. 在下降三法形态中，第一根阴线出现之后，其后出现的三根实体短小的阴阳线，颜色最好与第一根的相反，与第一根线呈逆势走势，位于第一天的高、低价范围内。

4.2.4 黄昏之星

黄昏之星形态是由3根K线组成：第一天，拉出一根长阳线；第二天，股价冲高后于尾盘回落，形成上影线，实体部分窄小，构成星的主体；第三天，股价突然下跌，拉出一根长阴线，抹去了前两天大部分走势。如此，形成了黄昏之星形态。由于金星是在夜幕降临时才出现的，所以这种形态被称为黄昏之星，预示着黄昏之星出现之后，股票将在价格高位趋势即将发生反转，因此是一种卖出股票的信号。

例如，思源电器（002028）在2015年6月12日、15日和16日这三天，就出现过黄昏之星形态。当时，股价正处于上涨行情之中，在6月12日出现了一根较长的阳线；次一个交易日中，尽管股价曾一度冲高，但很快出现回落，虽然最终以阳线报收，却留下了较长的上影线；第三个交易日中，股价出现了与前两根阳线截然相反的走势，低开后一路低走，最终以一根较长的阴线报收，从而形成了黄昏之星形态。形态出现后，股价即出现了震荡下跌的走势，因此，投资者应当在黄昏之星形态确立后及时卖出股票。如（图4-8）中所示：

实战要点：

1. 在黄昏之星形态中，第一天为较长的中阳线，第二天为上影线很长的十字星或纺锤，第三天则为中阴以上的实体阴柱。

图 4-8　思源电器——日线图

2. 黄昏之星多出现在股价的上涨末端，也就是阶段性高点，是股价冲高回落时经常出现的顶部反转形态，因此投资者一经发现，即当卖出股票。

3. 在黄昏之星形态中，第二天的 K 线上往往有着较长的上影线，原则上是，此长影线越长，后市看跌的意味越浓。

4.2.5 看跌吞没

看跌吞没形态是由两根 K 线组成，第一根 K 线是一个红色的阳线，第二根 K 线为阴线，第二根 K 线实体必须吞没第一根 K 线的实体，但是不一定要吞没其上下影线。此外，第二个实体必须与第一个实体颜色相反，呈前阳后阴。如果前面那根 K 线是十字星，也可以是阴线，这是唯一的例外。从形态上看，看跌吞没恰恰与看涨吞没相反，是后市看跌的形态，也是卖出股票的形态。

例如，久联发展（002037）在 2015 年 7 月 3 日及 7 月 6 日就曾经出现过这种形态。当时，股价正处于下跌反弱行情中，在 7 月 3 日，股价延续之前的上涨趋势，收出一根阳线，次日却出现了大幅高开后的一路低走，最终收出一根较长的阴线,并将7月3日的那一根阳线实体全都揽入了怀中,从而形成了看跌吞没形态。其后,股价即出现了震荡下跌的走势。因此,投资者应当在看跌吞没形态出现后,选择果断卖出股票,因为这一形态的出现,表明反弹行情已经结束,股价即将重回跌势。如(图4-9)中所示:

图4-9 久联发展——日线图

实战要点:

1. 在看跌吞没形态中,第一根K线实体较小,第二根实体则非常大。

2. 在看跌吞没形态中,第二根阴线向前吞没的实体不止一个。如(图4-9)中,第二根阴线向前一并吞没了之前三天的阳线,也就是全部反弹中出现的阳线。

3. 在看跌吞没形态中,第二根阴线出现时,常常伴有较大的成交量。

4.2.6 倾盆大雨

倾盆大雨形态指的是,股价在经过一段时间的上涨后,先是出现了一根中阳线或大阳线,接着出现了一根低开低收的大阴线或中阴线,其收盘价比前一根阳线的开盘价要低。当这种 K 线组合出现后，股价就要遭到大幅度的暴跌了。因此，倾盆大雨形态是一种后市看跌的形态，也是一种卖出股票的信号。

比如，黔源电力（002039）曾在 2015 年 7 月 1 日与 7 月 2 日，以及 8 月 17 日与 8 月 19 日，曾两次出现过这种形态。

在 7 月 1 日之前，股价尚处于上涨趋势中的震荡整理形态中，7 月 1 日当日出现了大幅上涨，但在次日，股价却出现了低开低走，与前一天的走势截然相反，并收盘于当日最低价，出现了一根光脚大阴线，从而形成了倾盆大雨形态，其后，股价由上涨趋势转为下跌趋势。

在 8 月 17 日，股价正处于深跌后的反弹行情中，当日低开后略有调整即出现了上涨，并最终以涨停报收，延续了之前的反弹行情，但次日，股价却出现了与前天截然相反的趋势，低开后一路低走，并于收盘前出现了跌停，从而形成了一根光头光脚的大阴线。如此一来，形成了明显的倾盆大雨形态。其后，股价结束了反弹行情，开始下跌。因此，投资者应当在形态出现后果断卖出股票。如（图 4-10）中所示：

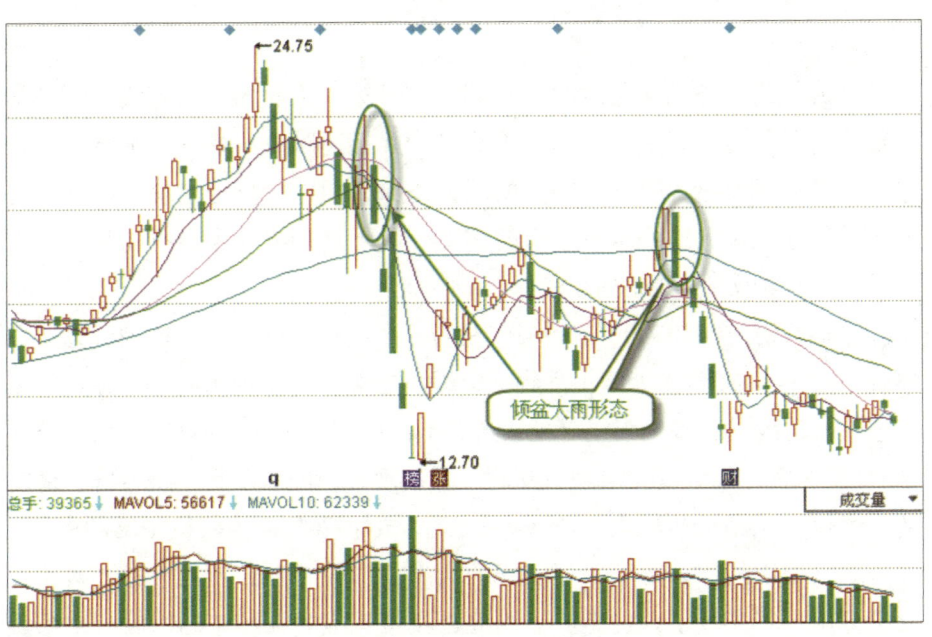

图 4-10 黔源电力——日线图

实战要点：

1. 倾盆大雨形态往往出现在股价上涨阶段的末端，或是震荡行情中震荡走高时的高位区，一经出现，后市往往跌幅较大。因此，投资者一经在确认形态成立后，应果断于当日卖出股票。

2. 在倾盆大雨出现前，成交量往往会出现明显的放大迹象，因此，一旦发现股价上冲乏力时就要快进快出，即使形态尚未确立，也应果断卖出股票。如（图4-10）中两次出现的倾盆大雨形态时，成交量都较大，并且呈阴量，这说明此时的卖压较重。

3. 倾盆大雨形态的出现，往往是主力借拉高股价大举出货所造成的第二根阴线的出现，因此才会出现第二根阴线长于第一根主力拉高股价的阳线。

4. 在倾盆大雨形态中，第二根阴线的收盘价一定要低于第一根阳线开盘价，否则不能确认为倾盆大雨形态。

4.2.7 乌云盖顶

乌云盖顶形态同样是由两根K线组成，第一天收出一根阳线，次日却出现了高开低走，以一根大阴线来收盘，并且还跌破了第一天阳线的二分之一，并且成交量也出现了明显的放大迹象，因这种形态出现后，就像乌云遮盖住了太阳，这预示着后市的调整或者下跌即将到来，所以叫作乌云盖顶，是一种卖出股票的形态。

三花股份（002050）在2015年5月27日和6月5日就出现过这种形态。在5月27日，当时股价正处于上涨趋势，股价在高开后出现了高走，并最终以涨停收盘，收出一根中阳线，延续了之前的趋势。之后，股价停牌，但至6月5日复牌后，股价以大幅高高开的形式出现，但随后却是一路走低，最终几乎是以全天最低价收盘。如此一来，形成了两根走势截然相反的K线，并且第二根阴线深入了第一根阳线的大半，形成了乌云盖顶形态。其后，股价即出现了震荡下跌的走势。因此，投资者应当在形态确认后，果断卖出股票，以避免大跌给自己造成的损失。如（图4-11）中所示：

第四章 震荡行情的逃顶实战

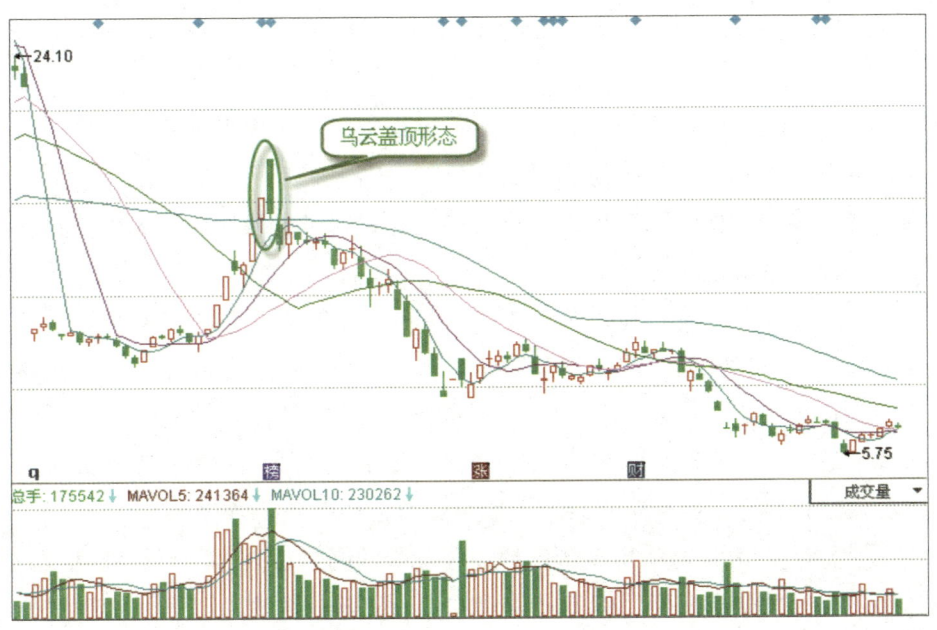

图 4-11 三花股份——日线图

实战要点：

1. 在乌云盖顶形态出现时，第一天是一根坚挺的红色实体，第二天的开盘价往往超过了第一天的收盘价或是最高价，显示出了较强的做多意愿，但由于卖盘的大量涌现，使得股价出现了在高位的震荡下跌。因此，第二根阴线出现时，当日开盘后的成交量必须是放大的，越大则后市转势的意味越强烈。

2. 在乌云盖顶形态中，第一根 K 线为大阳线，承接前期的上涨行情；第二根 K 线为大阴线，收盘价深入第一根大阳线实体一半以下。如果全部吞噬该实体，就是看跌吞没形态，股价见顶意味更强。

3. 当乌云盖顶形态往往出现在股价阶段性的高点时，是股价上行遇阻后由于主力的大举派发所造成的股价快速回落的一种形态，因此是一种趋势反转的信号。

4.2.8 三只乌鸦

三只乌鸦形态指的是，股价在运行过程中，突然出现了连续三根阴线的K线组合，因此是一种强烈下跌的信号。因为乌鸦是不吉之物，意喻不祥，因此将这接连出现的三根喻为三只乌鸦，意思就是看淡后市，因此三只乌鸦是一种卖出股票的信号。

例如，中工国际（002051）在2015年6月25日、26日和29日这三个交易日中，就曾经出现了三只乌鸦形态。当时，中工国际正处于高位震荡中，在6月25日却出现了一根较长的阴线，并且阴线的实体部分低于昨日的最高价；次日，股价跳空低开，并一路下跌，以跌停价收盘；第三日，股价虽略有高开，但再次出现了下跌，最终仍以跌停价收盘。

如此一来，K线上就出现了三根逐级下降的阴线，形成了三只乌鸦形态。其后，股价虽略有反弹，但不过是昙花一现，随即再次出现了快速下跌。因此，投资者应当在三只乌鸦形态确立后，借次日出现的反弹果断卖出股票。如（图4-12）中所示：

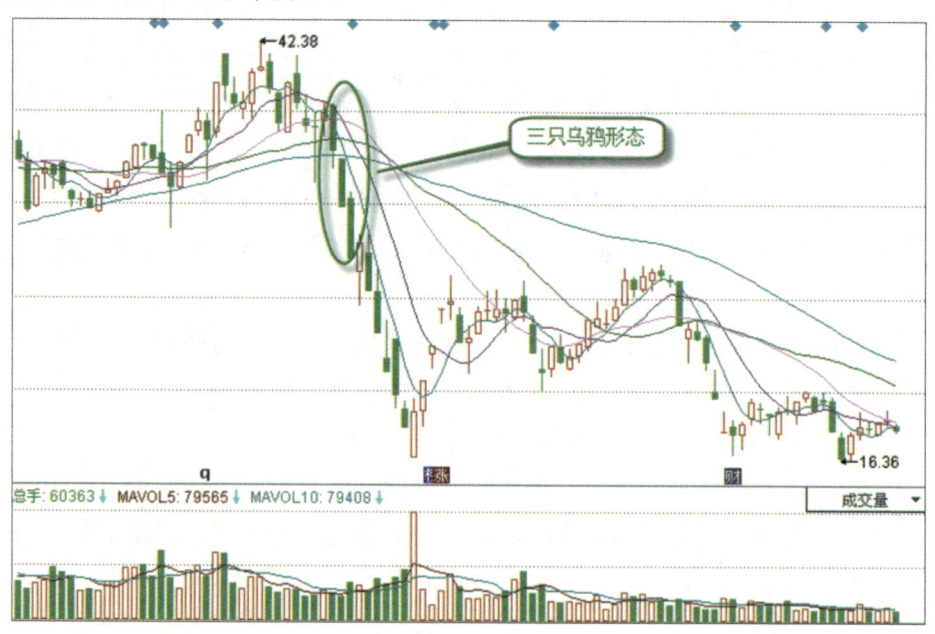

图4-12　中工国际——日线图

实战要点：

1. 三只乌鸦大多出现在下跌趋势的启动之初，空头取得优势并开始发力时，因此投资者应当注意这种 K 线形态成立的前提，它是发生在下跌趋势成立的初期，也就是股价阶段性的高点区域。

2. 三只乌鸦形态形成的过程中，在三根阴线中，每日的收盘价几乎接近每日的最低价位。

3. 在三只乌鸦形态中，第一根阴线的实体部分，最好低于上一个交易日的最高价位，并且三根阴线的实体部分越长，则意味着后市的跌幅会越大。

4.3 经典顶部实战形态

4.3.1 头肩顶

头肩顶是一种典型的 K 线顶部形态，其形态恰恰与头肩底形态相反，是指股价在上升途中，突然出现了三个峰顶，这三个峰顶就是左肩、头部和右肩。从 K 线图上来看，左肩与右肩的最高点基本相同，头部最高点比左肩、右肩最高点要高。另外，股价在上冲失败后向下回落时形成的两个低点又基本上处在同一水平线上。这同一水平线，就是颈线。当股价第三次上冲失败回落时，这根颈线就会被击破，头肩顶形态宣告成立。

在头肩顶形成过程中，左肩的成交量最大，头部的成交量略小些，右肩的成交量最小，成交量在头肩顶形成过程中呈逐级递减，这说明股价上升时追涨力量越来越弱，股价有涨到头的意思。因此，头肩顶是一种股价上涨趋势结束转为下跌走势的一个信号。

例如，新海宜（002089）在 2015 年 5 月中旬至 6 月底就曾经出现过这种形态。当时，新海宜正处于上涨阶段，于 5 月 16 日开始上涨，但很快便因巨大的阴量的出现，股价出现了冲高后的震荡回落，在 5 月 29 日出现了止跌回升，从而形成了左肩；其后股价一路震荡上行，并于6月12日创出了31.88元的新高，之后开始回落，此时再次放出阴量，但比左肩时的量小了一些，形成了头部；当股价跌至6月23日再次出现回升，但至6月25日股价回升至左肩时的高度时遇阻，股价再次回落，如此一来，即形成了头肩顶形态。其后，股价出现了震荡下跌的趋势，股价一度跌破了10元。因此，投资者应当在头肩顶形态成立后，在6月30日，股价跌破颈线时选择卖出股票。如（图4-13）中所示：

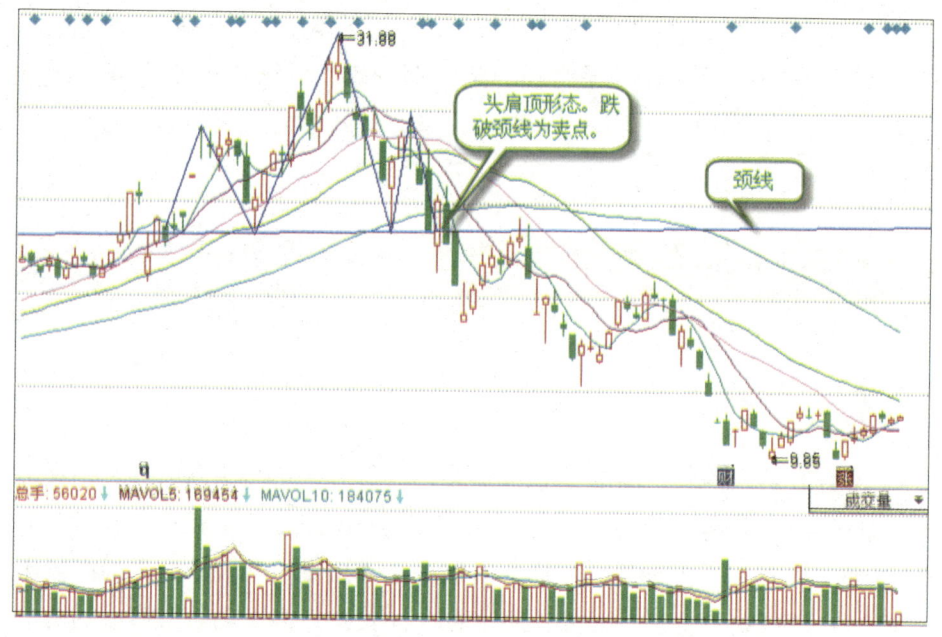

图 4-13　新海宜——日线图

实战要点：

1. 在头肩顶形成过程中，左肩的成交量最大，头部的成交量略小些，右肩的成交量相对头部要小，成交量在头肩顶形成过程中呈逐级递减趋势，这说明股价上升时追涨力量越来越弱，股价有涨到头的意思。因此，头肩顶是一种股价上涨趋势结束转为下跌走势的一个信号。

2. 头肩顶属于一种顶部反转形态，经常在上涨行情的尾声出现。因此，当股价经历了大幅上涨后，投资者就应当引起注意了。

3. 在实战中，也可能形成 2 个左肩、1 个右肩或 1 个左肩、2 个右肩的变异图形，但技术含义相同。

4.3.2 倒 V 形顶

倒 V 字形又被称为"尖刀顶"，是典型的主力诱多拉高出货的操盘手法。因此，当股价在上涨行情中出现倒 V 字形走势后，行情就会出现急速的反转，后市会就会出现快速下跌的走势，因此是一种卖出股票的形态。

例如，歌华有线（600037）在 2015 年 6 月 8 日至 19 日就曾经出现过这种形态。当时，股价尚处于上涨行情中，但随着股价结束调整后再次上涨，股价在 6 月 15 日创出新高 53.17 元后，开始出现冲高回落的走势，次日以一根大阴线的方式结束了上涨，其后股价接连出现下跌，并且成交量在此期间大多为放大的阴量。直到 6 月 19 日，形成了倒 V 形顶，此后股价出现了快速下跌。因此，投资者应当在倒 V 形顶形成时及时卖出股票。如（图 4-14）中所示：

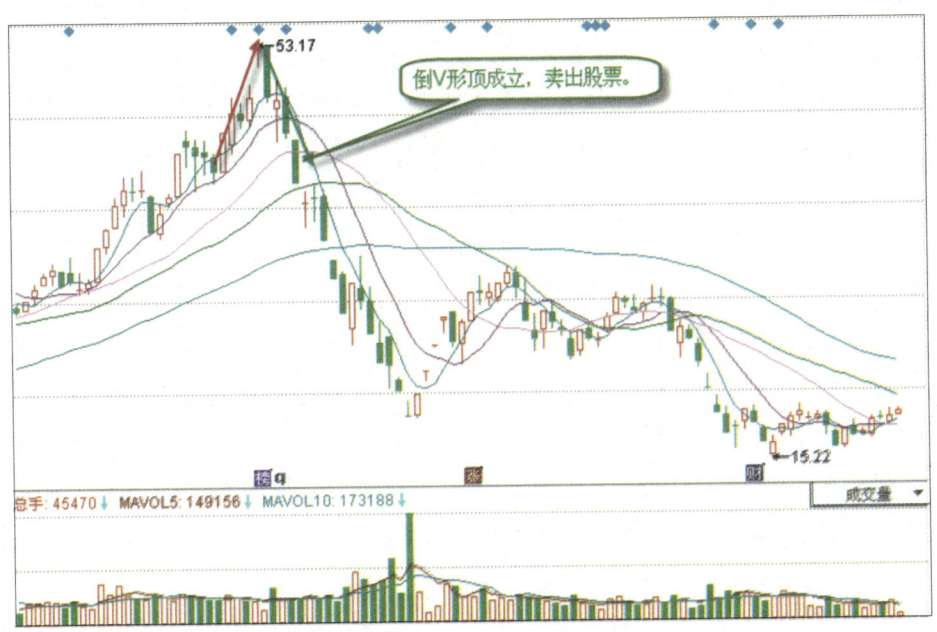

图 4-14 歌华有线——日线图

实战要点：

1. 倒 V 形顶是一种杀伤力极大的顶部反转形态，经常在上涨行情末端或是震荡行情中的反弹高点时出现，出现后往往下跌速度及幅度都较大，因此一经发现，应立刻卖出股票。

2. 在倒 V 形顶出现时，成交量往往会出持续放大，并呈阴量，盘中换手积极，主力做头迹象明显。

3. 有经验的投资者往往会选择在倒 V 形顶尚未形成时，当股价出现接连冲高回落并放出阴量时，提前卖出股票。

4.3.3 M 顶

M 顶是一种常见的顶部形态，由两个相近的高点构成，形状类似于英文字母 M，因此被称作 M 顶，又称双顶。M 顶的出现往往是在股价连续上涨过程中，当上涨至某一价格高位时，成交量突然显著放大，股价随即回落，形成了第一个顶；随着成交量的减少，股价出现止跌回升，但反弹至前高附近后再次出现下跌，并跌破第一次回落时的低点，于是形成了两个顶峰，也就是 M 顶。双顶是一种常见的顶部形态，在股价涨到波段性高位时经常会出现，一旦个股出现双顶形态，投资者就要警惕波段高点的来临了。

例如，三一重工（600031）在 2015 年 5 月 22 日至 6 月 18 日期间，就曾经出现过这种形态。当时，股价在结束调整后开始了快速上涨，但巨大的成交阴量的出现，却使得股价很快出现了回落，于是形成了第一个顶；其后，成交量下降，股价也止住了跌势，再次展开反弹，但在反弹至上一个顶部左右时，股价再次在成交阴量的出现后出现了下跌，并回落到了上次下跌时的位置，稍事休整后，股价开始了一路下跌。因此，投资者应当选择在 M 顶形态确立后，一旦股价跌破了颈线（两次下跌时的低点）时果断卖出股票。如（图 4-15）中所示：

实战要点：

1. M 顶属于一种反转形态，常在上涨趋势的末端出现，是股价见顶回落的卖出信号。

图 4-15　三一重工——日线图

2. M 顶中的两个高峰，高点不一定在同一高度，有时第一个头比第二个头高些，有时第二个头比第一个头更高一些。

3. 在 M 顶形成时，两个高峰的成交量都应放大，但第二次的成交量明显小于第一次。

4.3.4 圆弧顶

圆弧顶形态往往代表着下跌趋势变化的平缓，是股价在徐徐上升形成顶部后又开始缓缓下跌所形成的一种顶部形态。在圆弧顶形态中，股价最初是按弧形缓慢上升，此时顶部在不断升高，但每一个高点微升之后即开始回落，先是出现新的高点，接着回升点略低于前点，其后，股价又以同样的方式下跌，如果把短期高点相连接，形成一个圆弧顶状。因此，圆弧顶虽然是一种趋缓的顶部形态，但同样是一种杀伤力很强的顶部反转形态。

例如，科大讯飞（002230）在 2015 年 5 月至 6 月期间就曾经出现过这种形态。当时，科大讯飞刚刚实施了高送转不久，股价正处于高位调整之中，而随着调整的结束，股价开始了缓缓上升，在不断抬高股价后，突然股价又出现了回落，并且回落的幅度与坡度几乎和上涨时一样，也是缓缓地下降，当下降到当时上升时的位置时，股价略作停留后，即开始了下跌的走势。因此，投资者应当在股价徐徐下跌至形成圆弧顶时最初的上涨点时选择果断卖出。如（图 4-16）中所示：

图 4-16　科大讯飞——日线图

实战要点：

1. 在圆弧顶的顶部形成后，股价有时候不一定马上下跌，而只是重复横向发展，形成一个平台整理区域。这一平台整理区域被称作碗柄。不过，碗柄很快就会被突破，股价继续朝着预料中的趋势下跌。

2. 一旦个股出现圆弧顶形态，下跌幅度往往会很大。当投资者发现股价在高位出现这种形态时，应当果断地卖出手中的股票，以避免损失。

3. 如果周线上出现圆弧顶，则代表着一轮较大级别的跌势即将到来。

4.3.5 岛形顶

当股价在经过一段时间的持续上升后，某一天突然出现了向上跳空高开式的缺口性加速上升，但股价在高位徘徊不久，却以向下跳空缺口的形式出现下跌，这个向下的跳空缺口和上升时的跳空缺口，基本上处在同一价格区域的水平位置附近，从 K 线图上看，这一价格区域，就像是一个远离海岸的孤岛形状，这就是岛形顶形态。这就意味着，岛形顶是一种顶部反转形态，因此投资者在遇到岛形顶时，应当采取卖出股票的策略。

例如，江苏三友（002044）在 2015 年 6 月 1 日、6 月 2 日和 6 月 3 日这三个交易日中，就曾经出现过这种情况。在此之前，股价处于上涨趋势中的震荡调整状态，但在 6 月 1 日却拉出了一根长阳，从而结束了调整，次日接着以跳空高开的方式再次接连上涨，在拉出一根涨停长阳的同时，也留下了一个向上的跳空缺口，这显示出了加速上涨的态势。可是，在 6 月 3 日，股价却突然以大幅跳空低开的方式开盘，并且一直维持弱势，形成岛形顶。其后，股价在震荡中快速回补了这一缺口后出现了快速下跌。因此，投资者应当在岛形顶出现后，及时卖出股票。如（图 4-17）中所示：

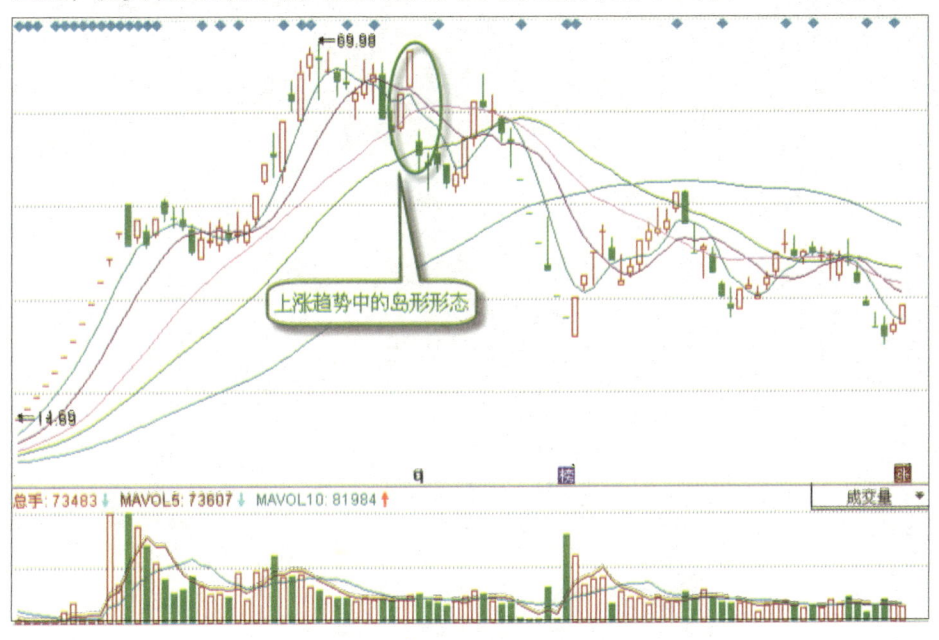

图 4-17　江苏三友——日线图

实战要点：

1. 岛形顶是一种强烈的顶部反转形态，一经出现就意味着趋势即将发生转变，因此是一种强烈的卖出信号。

2. 岛形顶的出现，是主力快速拉高股份快速套牢跟风盘实现高位出货的表现，因此，即使是岛形顶出现后股价会出现反弹，力度也往往有限，并同样是主力借反弹高位套牢跟风盘所设置的诱多陷阱，投资者应当及时回避。

3. 岛形顶在形成过程中，在向上的跳空缺口之上维持的时间往往很短，但向下出现跳空缺口往往紧随其后，目的就是套牢高位跟风盘，因此，投资者在出现向上跳空缺口时，切忌跟风。

当震荡行情来临时，不是所有的时间，股价都会有起有落，震荡行情也存在整理的时候，这就需要投资者在面对震荡整理行情时，能够做到一眼分清什么整理形态结束后，股价往往回归原有的运行趋势；什么整理形态结束后，股价会改变原有的运行趋势。由此也能够进一步明白，什么整理形态是一种买入的形态，什么整理形态又是一种卖出的形态。这样，在面对震荡行情时，才会做到心中有数，从而做出正确的操作。

第五章 震荡行情的K线整理形态实战

5.1 经典震荡整理形态实战

5.1.1 三角形

三角形是一种整理形态,指的是股价在经过一段时间的运行后,不再向前运行,而是在一定的区域内做上下窄幅运动,等时机整理结束后再继续按着原来的方向运行。这就意味着,当三角形整理形态出现时,趋势是不会发生变化的,尤其是对称三角形出现时,它只是显示多空在此价格区间形成了一种对峙,而最终的结果仍然是原来主导趋势的一方占据了优势,因此股价会继续按着原来的方向运行。

例如,青海春天(600381)在2013年3月下旬至4月上旬期间,就曾经出现过这种整理形态。当时,青海春天正处于下跌趋势,但3月下旬却突然停止了下跌,并且开始了震荡整理,并且整理形态呈三角形形状,随着整理幅度的不断缩小,至2013年4月上旬,股价结束了震荡整理,最终,空方战胜了多方,股价再次步入了震荡下跌的走势。因此,投资者可在三角形整理震荡的幅度逐渐缩小时选择卖出股票。如(图5-1)中所示:

实战要点:

1. 三角形形态是一种中继形态,通常不会改变股价原有的运行趋势,只是中途的一种间歇。因此,投资者可根据三角形整理出现前的股价运行方式,来适当参与整理期间的反弹行情。

2. 当趋势下跌时出现三角形整理,尤其是对称三角形时,投资者应当适当参与反弹行情,但一旦发现震荡幅度在变小时,应当果断离场。

3. 如果是上涨趋势中出现三角形尤其是对称三角形时,投资者应当在震荡幅度减小时加仓,并持股待涨。

第五章 震荡行情的K线整理形态实战

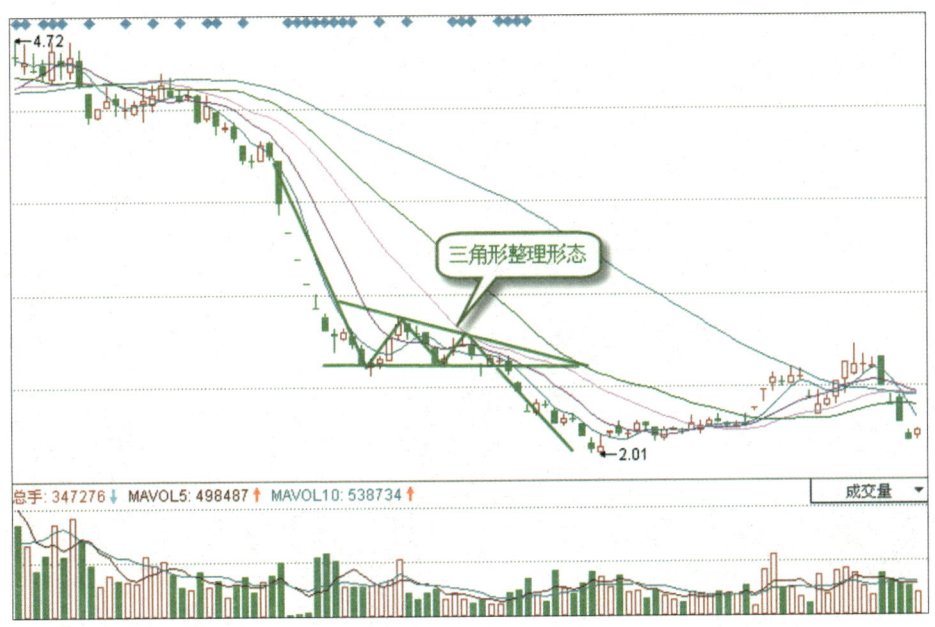

图 5-1 青海春天——日线图

5.1.2 旗形

从K线形态上看，旗形就好像一面挂在旗杆顶上的旗帜，这种形态通常出现在急速而又大幅波动的极端市场中，此时，股价在经过了一连串紧密的短期震荡后，形成了一个略与原来趋势反方向倾斜的平行四边形，这就是旗形的走势。这就意味着，旗形只是一种整理形态，属于中继形态，它的出现，只是原有趋势中的一种间歇，完成之后，股价将会重新回到原来的运行趋势继续运行。

例如，七匹狼（002029）在2015年7月初至8月下旬就曾经出现过这种形态。当时，七匹狼的股价经过一轮大跌后，突然停止了下跌，并开始出现反弹，但反弹至7月1日与7月2日之间的向下跳空缺口时受阻，股价开始冲高回落，但回落到7月7日的低点时受到前期买盘的支撑，股价再次开始回升，但反弹至了7月1日与7月2日之间的向下跳空缺口，也就是上次反弹时的设点时，再次受阻并出现回落，这说明这一缺口间的阻力太大，多方当前已无法实现突破。因此，股价此时结束了旗形整理，再次回归了下跌的走势。因此，投资者可在旗形出现时跟进抢反弹，并根据上方的压力位选择卖出，而在下方的支撑位选择买入，当再次反弹至压力位并未能实现突破时，清仓离场。如（图5-2）中所示：

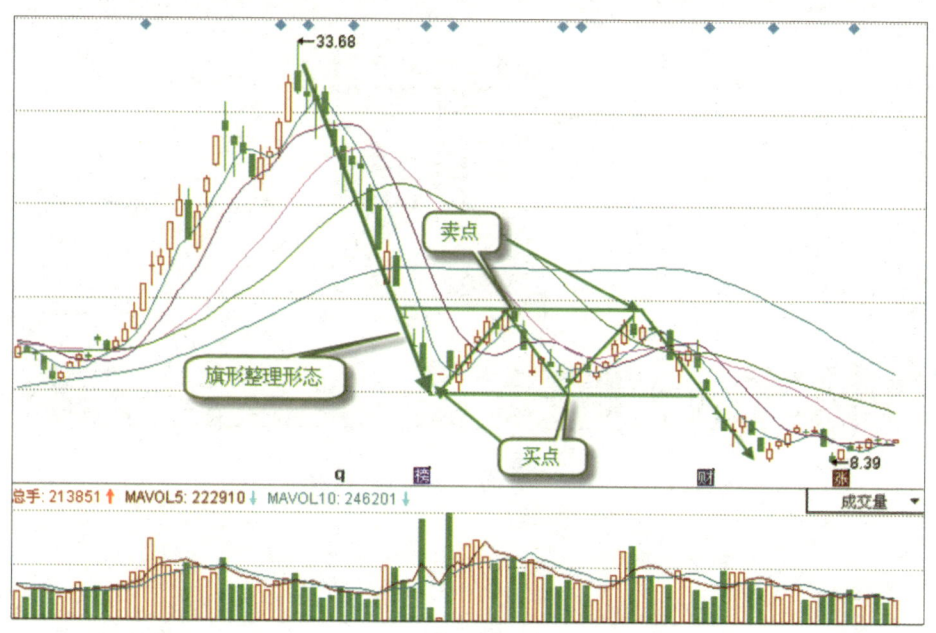

图5-2　七匹狼——日线图

实战要点：

1. 旗形是一种中继整理形态，尽管多数的旗形整理中运行方向与之前方向相反，但并非是趋势的反转形态，因此只能在整理期间做小波段操作。

2. 在旗开整理期间做波段操作时，投资者一定要根据前期趋势找到上方的压力位与下方的支撑位，才能做到压力位卖出，支撑位买入。

3. 旗形形态出现后，投资者一定要看清出现前股价的运行方向，只有这样才能在旗形整理结束时选择买入还是卖出。

5.1.3 矩形

矩形是一种典型的整理形态，又叫箱形，指的是股价在两条横着的水平直线之间上下波动,一直作横向延伸的运动。通常,股价在启动前,多会以这种方式震荡整理。因此,矩形的出现,往往是投资者捕捉牛股的信号。

例如,美欣达(002034)在2014年8月15日至2015年2月4日期间,股价一直是处于16.60元至21.84元之间震荡,一旦股价向上接近21.84元时,股价就会出现冲高回落,因此,这一价位区间也就成了美欣达向上突破时的压力位,但在冲高回落的过程中,只要股价一接近16.60元时,就会即刻出现止跌反弹,如此一来,16.60元也就成了美欣达向下运行的支撑位。从而使得股价在此期间是上有压力、下有支撑,只得反复上上下下做一种箱体震荡,从而形成了一种箱体运动。

直到2015年4月3日,股价在再次向上接近箱体上沿时,成交量突然出现了放大,使得股价向上一举突破了箱体上沿,然后开始了一路上涨,最高时股价冲至2015年6月11日的68.53元,即使是从当时箱体震荡时的上沿价格21.84元计算,股价也已经上涨了300%。如(图5-3)中所示:

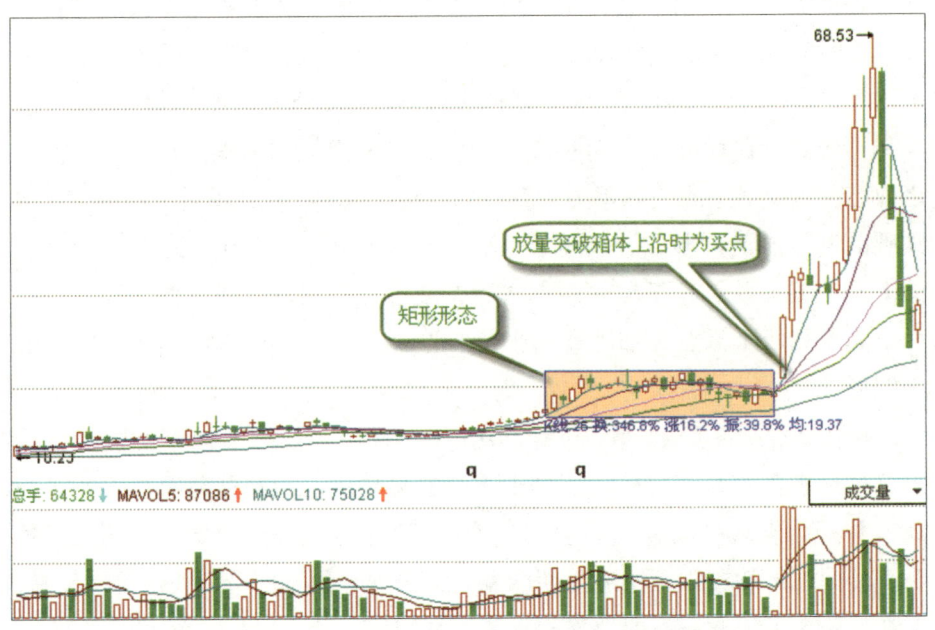

图5-3 美欣达——周线图

实战要点：

1. 矩形整理往往是牛股在启动前的征兆，整理的时间越久，后市涨幅也越可观。

2. 矩形经常出现在主力吸筹码阶段，因主力的大举吸筹，使得股价出现反弹，但主力的打压，又使得股价出现了回落，主力进一步的吸筹码再次阻止了股价继续下跌。投资者可根据这一规律，在箱体上沿附近高抛，而在箱体下沿附近低吸。

3. 当周线上矩形形态出现时，投资者可作为中长线持股，进行短线的波段性高抛低吸。但是，一旦出现股价跌破箱体下沿时，这往往是个股启动前主力震仓洗盘所为，此时投资者可根据具体情况具体分析。

5.1.4 楔形

楔形类似于三角形态，是三角形整理形态的一种变种，是指股价在经过一段时间的运行后，突然出现了与之前方向相反的走势，当股价反弹（或下跌）至某一高点（或低点）时，就掉头回落（或反弹）。不过，这种回落（或反弹）较为轻微缓和，因而股价在未跌（或反弹）到上次低点（或高点）之前已得到支撑（或受到阻力）而上升（或下跌），并且越过上次高点（或跌破前期低点），形成一浪高于一浪（或一浪低于一浪）的趋势。第二次的上升（或下跌）止于另一两点之后，股价再度回落（或反弹）。如果把两个高点和两个低点分别用直线连起来的话，就形成了一个上倾（或下倾）的楔形。

例如，美欣达（002034）在2015年7月初至8月下旬，就曾经出现过这种形态。当时，美欣达正处于下跌趋势之中，但在此时突然停止了下跌，并开始出现一波较为有力的反弹，但在反弹接近60日均线却突然掉头直转向下，却在跌至接近前期低点时又出现了止跌回升，股价再次反弹，又在反弹接近上次高点时再次出现了冲高回落。

如此一来，将其反弹时出现的高点与下跌时的低点连接起来，就形成了一个楔形。从K线上看，这一楔形是略有上升趋势的，但股价在第二次反弹时却并未突破前期高点，使得楔形呈逐级收缩的状态。因此，在结束楔形整理后，股价再次回归了下跌趋势。因此，投资者可在楔形整理中股价第二次上冲至前期高点未果而出现回落时，果断卖出股票。如（图5-4）中所示：

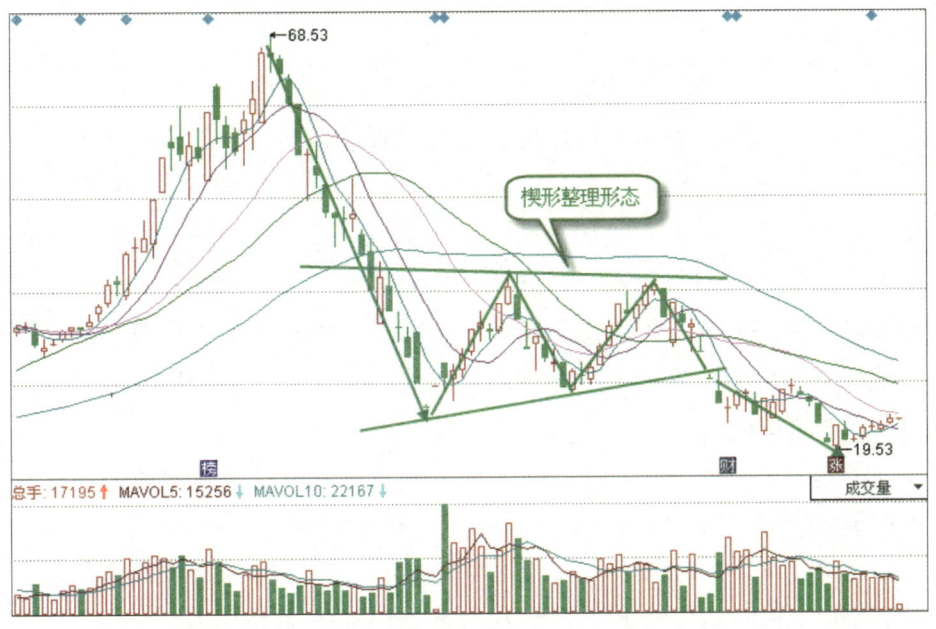

图 5-4　美欣达——日线图

实战要点：

1.楔形大多出现在股价整理时期，股价经过楔形整理后，依然会回归之前的趋势，因此投资者可根据楔形出现前的趋势来具体操作股票。

2.在楔形形态出现后，若想在整理的过程中发生反转，则必须以接连出现的大量来实现有效突破，否则很难逆转。

3.在楔形形态出现后，投资者应当在第二次反弹时，股份冲至前期向点后出现回落时，果断卖出，若是出现升降趋势中的楔形，则应当在结束调整时果断加仓买入。

5.2 震荡行情的买入形态

5.2.1 上升三角形

上升三角形指的是，在股价在运行过程中，突然在某价格水平呈现出强大的卖压，价格由低点回升到这一价格水平后便告回落，但此时市场的购买力十分强大，股价未回至上次低点时即出现弹升，这种情形使股价持续随着一条阻力水平线波动，并日渐收窄。如果把每一个短期波动的高点连接起来，可画出一条水平阻力线；而每一个短期波动的低点则可以相连出另一条向上倾斜的线。成交量在上升三角形形成的过程中是在不断减少的。

例如，桐君阁（000591）在2014年8月底至9月底就曾经出现过这种形态。当时，桐君阁的股份已经经过了一段时间的上涨，但至8月五旬却停止了上涨，并出现了下跌，但当跌至前期放量向上突破时留下的向上跳空缺口上沿时却突然止住了下跌，此时成交量也逐级缩减到了很小。随后，股价出现增量反弹，在超越了前期调整时的高点后再次出现回落，成交量再次出现了缩减，并跌至上次下跌的低点后即再次回升，当股价超越了前期低点后，再次回落，并快速同现回升。

从股价在此阶段调整的K线形态来看，它呈现一个向上逐渐紧缩的三角形形态，并且成交量也是逐级递减的，形成了上升三角形。而其后，股价即展开了继续上涨的行情。因此，投资者应当在上升三角形整理结束后，股价出现放量上涨并突破三角形上沿时果断买入。如（图5-5）中所示：

实战要点：

1. 在上升三角形形成过程中，成交量是呈逐级递减的，若是放出较大的量，则说明此时多空之间仍有分歧，后市股价仍会以震荡为主，上升三角形也宣告失败。

第五章 震荡行情的K线整理形态实战

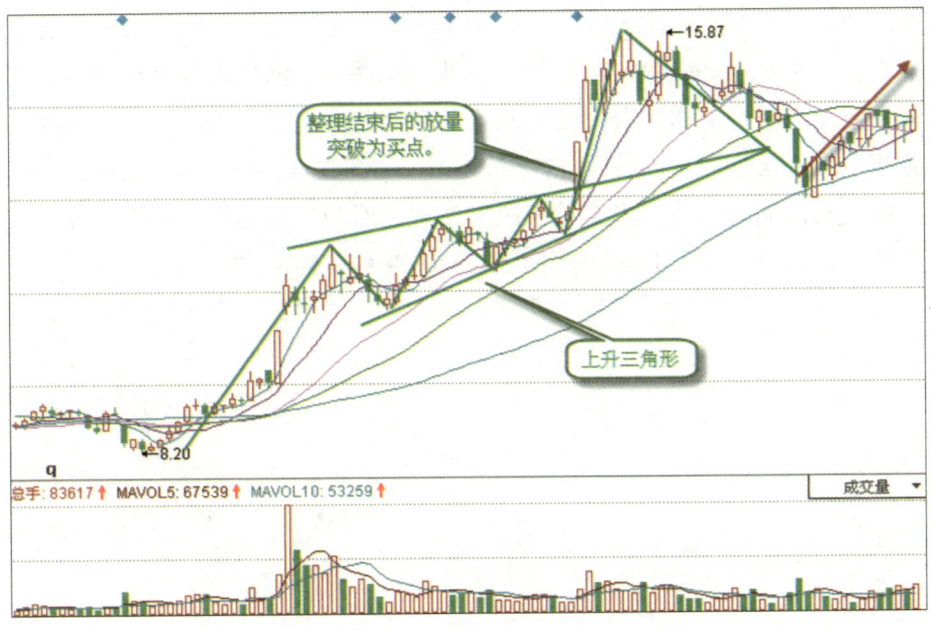

图 5-5　桐君阁——日线图

2. 上升三角形大多发生在上涨途中，是对上涨趋势过急的一种修复，也是主力借机洗盘的过程，一旦结束这种修复，股价就会重回涨势，因此是一种买入股票的形态。

3. 上升三角形出现后，每一调整的低点，都是买入的良机，但稳健的投资者可在整理结束后，股价出现放量上涨并突破三角形上沿时选择买入。

5.2.2 上升旗形

上升旗形指的是，当股价上升到某一阶段时，突然中止了上涨，开始出现下跌，但跌至某一价格水平后出现了中止，随后股价开始反弹，但反弹至接近前期高点附近时出现回落，当回落到跌破前期低点时再次回升，直到反弹过程中出现放量突破，股价才结束调整，重新回到上涨趋势之中。因此，上升旗形是一种买入形态。

捷顺科技（002609）在2015年3月到4月底就曾经出现过这种情况。当时，捷顺科技正处于在上升行情中，但由于股价短期内上涨过大，在3

月 25 日开始出现了下跌，并伴随着较大的成交量，而随着成交量的逐渐减少，股价在前期上涨时的跳空缺口处止跌回升，但反弹至接近调整时的高点时出现冲高回落，并一路跌破了前次调整低点后止跌回升，当再次反弹接近上一次反弹高点时回落，回落至上一次低点后回升，开始放量上行，依次突破前期的所有高点，结束旗形整理，回归上涨趋势。投资者可在结束整理，股价放量向上突破旗形时买入。如（图5-6）中所示：

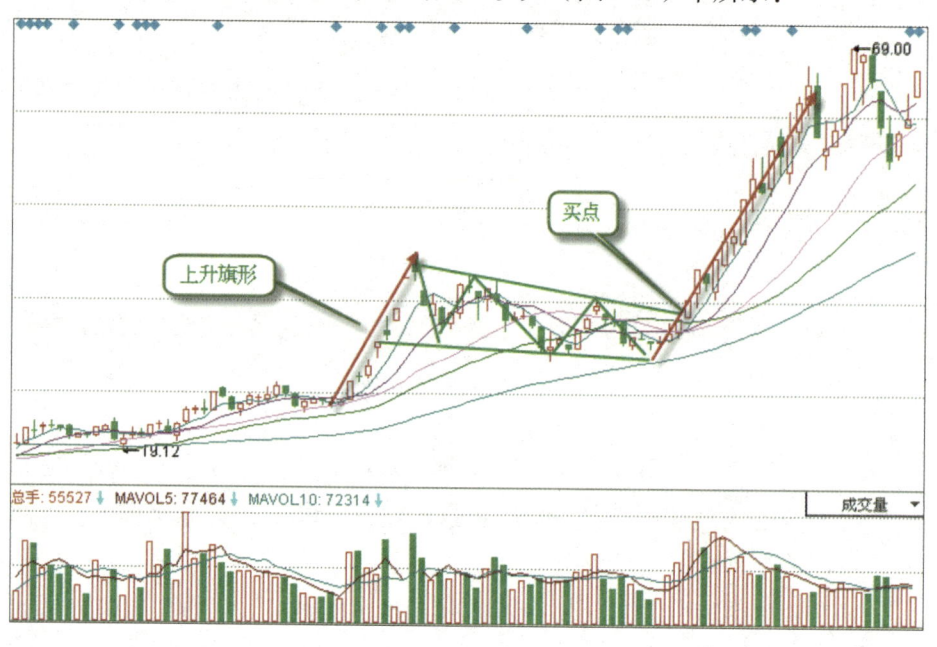

图 5-6　捷顺科技——日线图

实战要点：

1. 在上升旗形整理期间，价格趋势往往是不断走低的，但成交量却是逐渐缩减的。

2. 上升旗形多出现在股价上涨途中，是对短期上涨的一种修复，也是主力洗盘时经常出现的 K 线图形，因此当其出现时其趋势往往是向下的，但多头格局是不变的。

3. 上升旗形出现后，最佳的买点是整理结束后，股价突然放量突破旗形上沿时。因为过早介入，或许整理尚未结束。

5.2.3 上升矩形

上升矩形是指股价在经过一段时间的上涨后，突然停止了上涨，开始在两条平行线之间进行价格波动，股价在这一价格范围内不断升降。只有当某日收盘价出现在矩形上颈线之外时，上升矩形形态才会完成，然后再顺着以前的上涨趋势运行。

例如，跨境通（002640）在2015年3月25日至5月6日就出现过矩形整理形态。在此之前，股价已经经过了一段时间的上涨，股价上升到了一个新的价格平台，但却突然停止了上涨，股价出现了震荡下跌，但跌幅并不大，但出现跌至即将接近3月24日的开盘价54.00元时，股价即出现了止跌回升，但回升的幅度同样不大，同时一旦接近3月26日时的最高价67.50元时，即出现冲高回落，从而在这一价格区间形成了矩形整理。

直到5月6日，股价突然出现了跳空高开，并在成交量迅速放大的情况下，一举突破了矩形形态的价格区间的上限67.50元，并很快封死在涨停板上。股价从此结束了矩形整理，恢复了最初的上涨趋势。因此，投资者应当在股价突破矩形上沿时果断买入。如（图5-7）中所示：

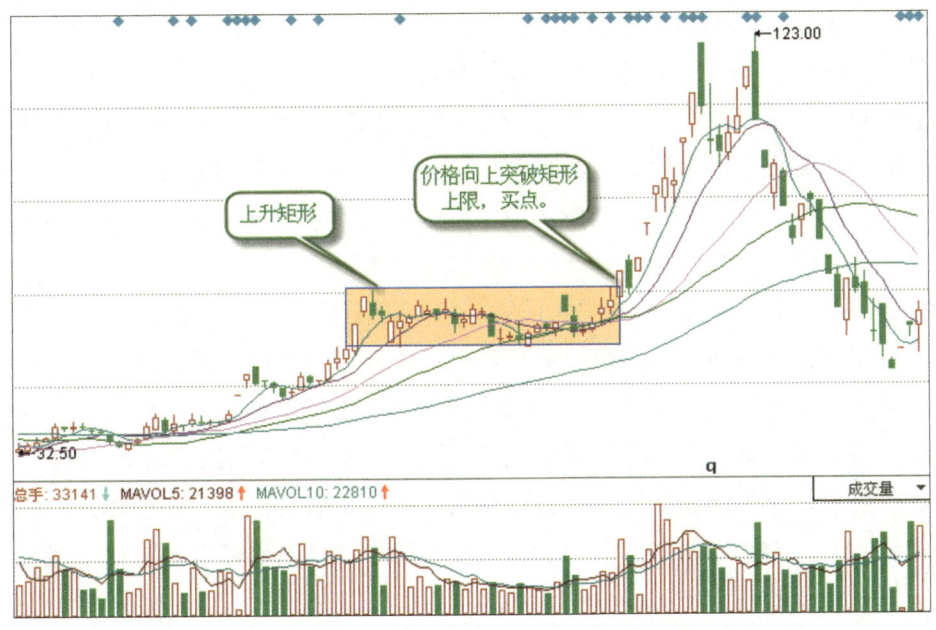

图5-7 跨境通——日线图

实战要点：

1. 长且窄的上升矩形出现时，往往是股价走出底部，是行情由震荡下跌转为上涨的开始，因此也是投资者捕捉牛股启动前的好时机，尤其是那些整理时间较长的股票，后市涨幅会更大。

2. 如果上升矩形的形状短而宽，并且是出现在高位区，投资者此时应当小心矩形演变为三重顶转折形态。

3. 在矩形形成过程中，在出现交易量过大时，形态有可能失败。

5.3 震荡行情的卖出形态

5.3.1 下降三角形

下降三角形指的是，当股价在下跌过程中，多空双方在某价格区域内较量的表现，然而多空力量却与上升三角形所显示的情形恰恰相反。看空的一方在不断地增强卖出压力，使股价还没回升到上次高点便再因卖盘的涌现宣告回落。看多的一方坚守着某一价格的防线，使股价每回落到该水平时便获得支持。另外，这种形态的形成，也可能是有人在托价出货，直到筹码卖完为止。因此，当股价在下降三角形的调整后结束，股价将再次回归到之前的下跌趋势中运行，所以是一种逢高卖出股票的形态。

例如，佳都科技（600728）在2015年7月中旬至8月下旬期间，就曾经出现过这种情况。当时，股价正处于下跌趋势之中，但是在7月4日买盘突然大量涌现，使得股价出现了快速反弹，但反弹至20日线时，大量卖盘突然涌现，使得股价出现了回落。当股价回落到接近前期7月13日股价止跌反弹的位置时，多方即刻展开回击，股价再次出现反弹，但尚未反弹至前期反弹的高点时，卖盘再次出现，股价出现回落。从而形成了下降三角形形态。

此时，如果将反弹高点连成线，再将下跌低点连在一起，就会发现，股价在形成三角形整理形态的过程中，是呈逐渐缩小的，而股价一旦结束了三角形整理后，即刻再次回归到下跌趋势运行。因此，投资者可在盘中出现的每次反弹高点时卖出股票，并在股价跌破三角形下边时果断仓离场。如（图5-8）中所示：

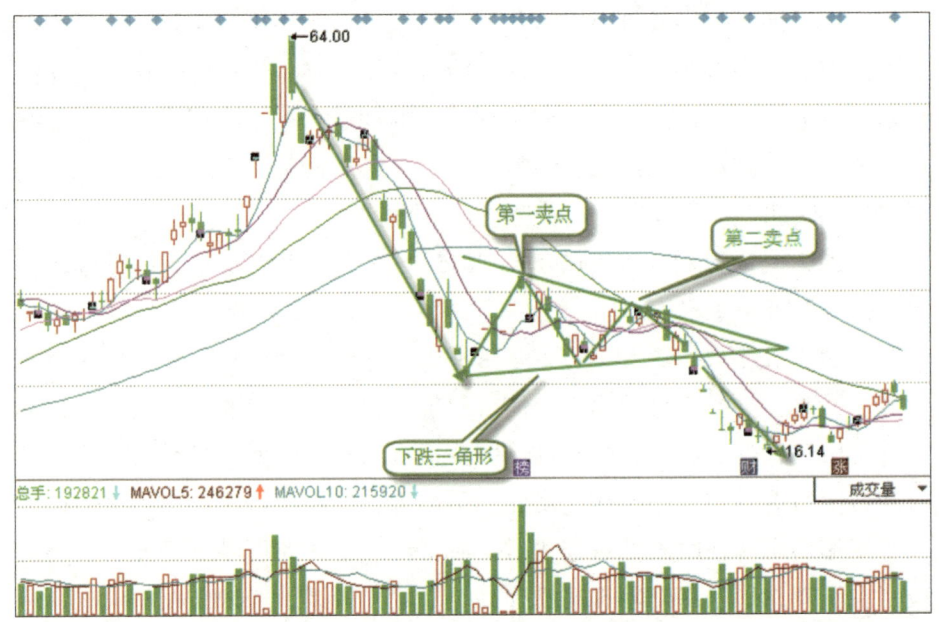

图 5-8　佳都科技——日线图

实战要点：

1.在下降三角形形成的过程中，每一波的反弹高点，成交量都是放大的，并呈阴量，而每一次反弹中的成交阳量反而是极小的，并呈现反弹的力度一波比一波小的情形。

2.下降三角形往往是下跌趋势中的一种中继形态，也是主力借拉高出货时的表现。因此，投资者此时不应盲目追高，而是应当采取逢高卖出的策略。

3.下降三角形结束后，股价往往会有一波较大的下跌，因此在下降三角形中的反弹行情，是投资者最后的逃命机会。

5.3.2 下降旗形

下降旗形指的是，当股价下跌到某一价格区间后，突然中止了下跌，开始出现反弹，但当股价反弹至某一价格水平后出现了遇阻回落，而当回落到前期低点附近时却得到了支撑，股价开始反弹，但反弹至接近前期高点附近时再次出现回落，而当回落到跌破前期低点时再次回升，直到下跌过程中出现跌破下沿的低点连线时，股价才结束调整，重新回到了下跌趋势之中。因此，下降旗形是一种逢高卖出股票的形态。

例如，上风高科（000967）在2015年7月中旬至8月下旬时就曾经出现过这种整理形态。之前，上风高科一直处于下跌趋势，但至7月16日时突然止住下跌，并出现了快速反弹，但当股价反弹至20日均线时，却遇阻回落，大量卖盘的出现，使得股价出现下跌，但跌到接近上次止跌时的价格时，受到了多方的支撑，股价再次回升，但回升到上次反弹高点时却再次遭遇到空方的打压，卖盘大量出现，使得股价再次出现回落，形成了旗形形态。在跌破低点连线后，股价出现了一路下跌。因此，投资者应当在下降旗形整理期间，逢反弹高点时卖出股票，若未能及时卖出，可在股价跌破下降旗形中的低点连线时果断清仓离场。如（图5-9）中所示：

实战要点：

1. 在下降旗形形成的过程中，每一波的反弹高点，成交量都是呈阴量放大的，并且每一次反弹中的成交阳量反而是极小的，呈现出反弹的力度一波比一波小的情况，显示出了反弹的弱势。

2. 下降旗形结束整理后，股价往往会有较大跌幅，因此在下降旗形中出现的反弹行情，是投资者最后的逃命机会。

3. 下降旗形是下跌趋势中的一种中继形态，也是主力借拉高出货时的表现，因此，投资者此时应当选择逢高卖出的策略，适当参与反弹行情。

第五章 震荡行情的K线整理形态实战

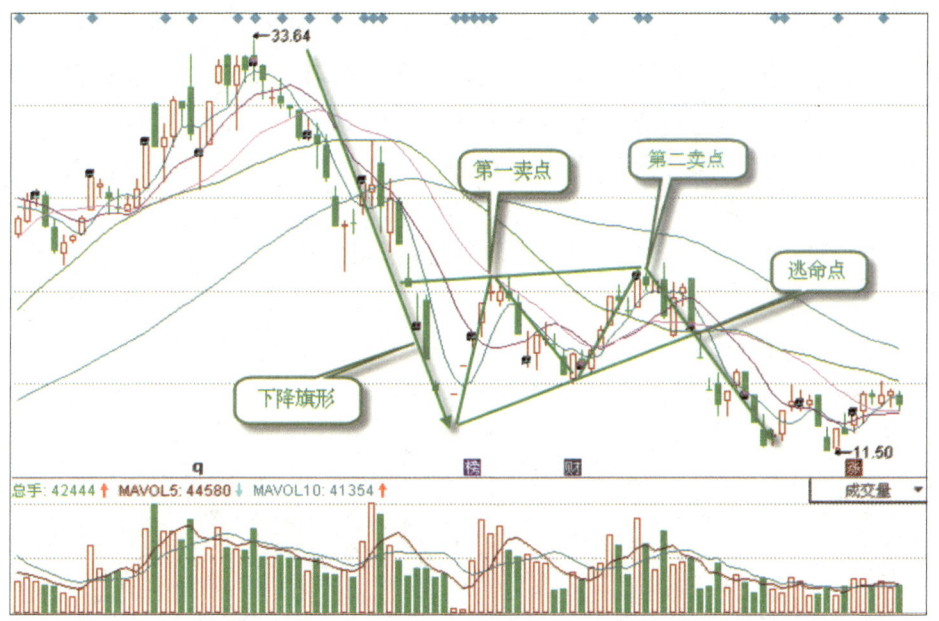

图 5-9　上风高科——日线图

5.3.3 下降矩形

下降矩形是指股价在经过一段时间的下跌后，突然停止了下跌，开始在两条并行线之间进行价格波动。股价在这一价格范围内不断升降，只有当某日收盘价出现在矩形下颈线之外时，下降矩形形态才宣告完成，然后再顺着以前的下降趋势运行。

例如，登海种业（002041）在2015年7月8日，突然结束了下跌的趋势，股价出现接连的反弹，但当反弹至7月13日出现了冲高回落，但当跌至20日线时受到支撑，股价出现回升，但回升的幅度并不大，而是一直在16.66元-21.30元之间做窄幅震荡，而股价一旦出现向上接近21.30元的上轨时，即宣告反弹失败，但股价一旦向下跌至接近16.66元时，又会很快被拉起，从而形成了矩形整理形态。

这种情况一直维持到了8月21日，当日突然出现下跌，收盘收在了矩形下颈线16.66元之下，如此一来，宣告矩形整理结束，其后，股价再次回归之前的下跌趋势。因此，短线投资者应当在股价出现矩形整理后，逢反弹接近矩形上颈线时卖出；中线投资者可选择在矩形整理形态结束向下突然下颈线时卖出股票。如（图5-10）中所示：

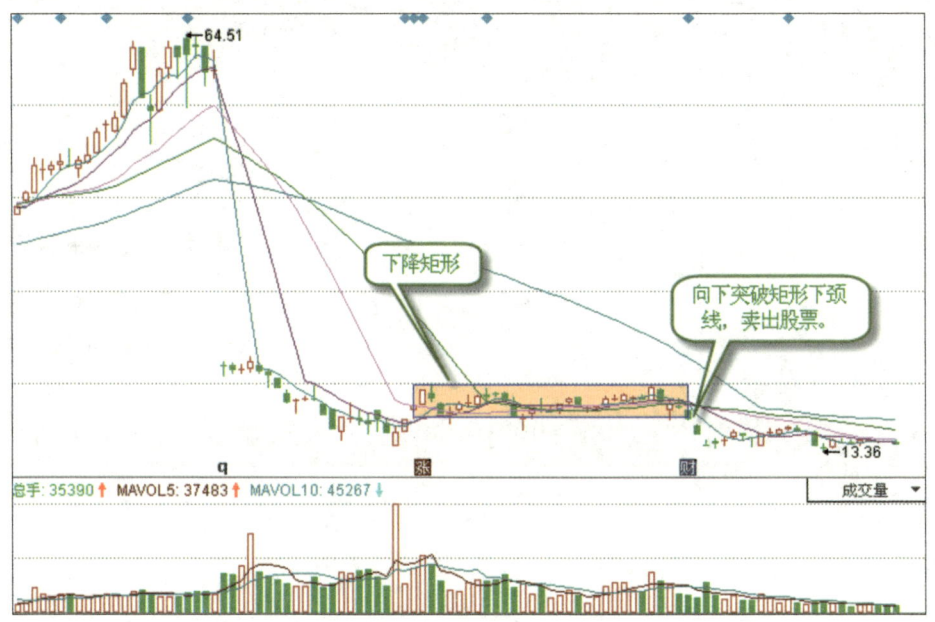

图5-10 登海种业——日线图

实战要点：

1. 下降矩形是一种下跌中继形态，因此结束矩形整理后，股价会继续原来的下跌趋势，因此下降矩形整理形态是一种卖出股票的形态。

2. 下降矩形整理结束后，此时成交量往往是缩减的，其后出现的往往是缩量式的阴跌，也是股价盘低后的筑底时期。因此，投资者在下降矩形出现后可持续观察，等待真正的底部出现。

3. 下降矩形出现时，投资者应当以卖出股票为主，最佳卖点为在矩形整理期间股价上行至矩形上颈线附近时，而一旦下降矩形整理结束，股价跌破下降矩形的下颈线时，往往是最后的逃命机会。

第六章 震荡行情的分时图实战

在震荡行情中,短线的价格会出现较大的起伏,因此,学会看懂分时图,往往有着更为关键的作用,因为股价很多细微的变化都来自分时图。所以,能看懂分时图就显得尤为重要,比如,大盘的分时图和个股的分时图究竟有着怎样的区别?如何根据不同的大盘分时图变化选择买入或卖出个盘?还有,当股价在分时图上呈现什么形态时,是一种买入的信号,什么形态又会是一种卖出股票的信号?以及,如何根据分时图的变化,来进行T+0交易,从而减少投资风险,实现当天获利……因此,从某种意义上讲,分时图是投资者真正决定买或卖的金钥匙。

6.1 如何从分时图看涨跌趋势

6.1.1 大盘分时图行情

大盘分时图往往会透露出许多行情的变化，因为大盘分时图与个股不同，所以要想看懂大盘分时图，就应当先学会如何来看。

比如大盘分时图中的领先线与最新线，以同花顺为例，大盘分时图中有一条黄色的线为领先线，它是在不考虑上市公司发出数量多少的情况下，将所有股票对大盘的影响不含加权数的大盘指数；蓝色线叫最新线，是用来表示上市公司交易所对外公布的大盘走势指数，也就是我们经常说的加权数。如（图6-1）中所示：

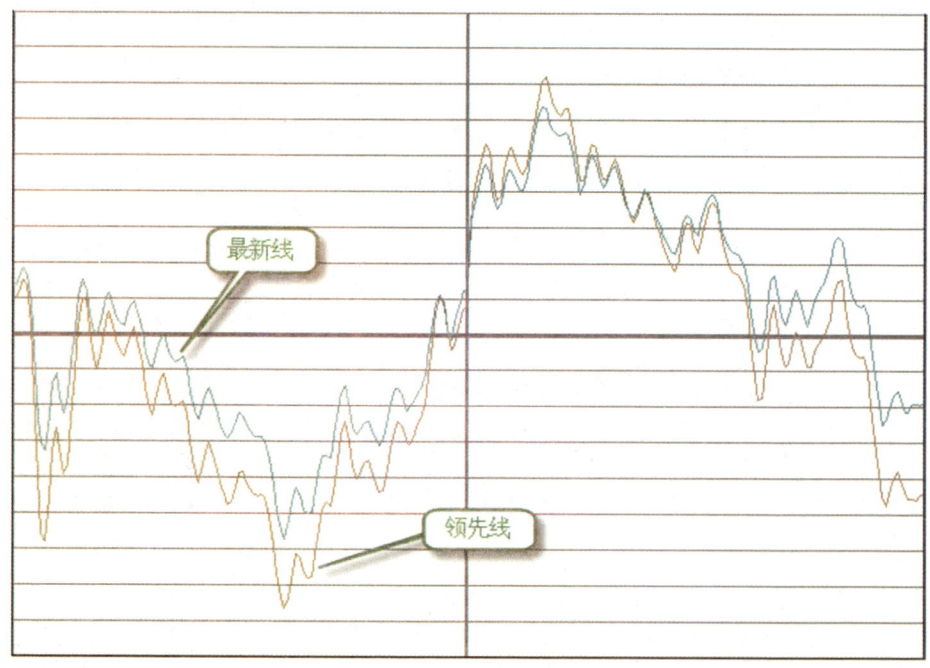

图6-1　上证指数——2015年8月26日分时图

第六章 震荡行情的分时图实战

除此之外，在黄线与蓝线的附近，有着许多类似于MACD指标中的红绿柱，这些红绿柱并不是成交量，而是即时委买与委卖的情况。只是它们像成交量一样都被以图的形式表现了出来，上面的红色柱表达的是这一时间里委买的情况，下面的绿色柱代表的是这一时间里出现的委卖情况。只有在下面的黄绿柱线才是成交量，这一点与个股在分时图上的显示是一样的。如（图6-2）中所示：

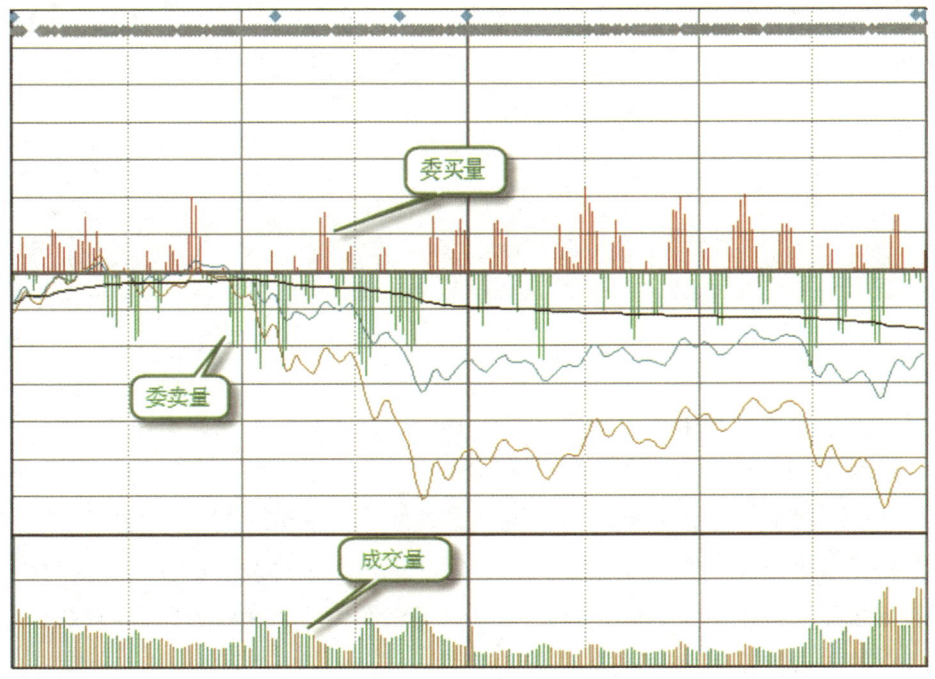

图6-2　上证指数——2015年9月25日分时图

在了解了大盘分时图中的各种指标后，投资者就可以根据分时图上的显示来判断行情了。比如：黄线代表着大盘股，如果黄线在最新线上方运行时，则表明大盘股的涨势要高于小盘股；蓝线代表着小盘股，如果蓝线在领先线上方运行时，就表明小盘股的涨势要高于大盘股。

比如，在2015年7月下旬，大盘尚处于反弹行情中，尽管短期出现了一定回调，但上涨行情还未结束，如（图6-3）中所示：

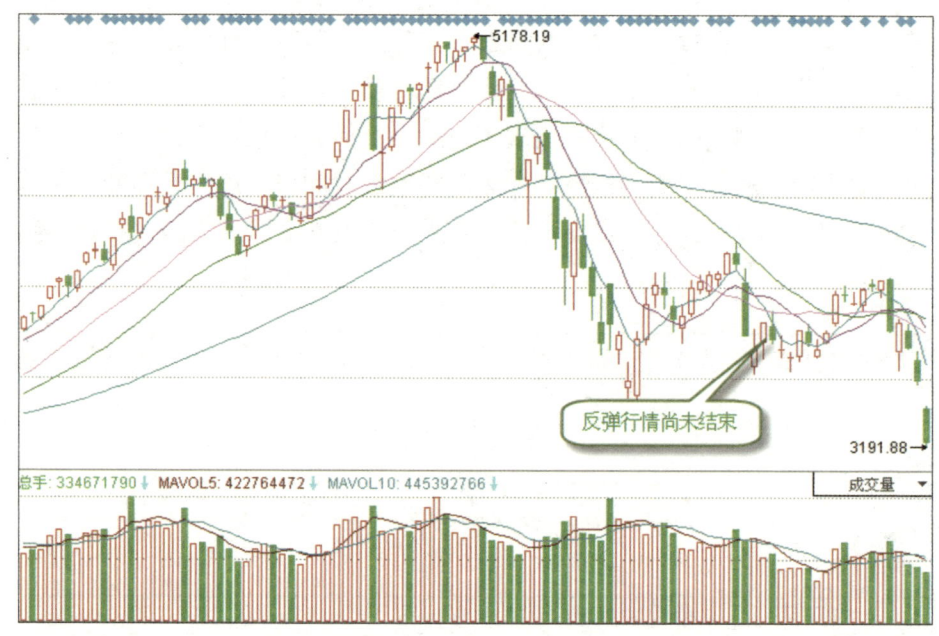

图 6-3 上证指数——2015 年 4 月至 8 月日线图

在了解了日线上大盘指数运行的趋势后，此时就可以来看一下分时图上的情况了。比如，在 2015 年 7 月 29 日，在走低短期底部后的次日，开盘成交量较大，上证指数出现了回调，其后成交量出现缩减，指数调整的趋势趋缓，这说明调整不会太大。午后开盘，卖盘再次出现放大，大盘指数出现了一波下调，但幅度并不大，当成交量突然出现放大并呈阳性时，此时投资者就可以及时跟进了。

那么，如何来选择股票呢？如（图 6-4）中所示，领先线在大盘出现上涨时是在最新线之上运行的，这说明盘中是以大盘股为主导的行情，因此，此时投资者应当在盘中去选择那些大盘股来操作。

实战要点：

1. 首先投资者要明白大盘分时图上的各种指标的含义，这样才能够根据指标的变化来分析行情的变化。

2. 不同的大盘分时图形态，往往有着不同的意义，投资者应当根据大盘分时图上的不同形态来分析行情。

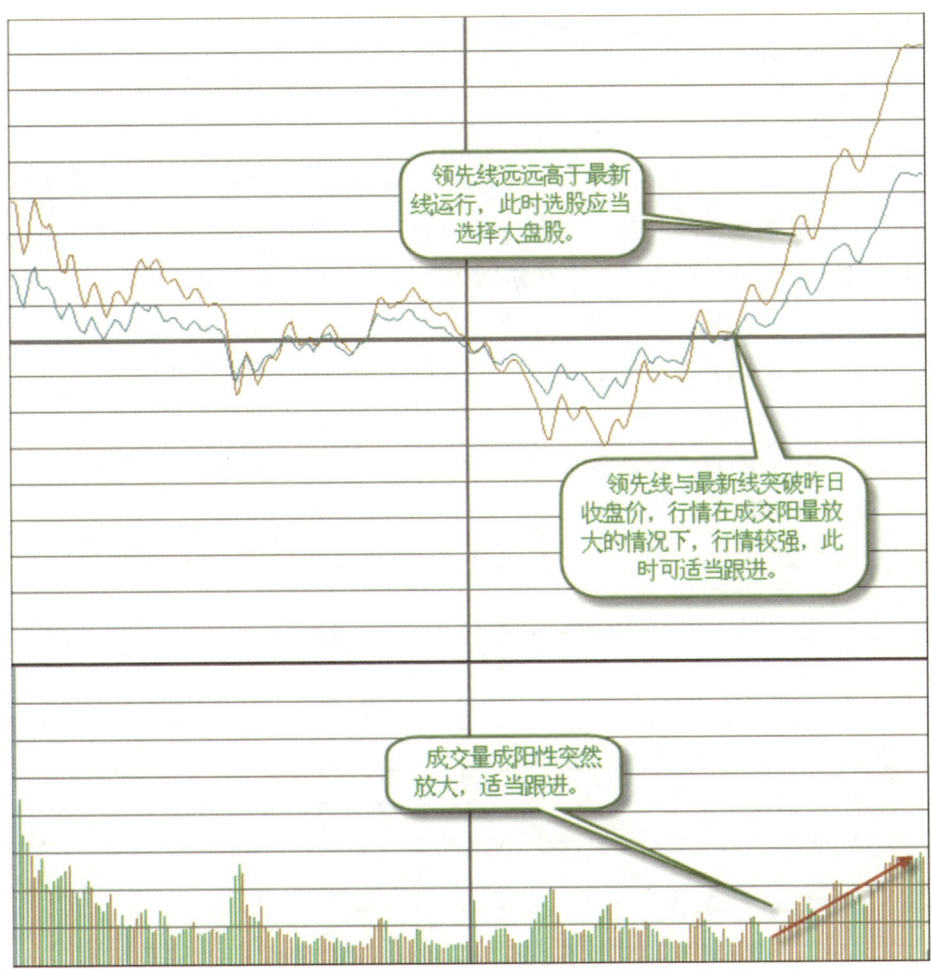

图 6-4 上证指数——2015 年 7 月 29 日分时图

3.利用大盘分时图来研判行情时,首先一定要从日线图上判断出大盘运行的趋势,因为不同的趋势下短线操作的策略也不相同,所以不能只看到大盘涨就买、跌就卖。

6.1.2 从涨跌角度看行情

不同的涨跌角度,往往代表着未来股价的不同运行趋势。因此,投资者在观察分时图时,一定要学会从涨跌的角度来判断行情的强弱,这样才能收益良多，或是及时避免被套的风险。

上涨时的角度

通常来说，当股价上涨时的角度较大时，往往说明股价上涨的幅度也会大，是处于强势的股票。因此，当股价正处于震荡调整后的上涨行情时，投资者一定要选择买入那些上涨角度大的股票，这样收益才会多。

比如，九州通（600998）在 2015 年 7 月 31 日以低开的方式开盘后，在股价结束下跌后发起的反弹过程中，每一次出现上涨时的角度都是很大的，超过了 60 度，这说明，这只股票的上涨幅度在其后的反弹行情中会快而大，因此投资者在选择股票时，应当选择这种上涨角度大的股票来操作。如（图 6-5）中所示：

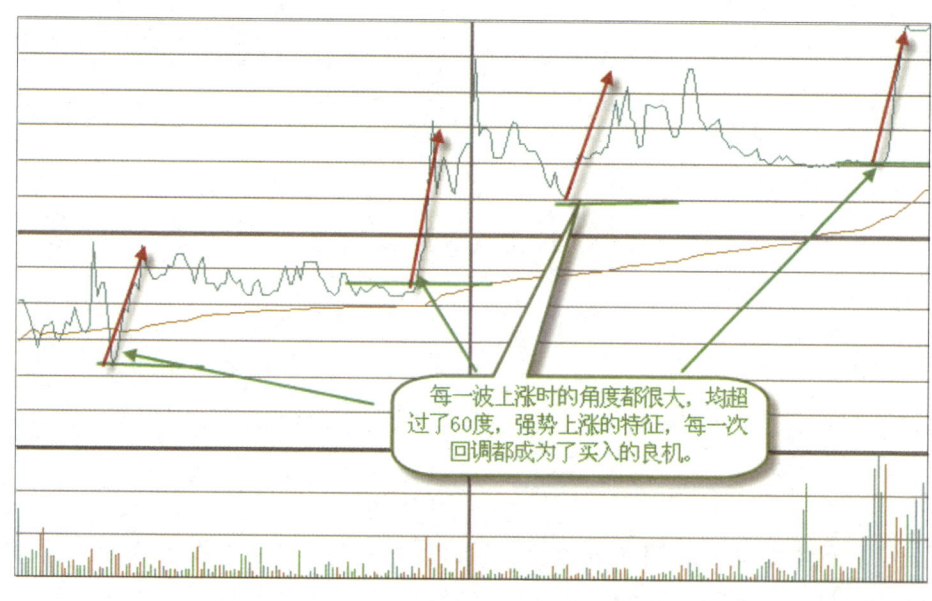

图 6-5　九州通——2015 年 7 月 31 日分时图

下跌时的角度

当股价出现下跌时，往往下跌时的角度不同，未来行情的演变也会不同。并且，不同趋势里的下跌角度代表着不同的行情。

第六章 震荡行情的分时图实战

例如，上海佳豪（300008）在2014年2月25日曾出现过这种情况。当时股价处于震荡上涨的行情，但当股价运行于高位后，在2月25日却出现了高位震荡后快速下跌的情况，如此大的下跌角度，并放出巨量，这说明股价呈现出冲高回落的走势，后市会出现继续调整。因此，投资者在这种分时图形态下应当尽早卖出股票。如（图6-6）中所示：

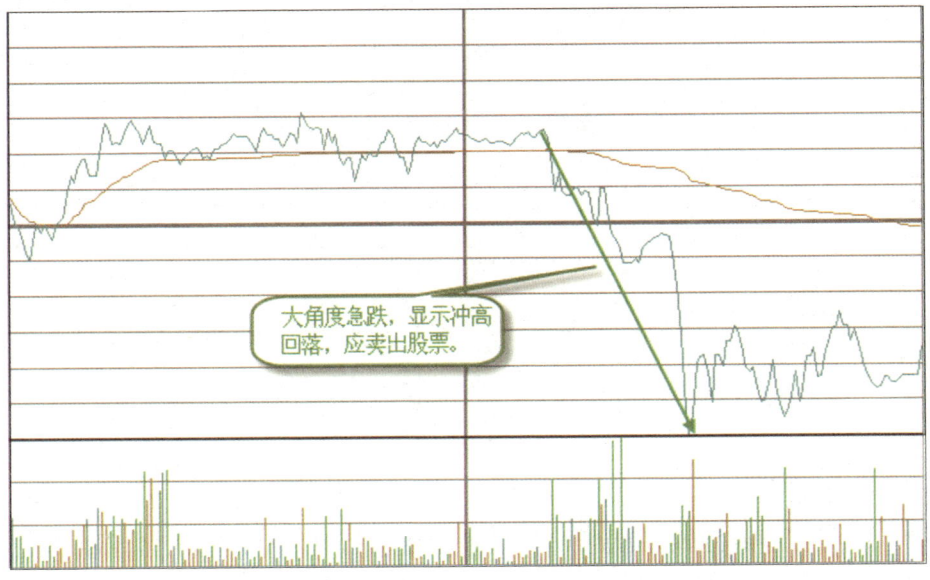

图6-6　上海佳豪——2014年2月25日分时图

同样，在震荡行情中，有时在分时图上，股价下跌的角度并不大，但却呈现出一种盘跌的走势，这种情况往往说明股价正处于弱势下跌的格局，下跌行情会持续不断，因此此时应当卖出股票回避风险。

比如，新宁物流（300013）在2015年8月18日就是这样，股价在略有高开后，出现了震荡下跌，每下一个台阶，就会引发一点反弹，但力度都很弱，就这样直到收盘前，出现了跌停，这说明股价的跌势正在进行中，此时应当卖出股票回避。如（图6-7）中所示：

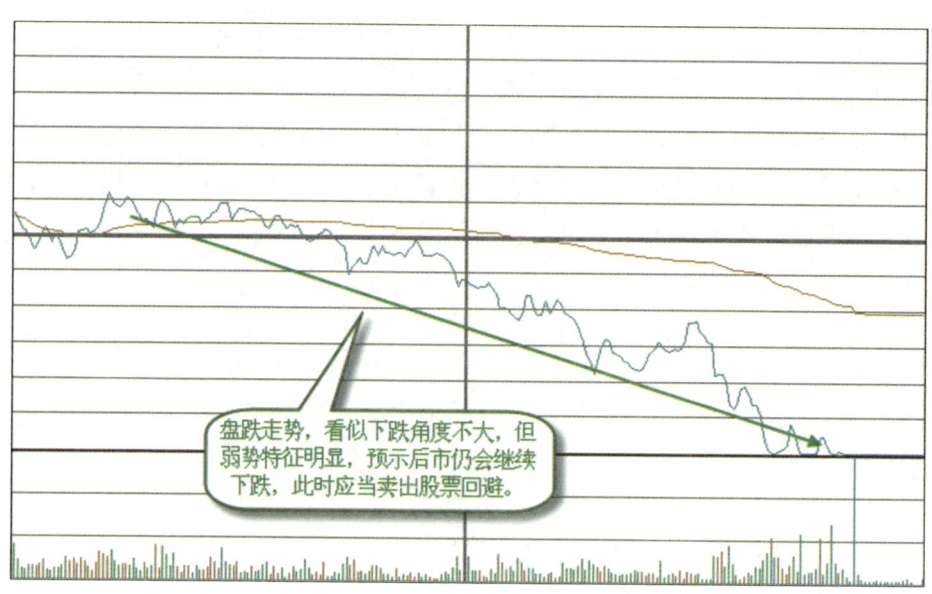

图 6-7　新宁物流——2015 年 8 月 18 日分时图

实战要点：

1. 投资者在从时图上股价的下跌角度看行情的话，往往不应当孤立地来看当日的分时走势，而要结合当时日线上的趋势来判断，这样才能准确。

2. 当股价处于震荡走高时，若出现下跌角度较大的情况时，这说明股价上行遇阻，后市以下跌调整为主，此时当卖出股票。

3. 当股价在分时图上显示上涨的角度较大时，则说明股价会出现反弹，只要在其后不出现大的阴量打压，并反复出现大角度上涨，就应当及时买入。

6.1.3 从反弹价格看行情

当股价在震荡走低后出现反弹时，发现反弹的价格上升较快，则说明股票的反弱强度会更大些。若反弹的价格不大，则说明反弹的强度也会小些，此时应当放弃这种股票，而选择那些反弹价格幅度大的股票买入。

例如，上海凯宝（300039）在2015年7月8日发起的反弹行情中，当日以跌停价开盘，午后封板，并以涨停价收盘，全天上涨的价格幅度达到了20%，这说明此时次展的暴跌反弹行情中，上海凯宝的反弹欲望更强，因此后市涨停必然会超过其他股票，果然，在这一轮反弹中，上海凯宝的股份很快就出现了上涨幅度达100%的高度。因此投资者可在上午股价快速上升至接近涨停时果断买入。如（图6-8）中所示：

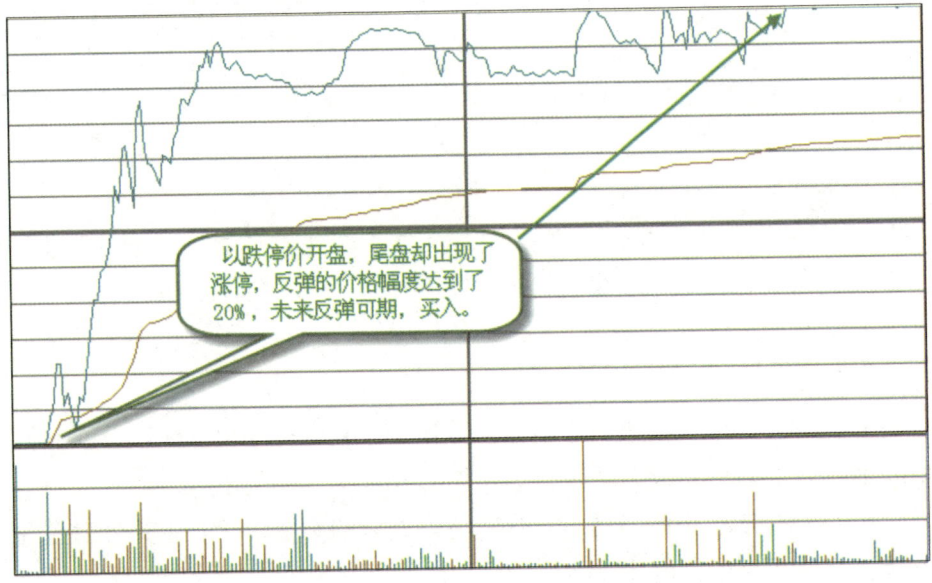

图6-8　上海凯宝——2015年7月8日分时图

同样是在2015年7月8日展开反弹，我们再来看一下宁波华翔（002048），其当日也是以跌停价12.19元开盘的，到收盘却是以15.58元收盘的，开盘与收盘价格相差无几，即使以当日最高价计算，价格上升的幅度也有限，而其后的反弹行情中，其股价最高只冲上了22.56元，即使是以反弹初始的最低价与反弹结束的最高价计算，上涨幅度也仅仅50%。因此，投资者在抢反弹行情时，应当回避当日反弹价格不大的股票。如（图6-9）中所示：

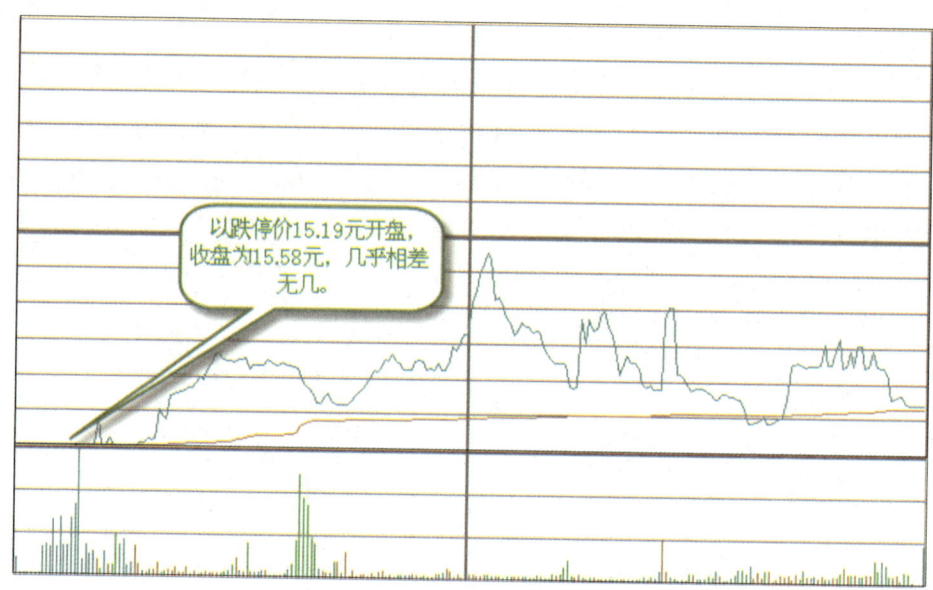

图 6-9　宁波华翔——2015 年 7 月 8 日分时图

实战要点：

1. 反弹初始时反弹价格的多少，直接关系到反弹的幅度大小。因此，投资者在选股时应当根据反弹当日股票价格的大小来决定买入与否。

2. 反弹初期价格的强弱，意味着主力做多的意愿，只有多头势力强的股票，未来反弹的高度才可期。

3. 在同样反弹价格的强弱股票之间，涨停时间短的股票往往后市会出现大幅度的快速反弹。

6.1.4 从回调价格看行情

股价在分时间图上如果出现了回调，行情或许就会发生变化，但回调的时间长短、力度大小及量能变化往往也给未来行情的演变带来了几分不确定性。因此，投资者一定要根据不同的价格回调的时间、力度、量能的变化，来做出相应的投资策略。

例如，中国卫星（600118）在 2015 年 8 月 18 日，当日平开后，股价即出现了回调,但此时调整幅度并不大,以震荡盘跌为主,但股价一直运行于均价线之下,显示弱势。至午后开盘后,股价在成交量不断放大的情况下同现进一步下跌,并在且尾盘时出现了跌停,由此可见,此次下调无论是从时间上,还是下跌的幅度及成交量上,都是很大的。因此,这说明股价后市仍然会出现进一步的回调,所以此时投资者不应当贸然在回调时买入,而应当选择在上午盘跌时先行卖出股票观望。如(图6-10)中所示:

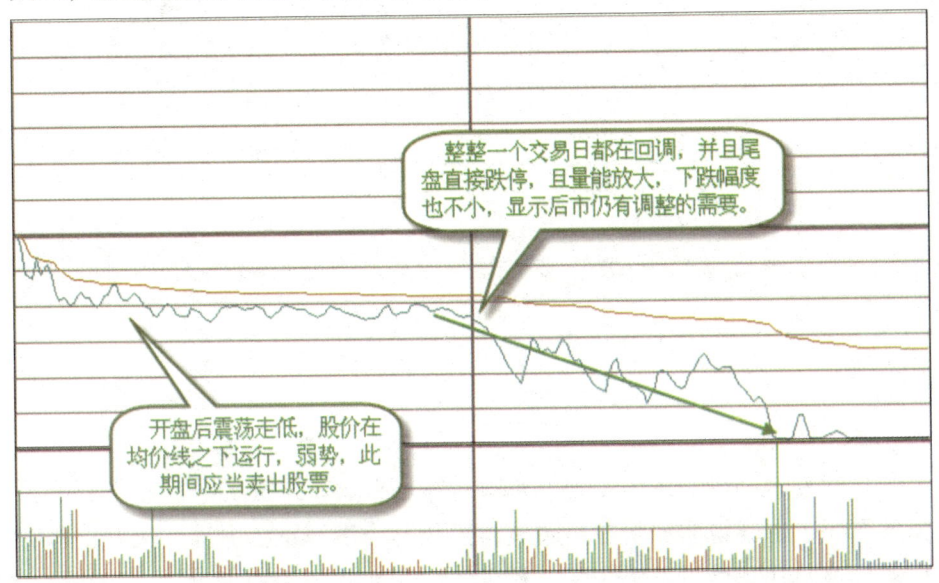

图6-10 中国卫星——2015年8月18日分时图

同样是回调,永鼎股份(600105)却出现了与中国卫星截然相反的情况。比如,在2015年4月16日,虽然永鼎股份以低开的方式出现,显示了当日以回调为主,但是开盘后只略有回调,股价即出现回升,并且很快突破了均价线及时日收盘价。其后,盘中曾多次出现回调,但时间都很短,并且回调时量能也是萎缩的,之后一放量,股价即结束回调,并一路震荡上行。至尾盘时,实然放出巨量,股价出现快速上行,强势特征十分明显。

因此,盘中每一次出现回调时都是买入的良机,但对于稳健型的投资者来说,股价在突破昨日收盘价后为好的买点,而尾盘的放量上涨,更是短线操盘者跟牛股的好机会。如(图6-11)中所示:

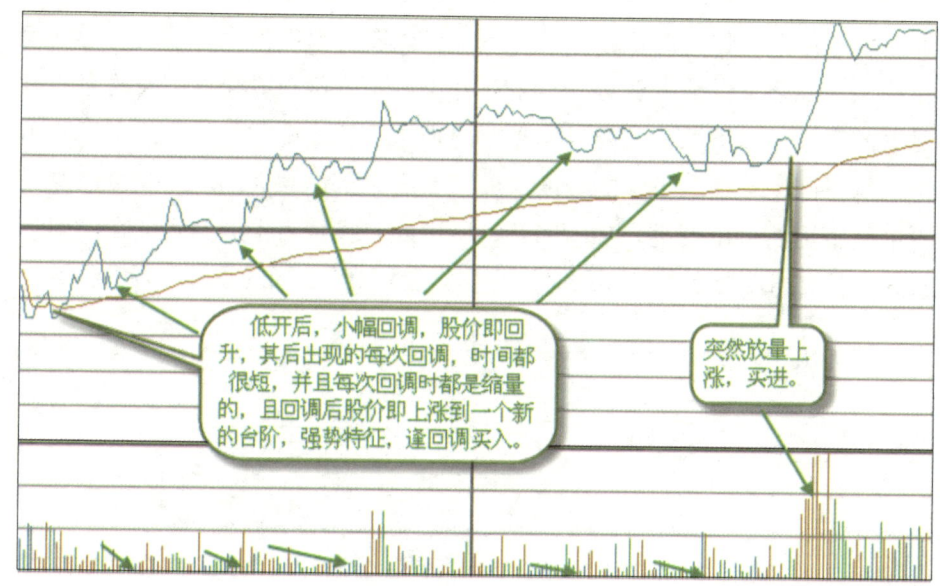

图 6-11　永鼎股份——2015 年 4 月 16 日分时图

实战要点：

1. 弱势回调表明主力不愿股价继续深度调整，来让更多投资者买到更低的筹码，也就说明股价在经过调整后仍然会继续重拾上涨，因此，弱势回调出现回升时是买入的信号，尤其是出现的快速弱势回调。

2. 强势回调往往出现在股票阶段性的顶部，或是下跌中途的反弹过程中，因此，一经出现，应当借反弹及时卖出。

3. 在震荡行情中如果价格回调幅度较小时，如果成交量出现放大，投资者也应当及时回避。

6.2 分时图买入形态

6.2.1 均价线买入形态

分时图上的均价线往往是判断股票强势的一条重要标准，通常而言，股价若是在均价线上方移动,则往往说明股价运行趋势较强,一旦出现股价线线向上远离均价线时,股价即会出现快速上涨,此时,投资者应当及时跟进。

例如,凯瑞德(002072)在 2015 年 7 月 16 日出现的情况,当时,股价正处于反弱行情之中,股价在低开出现瞬间走低,但很快被大单拉起,股价线向上出现远离均价线,并开始上涨,并很快向上突破昨日收盘价。这表明股价尽管短时走低,但反弹的行情依然未结束,投资者应当在股价线向上突破均价线并向上远离均价线时果断买入股票。如(图 6-12)中所示:

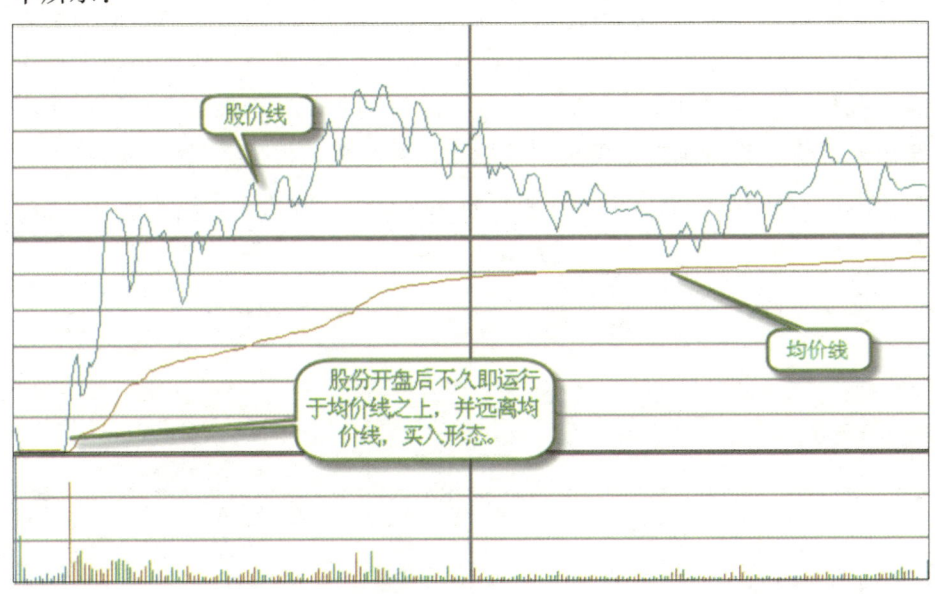

图 6-12　凯瑞德——2015 年 7 月 16 日分时图

实战要点:

1. 均价线往往是股价实际成交的价格,代表着股价真实的走势,一旦股价在均价线之上运行,则说明盘中买盘往往大于卖盘,以至于股价线在上方远离均价线,因此是一种买入股票的形态。

2. 如果股价在均价线之下运行的时间较短,则说明调整的力度及幅度有限。一旦股价线向上突破均价线时,投资者应果断买入。

3. 当股价线向上远离均价线时，这说明买盘远远超过卖盘，致使股价一直处于向上盘升，因此投资者此时应当及时做多。

6.2.2 分时量买入形态

分时量往往能够体现当日的成交量状况，比较典型的例子是量增价升，但经常情况下，这种情形大多发生在单边上涨行情中。在震荡行情中，行情往往起伏不定，但只有出现的量增价升时，才是最为可靠的买入形态。

比如南威软件（603636）在2015年9月16日出现的情况。当日以高开的形式出现，但高开后却出现了震荡，成交量也出现了缩减，其后股价开始上行，成交量也突然放大，其后成交量进一步缩减，股价再次出现了震荡调整，但以横盘震荡的形式出现，这说明股价处于强势中，调整也不愿出现低价，其后成交量再次出现放大，并出现一根顶天量，股价也因此封于涨停。因此，投资者应当在股价再次放量上行时扩时买入股票。如（图6-13）中所示：

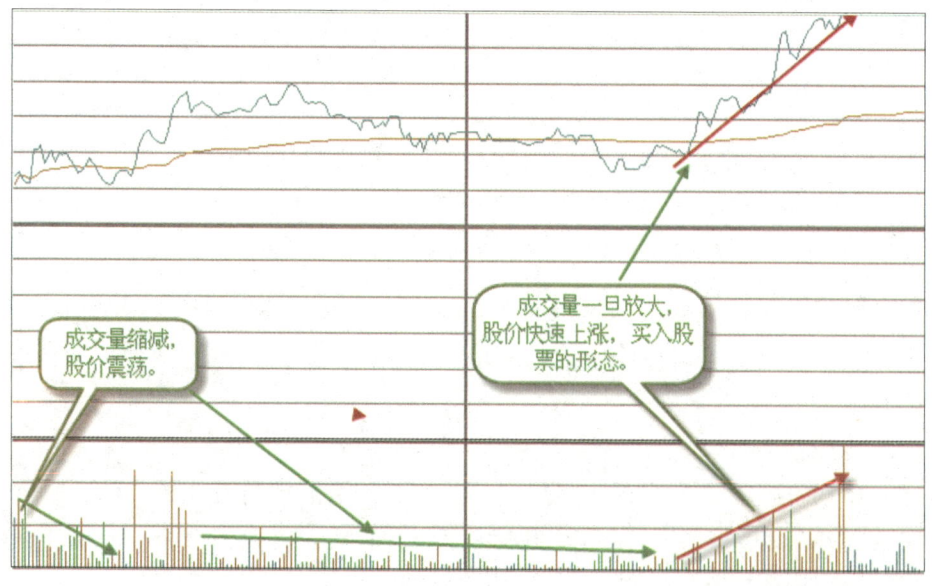

图6-13 南威软件——2015年9月16日分时图

同样，当成交量增加的时候，弱势中的股票同样会实现突破，进而走强，同样需要投资者大胆买入。

比如，华海药业（600521）在 2014 年 3 月 21 日，股价正处于下跌趋势之中，发日略有低开后，股价略有下跌，但成交量却缩减了下来，这说明短时调整已近尾声。午后，成交量开始逐渐放大，股价也走出低谷，在成交量的配合下，出现了快速上涨，尾盘几近涨停。因此，投资者应当在股价突破昨日收盘价回抽确认后买入股票。如（图 6-14）中所示：

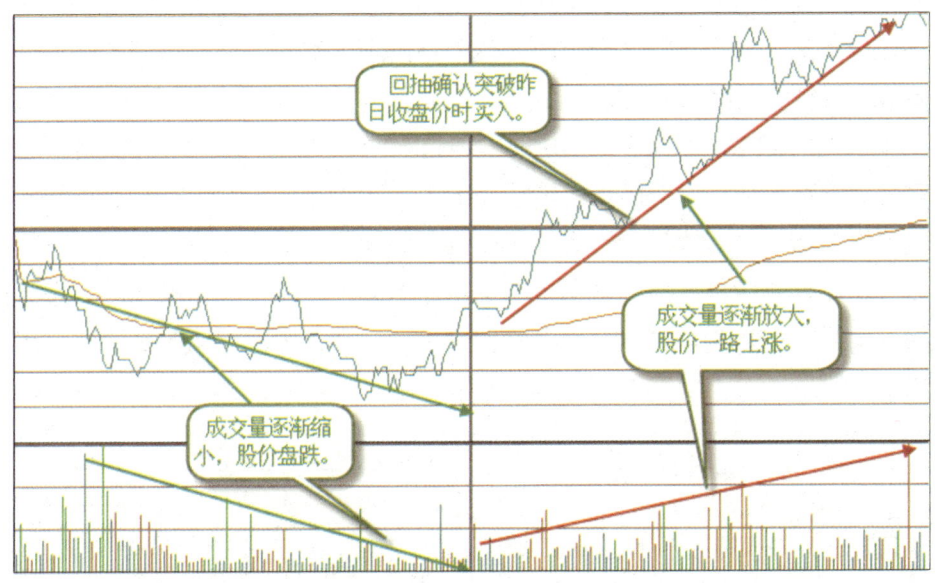

图 6-14　华海药业——2014 年 3 月 21 日分时图

实战要点：

1.根据分时量判断买入形态时，最好结合日线图，从大的运行趋势去把握细微的量能变化，这样才能准确。

2.震荡上行行情中的量增价升，股价往往是位于均价线之上的；震荡下行的量增价升降往往属于弱势，只有在确认股价出现突破昨日收盘价后，方可买入。

3.当下跌末端或是上涨初期，此时的分时图成交量往往不够明显，投资者应当结合其他技术指标来研判行情。

6.2.3 趋势买入形态

趋势买入形态指的是，在分时图上，个股始终在昨日收盘价上运行，这表示主力短线做多的意愿较为强大，以至于个股运行趋势一直保持较强的趋势，从而股价始终在昨日收盘价之上运行，即使股价此时与均价线出现缠绕，这说明股价的成交均价往往是真实的，一旦股价脱离均价线，并在均价线之上向上运行，则说明股价即将出现上涨。因此，投资者可根据趋势的强胜，选择买入股票。

东源电器（002074）在2015年8月26日，就表现出了这种强势，当时股价刚刚走低谷，当日以高开形式开盘，即使盘中曾反复出现股价回调，但始终与均价线缠绕运行，这说明股价始终围绕真实成交价运行，且一直运行于昨日收盘价之上，说明主力做多意愿较强，股价一旦出现向上突破均价线后向上远离，则意味着股价即会出现上涨。因此，此时投资者可积极买入股票。如（图6–15）中所示：

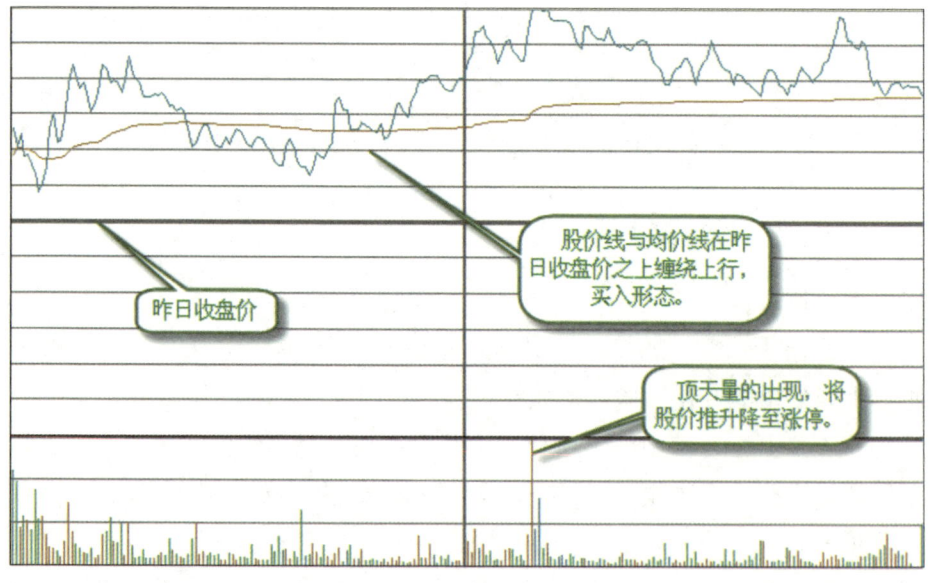

图6–15　东源电器——2015年8月26日分时图

实战要点：

1. 趋势买入形态，往往是从股价走运行趋势上去判断，但趋势有时不够明朗时，应当结合 K 线或其他技术指标来综合判断。

2. 在运用趋势判断分时行情的时候，均线价及昨日收盘价往往是判断趋势运行的主要参照指标，通常情况下，只有运行于其上的股价线，才是强势的买入形态。

3. 很多时候，在运用趋势来判断买入的时候，成交量的变化往往起着关键的作用，尤其是低位震荡时，若成交量出现缩减，往往行情可信度不高，应当引起注意。

6.3 分时图卖出形态

6.3.1 均价线卖出形态

在分时图上，投资者不仅可以根据均价线来决定买入股票，同时，也可以根据分时图的显示，决定卖出股票。因为当股价运行于均价线之下的时候，代表着市场正处于弱市运行，此时就应当以卖出股票为主了。

例如，天士力（600535）于 2015 年 6 月 26 日，在分时图上就显示出，股价在低开后出现低走的势，并且股价始终位于均价线下方，这说明盘中卖盘要超过买盘，上午开盘后股价离均价线并不远，但是当股价出现在均价线下方并逐渐远离均价线时，则盘中股价随即出现快速的下跌。因此，投资者可在分时图上看出，股价在均价线下方运行时间较久时应选择卖出股票。如（图 6-16）中所示：

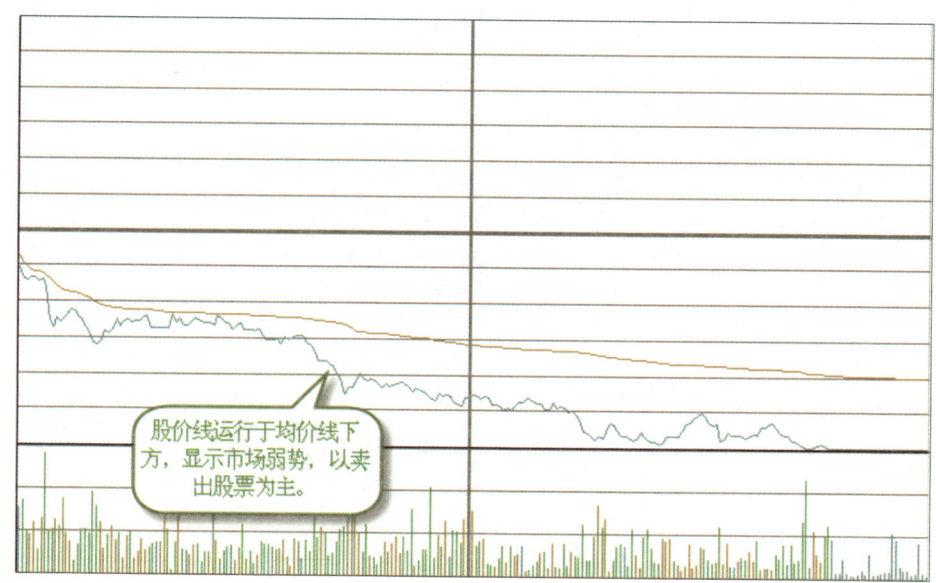

图 6-16 天士力——2015 年 6 月 26 日分时图

另外,即使是股价在均价线上方运行,但如果形成了顶部形态时,同样需要以卖出股票为主。因为顶部形态形成后,股价在其后往往会出现震荡下跌。

比如,中国石化(600028)于 2015 年 7 月 7 日,尽管股价此时处于反弹之中,当时开盘后出现了快速上冲,但在高位区却形成了一种关于圆弧顶的头部形态,并在午后收盘前从顶部划落,股价一举跌破了均价线,呈现出一种冲高回落的走势,并于午后一直在均价线下方运行,这说明股价处于冲高回落的走势,一旦股价向下远离均价线,股价就会出现快速下跌,其后也将以盘跌的方式阴跌。因此,投资者应当及时卖出股票。如(图6-17)中所示:

实战要点:

1. 在震荡行情中,一旦股价长期在均价线之下运行,这表明盘势极弱,股价正处于下跌的过程中,因此,投资者此时应当以卖出股票为主。

2. 当股价从均价线上方运行,并逐渐形成顶部,出现冲高回落并跌破均价线运行时,是一种阶段性见顶的走势,此时应以卖出股票为主。

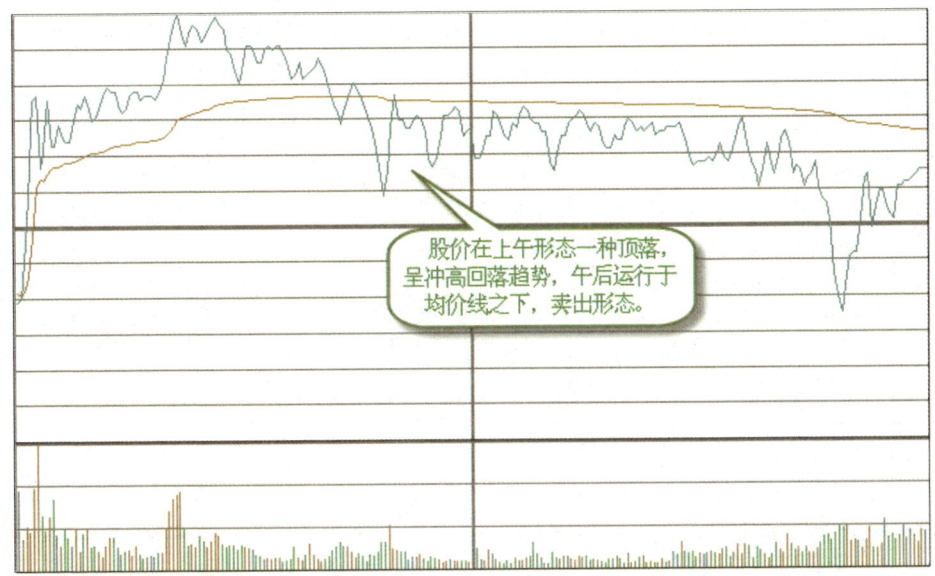

图 6-17　中国石化——2015 年 7 月 7 日分时图

3.股价在均价线下方运行是一种弱势的表现，只有在有效向上突破均价线后，行情才会出现转强，否则应以卖出股票为主。

6.3.2 分时量卖出形态

分时量的不同变化，往往代表着行情的不同演变，因此投资者可以根据盘中分时量的不同变化，判断出未来行情趋势的演变，从而决定卖出或是买入股票。比如，当分时量出现委卖量一增加，股价即随之下跌时，投资者就应当考虑卖出股票了。

例如，天康生物（002100）在 2015 年 8 月 21 日，股价以低开的方式开盘，这说明主回升做多的意愿不是很大，表明股价正处于调整下跌的情况，可是开盘后分时量一直是增长的，股价却出现了横盘震荡的走势，而后成交阴量的出现和放大，这表现盘中的卖盘较大，股价出现了下跌，随后不断出现了成交阴量，股价也一路下跌，至午后突然出现两根长长的顶天阴量，股价一度跌停。尽管随后股价被拉起，但随着成交阴量的不断加大，股价再次出现了下跌，说明盘势极弱，此时投资者应当借盘中出现的反弹，逢高卖出股票了。因为后市股价仍然以阴跌为主。如（图 6-18）中所示：

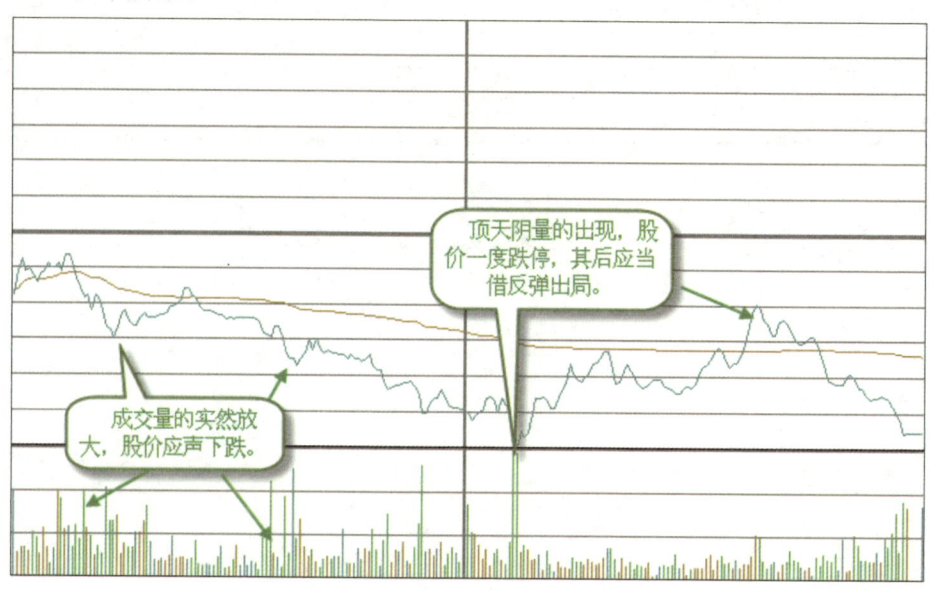

图 6-18　天康生物——2015 年 8 月 21 日

同样，股价在冲高回落的时候，如果分时量上出现成交阴量的放大，则说明股价极有可能短期已见顶，此时同样需要以卖出股票为主。

比如，千金药业（600479）在 2015 年 8 月 18 日，股价略有低开后，曾一度缓慢冲高，但却显出量能略有不足，成交量始终无法跟进，但将近上午收盘时，分时图上形成了缓慢的圆弧顶，此时成交量极度缩减，股价出现回落。至午后，成交阴量突然出现并持续放大，导致股价应声下跌，并在成交阴量的出现后，股价持续下跌，这说明盘势极弱，后市反弹将结束，股价即重新回到下跌趋势，因此，投资者应当在顶部形态出现后，股价缩量下跌时果断卖出股票。如（图 6-19）中所示：

实战要点：

1. 分时量往往代表着当日成交量的变化，一旦盘势属于弱势，成交阴呈阴性放大时，则说明后市仍会持续下跌，投资者应当果断离场。

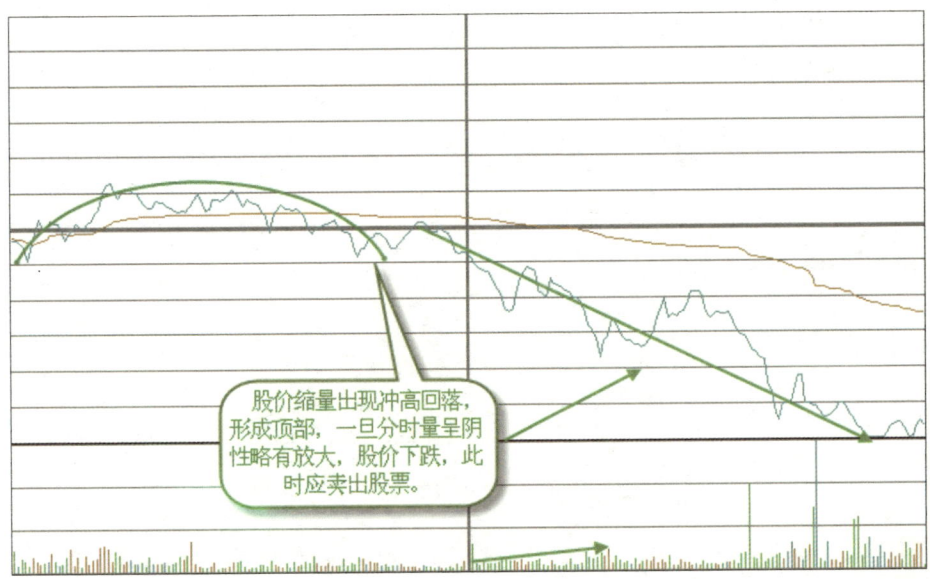

图 6-19　千金药业——2015 年 8 月 18 日分时图

2. 分时图上若已形态头部形态后，而成交阳量又无法得以跟进的情况下，则说明阶段性顶部已经到来，投资者应及时回避。

3. 股价在震荡行情中处于下跌走势，或是阶段性顶部到来之际，成交量往往并不大。一旦放出阴量，后市阴跌的可能性极大，投资者此时应当以卖出股票持币观望为主。

6.3.3 趋势卖出形态

趋势往往主导股票的运行，因此，当趋势好的时候，投资者应当以趋势为主，努力做多；当趋势转为弱势时，投资者就应当根据趋势的演变，及时卖出股票了。

比如，弘业股份（600128）在 2015 年 8 月 18 日，股价正处于反弱弹行情时，突然出现了略有高开后的一路下跌的走势，此时说明盘中做多的动能已经不足，股价将出现回落整理，此时投资者应当果断卖出股票了，如（图 6-20）中所示：

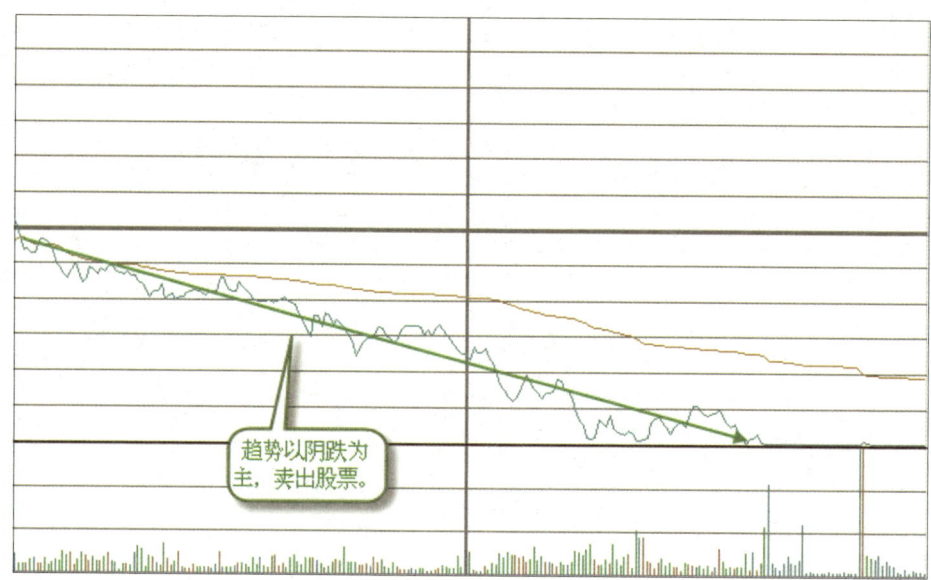

6-20 弘业股份——2015 年 8 月 18 日分时图

同样，当股价出现大幅低开，并一路快速低走时，这说明趋势此时已经完全走坏，投资者需要及时卖出手中的股票，以观望为主。

例如，太极集团（600129）于 2015 年 8 月 24 日，股价正处于下跌走势，当日股价突然以直接跳空低开的方式开盘，并且开盘后股价一路下跌，并放出巨量，这说明盘势此时极弱，趋势已完全走坏，后市仍会以下跌为主，此时投资者应当果断离场，或是采取持币观望的态度。如（图 6-21）中所示：

实战要点：

1. 股价的趋势往往决定着上涨或是下跌，因此，当趋势在分时图上已经明显走坏时，应当果断卖出股票。

2. 当股票在日线上趋势一直很好时，可是在分时图上却突然出现了趋势已经走坏，这说明阶段性顶部即将到来，此时投资者应当及时回避。

3. 如果股价在开盘即显示出弱的趋势，并无力上冲时，则表明趋势已经转弱，投资者应当以回避观望为主。

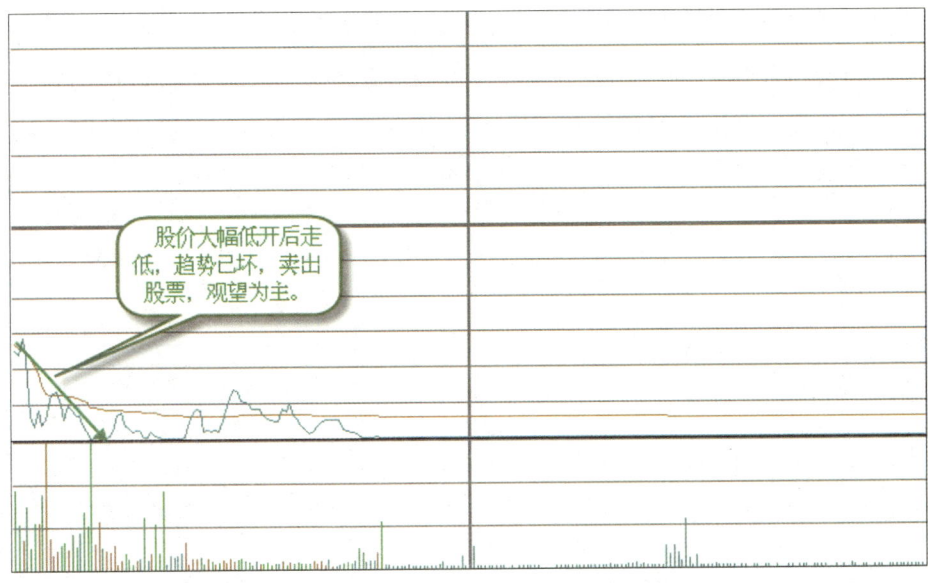

图 6-21　太极集团——2015 年 8 月 24 日分时图

6.4 分时图 T+0 战法

6.6.1 根据均价线寻找买卖点

在震荡行情中，均价线往往成为投资者确定股价强弱的依据，因为事先拥有这只股票的投资者，也可以通过股价线与均价线之间运行的变化，在盘中做 T+0 交易。

正向 T+0 交易

当股价处于震荡行情的震荡向上趋势时，投资者可采取正向交易，此时应当采取先买后卖的 T+0 交易方式。

比如，中青旅（600138）在 2015 年 8 月 11 日出现的情况。当时股价处于震荡行情中的反弹行情中，经开盘略有低开后，股价围绕均价开始震荡整理，股价做横盘整理状态，那么 T+0 交易者可在此期间买入。

当股份放量上行，并一举突破均价线后出现快速涨停，此时应当终结 T+0 交易的，但午后涨停板被打开，尽管再次封于涨停，但说明此时筹码已经出现松动，投资者可在股价远离均价线，并再度封于涨停时卖出。如（图 6-22）中所示：

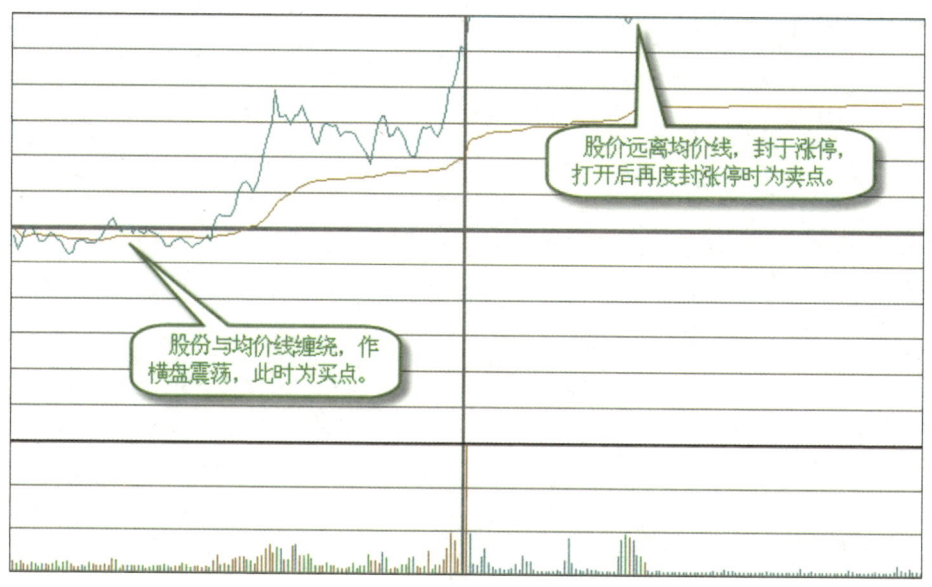

图 6-22　中青旅——2015 年 8 月 11 日分时图

逆向 T+0 交易

逆向 T+0 交易是指当股价在震荡行情中处于震荡下跌的行情时，T+0 交易者此时应当采取先卖后买的 T+0 交易方。

比如，中青旅（600138）在 2015 年 8 月 21 日出现的情况，当时股价正处于震荡向下的行情，此时股价以低开方式开盘，开盘后股价即出现上冲，并向上远离均价线，T+0 交易者可选择在股价向上远离均价线并出现向下回落时先行卖出股票，而其后股价一直于均价线下方运行，显示弱势，当午后开盘不久，出现股价快速向下远离均价结并开始拐头向上时，这说明股价当日调整已经到位，此时应当选择 T+0 买回股票。如（图 6-23）中所示：

第六章 震荡行情的分时图实战

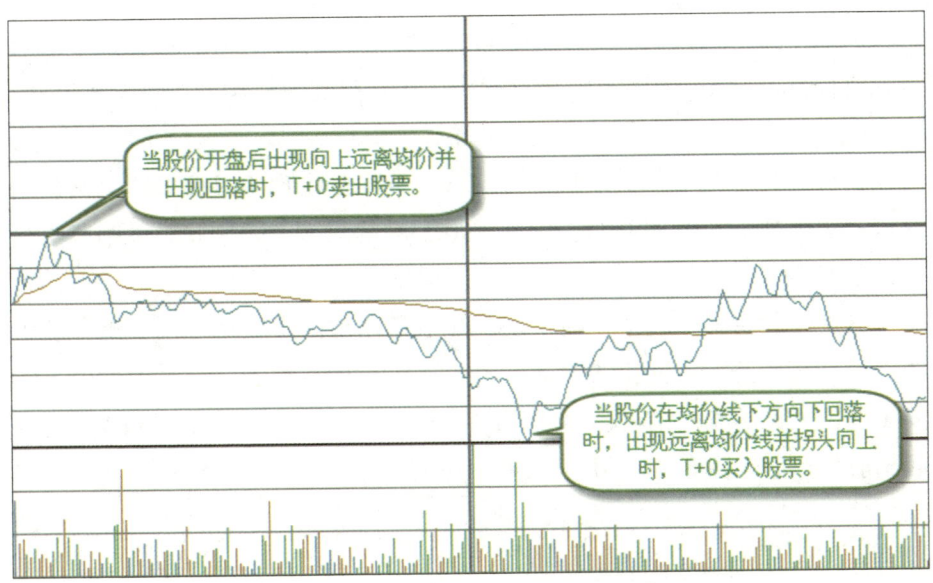

图 6-23 中青旅——2015 年 8 月 21 日分时图

实战要点：

1. 在震荡行情中，在不同的短期运行趋势之下，投资者应当采取不同的 T+0 交易方式。

2. 对于根据均价线交易的 T+0 交易者来说，最佳的买点是当价格线向上突破均价线并出现向上远离后，开始出现向下拐头时，此时往往到达盘中的最高点位置。

3. 对于根据均价线交易的 T+0 交易者来说，最佳的卖点是当价格线向下跌破均价线并出现向下远离后，开始出现向上拐头时，此时往往到达盘中的最低点位置。

6.4.2 KDJ 定买卖点

投资者在利用 KDJ 技术确定股票 T+0 的买点或卖点的时候，KDJ 发出的向上金叉与向下的死叉固然重要，但在运用金叉与死叉判断 T+0 交易的买点与卖点的时候，同时要结合成交量的变化及分时图上的具体情况综合来判断。

例如，中国巨石（600176）在2015年9月16日，当日以高开的方式开盘，这说明行情为上涨中的行情，因此投资者可选择先买后卖的T+0交易方式。当开盘不久后，KDJ即发出低位金叉的买入信号，但事实上股价依然在跌，因此，投资者可在第二次出现低位金叉并成交量出现明显放大的时候，当股价真正出现了止跌回升时，选择T+0交易的买入，因为此时说明股价当日已经基本调整到位。

其后，股价即出现了一波上涨，午后虽略有回落，但很快上涨，股价并一举冲至了涨停，而由于是尾盘涨停，可信度往往不高，加上此时KDJ发出高位死叉的卖出信号，作为T+0交易而言，此时应当选择T+0交易的卖出股票。如（图6-24）中所示：

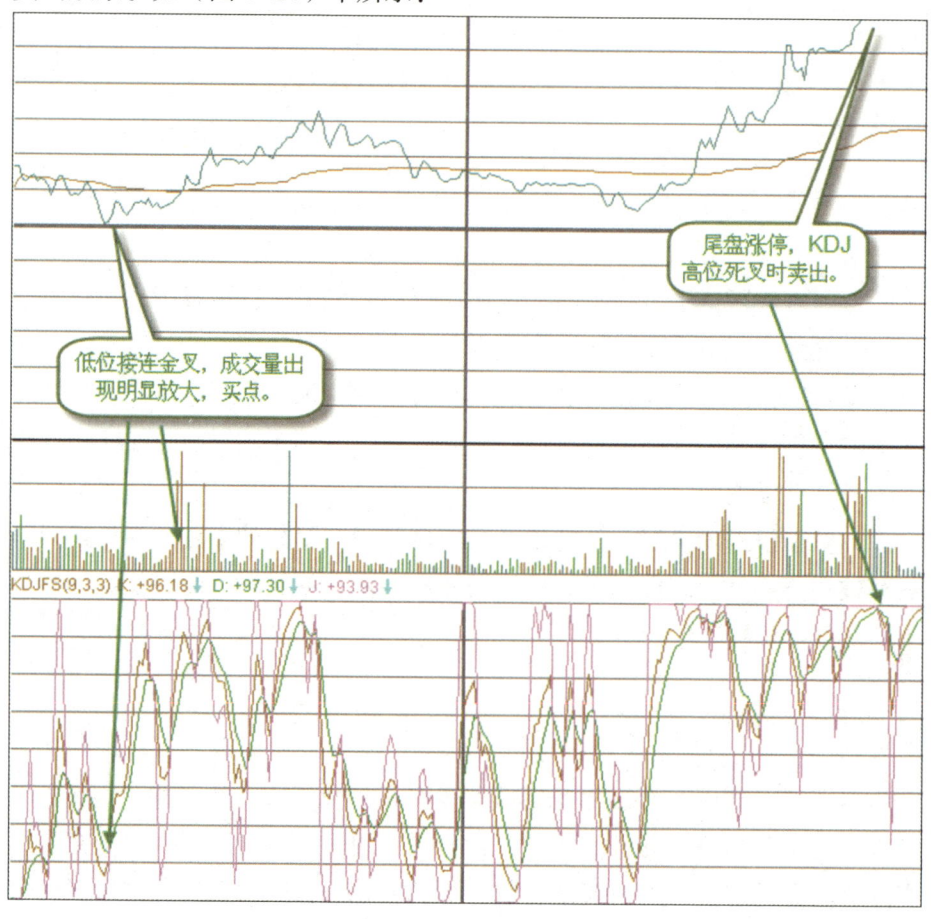

图6-24 中国巨石——2015年9月16日分时图

实战要点：

1. 在利用 KDJ 定买点的时候，当首次出现低位金叉时往往不可信，只有接连两次出现的低位金叉才是准确的买入信号。

2. 在利用 KDJ 定卖点的时候，高位出现的死叉往往不能确定为高点，应当结合成交量、K 线等指标综合判断。

3. 在投资者利用 KDJ 判断分时图上的行情中，KDJ 指标往往不能够较为真实地反映行情，应当根据趋势演变及成交量的变化来判断高点与低点。

6.4.3 MACD 定买卖点

投资者在利用 MACD 技术指标判断分时图上的 T+0 买卖点时，不仅要根据金叉与死叉的提示，同时也要结合 MACD 红柱与绿柱的变化，以及分时量的变化，从而准确确定出 T+0 交易的买点与卖点。

例如，中通客车（000957）2015 年 9 月 10 日，当日高开，延续了之前的反弹走势，但高开之后出现了快速上行，并且成交量此时放出巨量，这说明卖压较大，股价极易冲高回落。此时再观察 MACD 的变化就会发现，MACD 红柱在快速增长的同时，出现了快速下滑，这表明盘中卖方较多，而 DIFF 线冲高后出现拐头向下，此时虽未出现 MACD 高位死叉，但同样需要尽早 T+0 卖出股票，因为种种迹象都表明股价此时在高位区不会停留太久，也缺乏持续上行的动力。

其后，股价果然在 MACD 发出死叉后出现回落，并横盘震荡，成交量也快速缩减下来，午后在成交量持续萎缩的情况下，MACD 屡屡在 0 值附近发出死叉，这说明股价还要跌，此时投资者不要急于进行 T+0 交易的买入。到尾盘 MACD 接连发出低位死叉后，MACD 绿柱在减少之后继续出现放大，而后又出现缩小的时候，这时应当果断进行 T+0 交易的买入。如（图 6-25）中所示：

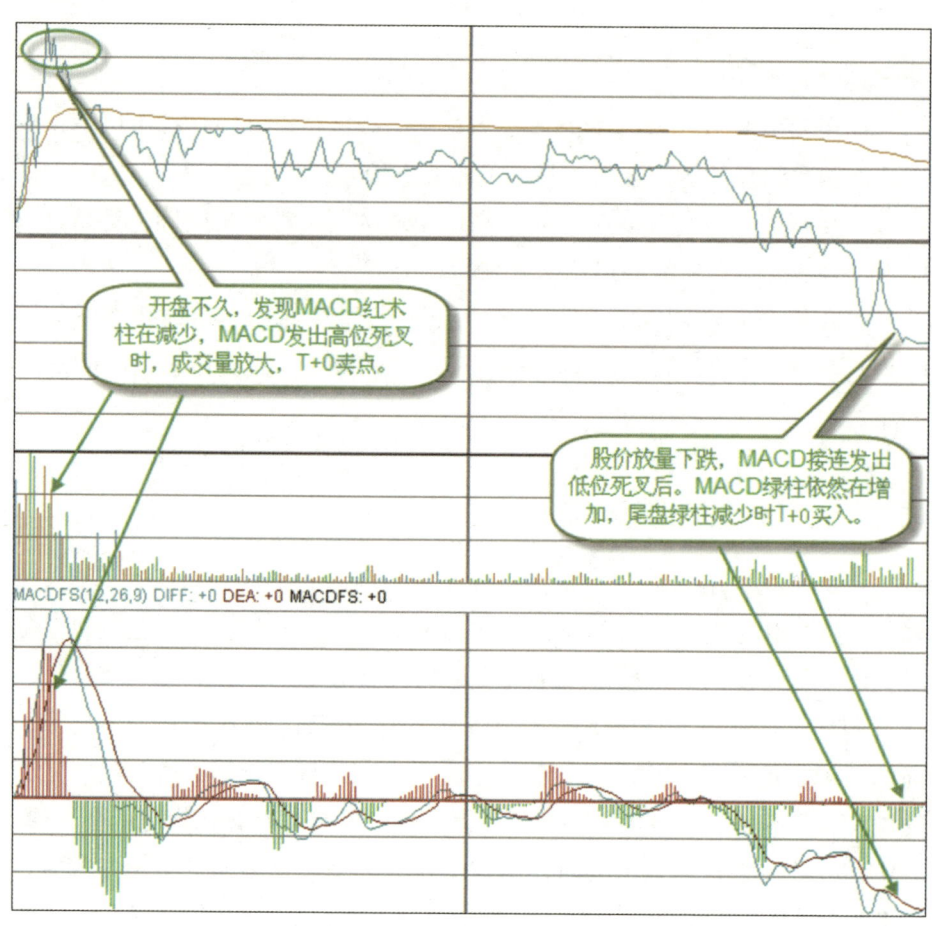

图 6-25　中通客车——2015 年 9 月 10 日

实战要点：

1. 在利用 MACD 死叉确定 T+0 卖点的时候，要结合股价的运行趋势及 MACD 柱的变化来综合判断，当趋势转弱、MACD 红柱减少时，股价往往会冲高回落，一旦成交量突然放大，应当卖出股票。

2. 在利用 MACD 死叉确定 T+0 卖点的时候，不要死叉一出现就买入股票，这样如果是在弱势中，极有可能会买在高点，而应当在接连死叉出现后发现股票跌无可跌时再行买入。

3.MACD 指标量，往往在 DFII 线向上冲高至顶部时，易出现回落。当 DIFF 线在低位出现冲至底端时易反转向上，投资者应当根据趋势把握好高点与低点。

每一只股票都有庄家的存在，即使是再差的股价也有庄家的存在，他们只不过存在实力的差别而已，如庄家是常驻还是采取游击战，是闪电进入还是闪电出来。因此，从某种意义上讲，与其说投资者在通过各种技术去寻找震荡行情的买卖点，倒不如说是在寻找庄家在一只股票上的影子，在力争做到与庄共舞。因为庄家经常在震荡行情中建仓和洗盘，所以投资者有必要了解庄家建仓和洗盘时的特征及庄家所惯用的手法，这样才能够明白股价为什么会出现震荡走高或震荡走低，同时也能够紧跟庄家的步伐，实现火中取栗。同时，也能够明白庄家在什么情况下会设置怎么的"陷阱"，从而避免落入庄家的彀中。

第七章 震荡行情的跟庄实战

7.1 为什么会出现震荡行情

7.1.1 震荡行情都是人为的

当股票跌至很深,已拦腰去半的时候,政策上往往会出现接连的护盘举措,但很多个股出现反弹后往往却无法真正终止跌途。很多投资者都认为,此时的股票已无操作性,甚至会在此时选择卖出股票。其实从价值投资的角度讲,此时的股票往往已具有较大的投资价值了,但是为什么股票依然无法止住跌势而继续震荡下跌呢?

原因很简单。主力要利用此时股市的恐慌氛围,利用股票的继续下跌,制造更大的恐慌氛围以完成洗盘,从而震掉那些低位吃进的筹码,所以往往会让股价人为性地再跌一下,继续保持震荡行情,以便吸食掉更多更低廉的筹码。

例如,科大讯飞(002230)自2010年11月底至2011年6月初,在半年多的时间里,科大讯飞的股价已经经过大跌,从90多元跌至了不到40元,股价已经跌了一半以上,但其后,股价依然出现了震荡下跌。如(图7-1)中所示:

从中可以看出,科大讯飞此时的股价依然出现了震荡下跌的走势,并且从高送转后的5月底至7月底依然出现了下跌,股价从30多元一路跌至了18元多,股价又是几近拦腰去半。

原因很简单,主力是要借此大跌的机会实现低位吸筹,并震掉那些意志不坚定的低位持股者,因此才会让股价出现持续下跌,而其后,主力经历了吸筹、洗盘,股价最终从低位拔地而起,最终实现了上涨。如(图7-2)中所示:

第七章　震荡行情的跟庄实战

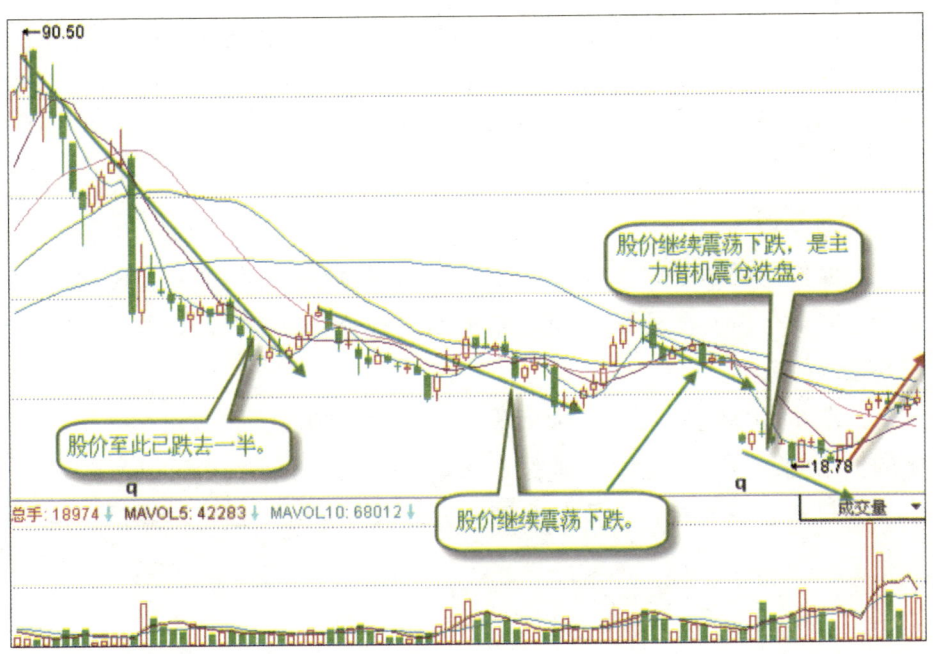

图 7-1　科大讯飞——2010 年 11 月至 2012 年 7 月周线图

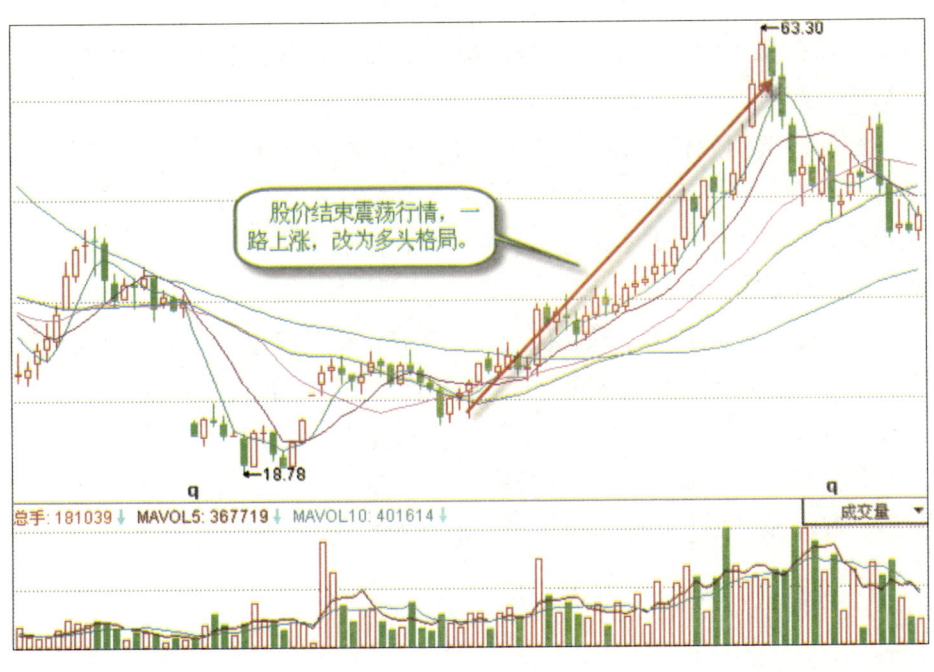

图 7-2　科大讯飞——2012 年 12 月至 2013 年 8 月周线图

因此说，所有在2011年7月至2012年11月科大讯飞出现的震荡行情，事实上都是主力人为造成的，是因建仓、洗盘、震仓所为，目的就是为了建立自2013年开始的多头上涨格局。

实战要点：

1. 股价的震荡下跌，是主力大举抛售股票所致，而主力的低位震仓再走低，完全是为了实现最后的拉升。因此，投资者应当把握好震荡的节奏，实现最终的获利。

2. 股价的震荡行为是主力所为，那么股价的底，也自然是主力砸出来的。因此，投资永远抄不到真正的底，只能买到相对廉价的股票。

3. 投资者只有摸清主力的意图，才能够真正理性地对待震荡行情。

7.1.2 怎样把握震荡行情

震荡行情并不是不能获利的，因为震荡行情中也有高点与低点，所以，投资者要想把握好震荡行情，就必须学会跳准节拍，在高点时选择卖出股票，而在低点时敢于吃进股票。要想做到这一点，就要学会判断行情的起伏。

例如，杭钢股份（600126）自7月20日站上9元之后，其后四天内股价一直在9元上下徘徊，到24日时开盘后出现了一路向下的趋势，这显示此时再也无法向上实现突破，阶段性高点已经到来，因此投资者此时应当卖出股票。

接下来，股价开始下跌，但至8月7日，明显可以看到股价已经企稳后再始震荡向上，因此，此时可以大胆买入股票，而至8月20日，股价出现了冲高回落的走势，此时投资者可以选择卖出股票。

如此反复，投资者可以把握好个股的震荡上行与下行的节拍，在盘中进行反复波段操作，从而实现获利。如（图7-3）中所示：

第七章 震荡行情的跟庄实战

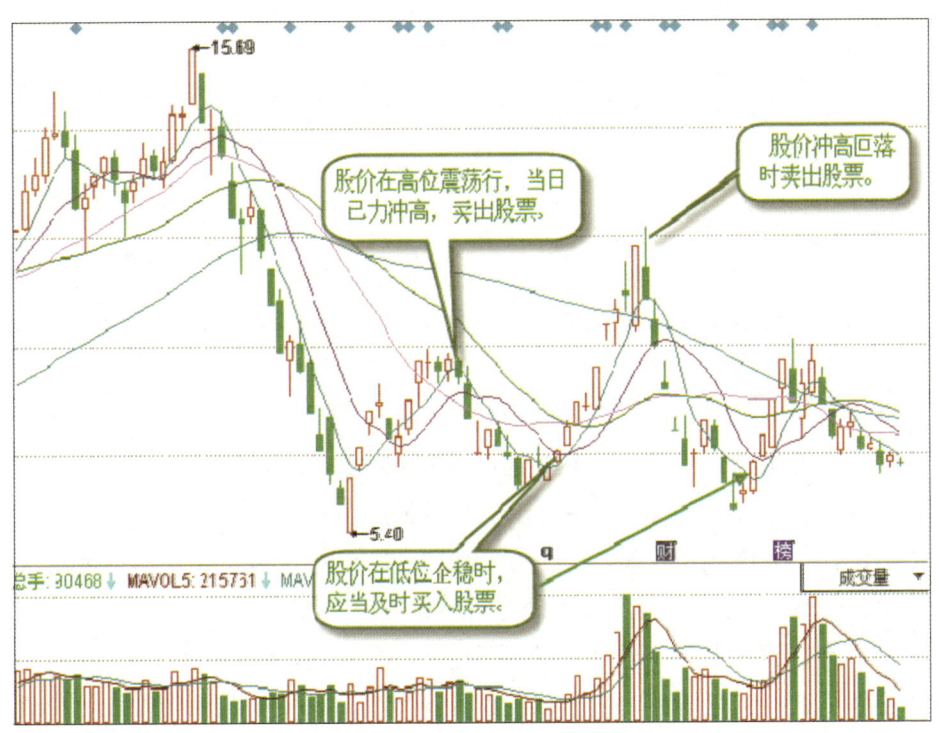

图 7-3　杭钢股份——日线图

实战要点：

1.把握震荡行情的关键，在于把握好波段运行的节拍。只有把握准了波段震荡的节拍，才能卖在高点、买在低点。

2.投资者在判断震荡行情的高、低点时，可以结合K线，或是各种指标，一旦发现股价向下受到了支撑，就应当果断买入，而若是发现上行遇到阻力时，要坚决卖出。

3.把握好震荡行情，要学会波段操作，只有抓住了波段低点，才能选择在高点卖出。在此，当波段低点出现，并企稳后，要敢于买在低点，从而为卖在高点做好准备。

7.2 庄家洗盘时惯用的手法

7.2.1 诱空式洗盘

诱空式洗盘是主力操盘常用的一种手法，目的就是获得大量的低价筹码，所以在K线上往往做出股价要大跌还有很多下跌空间的形态。有时候主力会把股价打得很低，利用散户和中小机构投资者恐惧和害怕的心理，从而获得大量的低价筹码。只有当股价回到原来的价位时，投资者才能明白，原来这所有的打压都是主力诱空的行为。

例如，尤夫股份（002427）在2014年12月初，股价在经历前期的下跌后，突然于12月5日出现了破位下跌，K线上留下了较长的阴线，使很多投资者在恐慌氛围下纷纷卖出手中的股票，但股价下跌到12元左右时却止住了跌，买盘纷起，主力在低位大举收集筹码——从而使得股价出现了一波快速上涨，很多跟风盘涌出，主力借机再次向下打压股价，股价回到12.60元左右，不少不明真相的投资者再次纷纷交出筹码，主力逢低吸纳，使得股价很快得以回升，并很快回到了前期下跌时的位置，但股价未曾停留，而是一举开始了上攻。此时投资者才恍然大悟，原来之前的下跌不是大跌，而是主力在借机诱空式洗盘。如（图7-4）中所示：

实战要点：

1.诱空式洗盘往往发生在股价大跌的末端，此时成交量低下，很多投资者都处于观望之中，主力借进一步打压股价实现低位吸筹，投资者此时应当捂紧股票，不要轻易交出筹码。

2.投资者如果在低位拥有了某只股票，当股价进一步下跌时，只要看看成交量就会明白，下跌过程中量能往往不会放大，但只要接连出现阳量，股价即会出现接连上涨，这说明主力是在借打低股价吸筹。

3.股价若在低位出现再次破位下行时，若能很快回到原来的价位，说明主力是在诱空洗盘,而非真跌,因此即使交出了手中的筹码,也应当及时再买回。

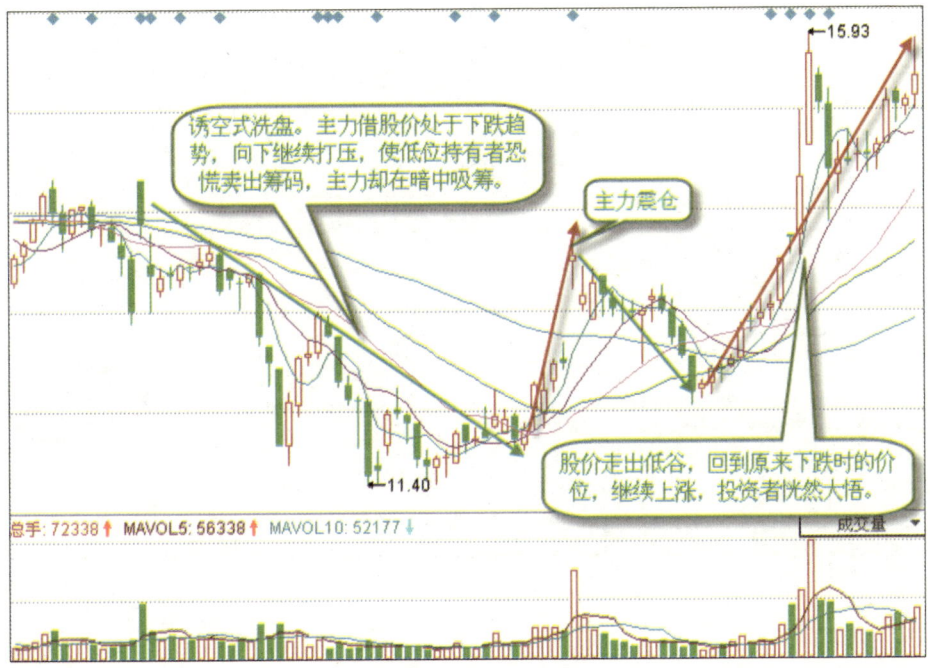

图 7-4　尤夫股份——日线图

7.2.2 涨停板洗盘

涨停板洗盘指的是,当股价从低位起涨起,主力可能因时间的关系,没有过多的时间来洗盘,而是以涨停的方式进行洗盘。所谓涨停方式的洗盘,就是主力快速将股价打至涨停板,但是很快涨停板又被打开,之后又被封死,之后又打开,如此反复数次,当很多低位持有者因恐高心理而交出筹码后,主力吸足了筹码,自然会将股价再次封死在涨停板上。

例如,匹凸匹(600696)在 2015 年 7 月 13 日反弹以来,至 7 月 16 日已经拉出了两个多涨停,为了洗盘,吓走那些低位起来时跟风的筹码,进一步上涨,此时主力采取了涨停式洗盘的方式。如(图 7-5)中所示:

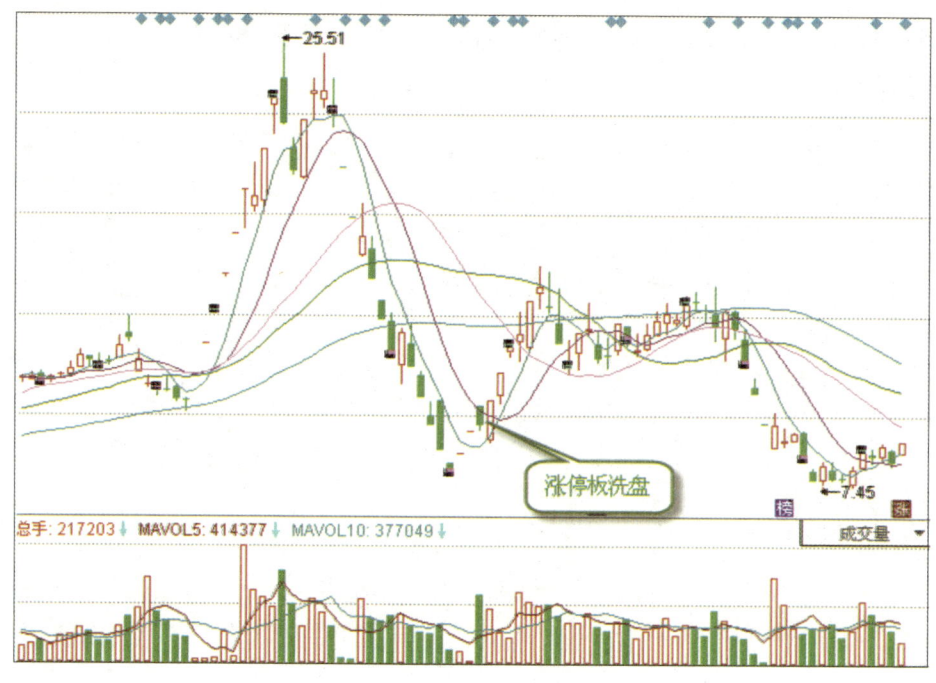

图 7-5　匹凸匹——日线图

此时，股价已经短期上涨过大，所以主力就此展开了涨停式洗盘。当日低开后，股价很快冲至了涨停，上涨角度超过了 60 度，时间只用了不到半小时。但很快，涨停板被打开，股价出现了一波下滑，不少低位吃进者此时因恐高心理使然而卖出了股票。其后，股价再次封于涨停，但仍然有不少卖单涌出，涨停板再度被打开，并很快封于涨停。

午后，涨停板曾两度被打开，但很快再次封于涨停。由此，主力洗盘的目的再明显不过。但主力之所以如此做，主要是反弹的时间较短，为了甩掉那些低位吃进者，所以才不断打开了涨停板，如（图 7-6）中所示：

其后短短 5 个交易日，股价上涨了近 50%，如（图 7-5）中所示。因此，投资者应当在主力打开涨停洗盘之际，果断买入股票。

实战要点：

1.涨停式洗盘大多出现在短期上涨行情中，是主力为了甩掉短线获利者而采取的一种快速洗盘方式，往往利用的是投资者面对跌势的恐高心理。

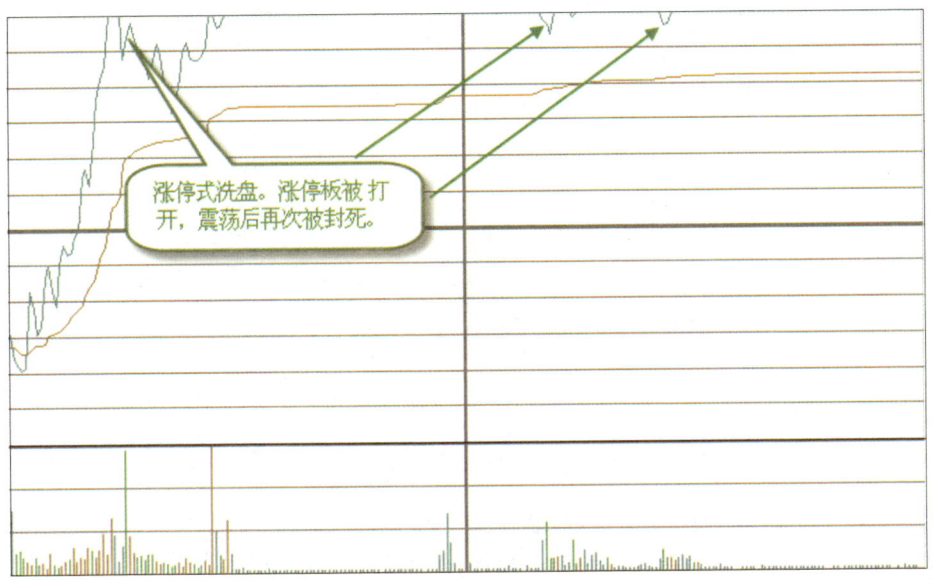

图 7-6 匹凸匹——2015 年 7 月 16 日分时图

2. 识别主力涨停式洗盘，则股价必须在上涨或反弹初期，如出现在高位的涨停打开，则极有可能是主力借涨停板出货时的征兆。

3. 主力借涨停式洗盘之际，往往不会爆出大量，因为，此时主力以吃货为主，不可能有大单出现，因此，此时卖出的均为中小散户投资者。并且，洗盘一旦结束，股价会再次封死于涨停板。

7.2.3 跌停板洗盘

跌停式洗盘，往往是主力借股价的下跌趋势，将股价打压到跌停板附近，股价不时以跌停价出现，被打至跌停价，但又不能封死在跌停价下，这使得很多意志不坚定者纷纷卖出手中的股票，而主力却在暗中照单全收。次日，股价却出现了快速上涨……

比如，英特集团（000411）在 2015 年 8 月 3 日就曾出现过种情况，当时，股价正处于震荡行情中的下跌趋势之中，当日以接近跌停价的 18.07 元收盘，如（图 7-7）所示：

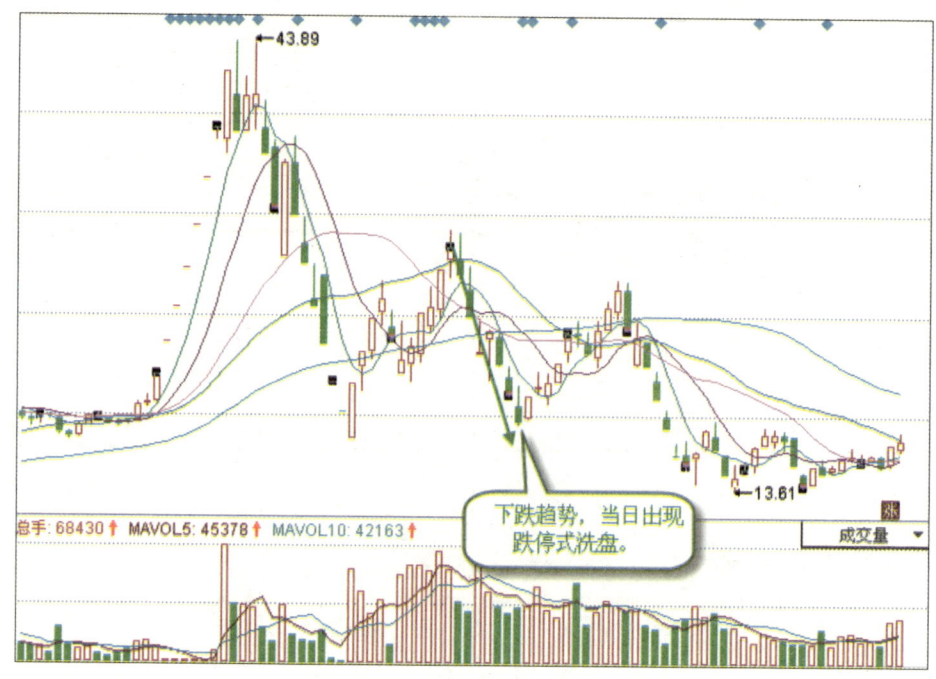

图 7-7　英特集团——日线图

在 2015 年 8 月 3 日，股价以低开的方式开盘，略有上冲后出现回落，午后出现进一步下跌，显示出动能不足。在接近收盘前，股价被打压至收盘价附近，数次接近了跌停价，甚至到了跌停价，但总也封不死跌停板，并伴有大的买单出现，这显示主力有意不让股价跌停，而是在跌停价附近大肆吸食筹码，以至于尾盘股价出现了微涨。如（图 7-8）中所示：

次日，英特集团出现了高开震荡后的大举走高，午后早早封于涨停，如（图 7-7）中所示，其后短短半个月的时间，股价上涨幅度达到了 50%。

实战要点：

1. 跌停式洗盘往往是主力借股价下跌趋势而采用的进一步打压股价的洗盘方式，是为了日后的拉升，因此投资者一经发现应果断买入股票。

2. 判断主力是不是在借跌停洗盘，要看股价是不是在跌停位上总也跌不停，并且要在下降趋势的末端出现，才更可信。

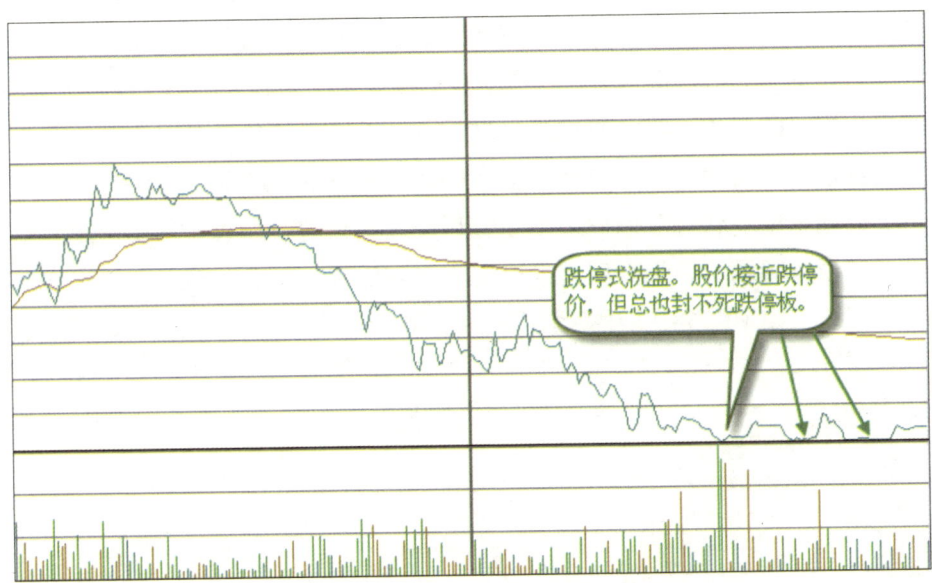

图 7-8　英特集团—2015 年 8 月 3 日分时图

3. 如投资者当天无法确认主力是在借跌停洗盘，一旦跌停式洗盘出现后，次日往往会高开高走，投资者此时可果断买入。

7.3 如何识破庄家的陷阱

7.3.1 大阳线陷阱

大阳线陷阱指的是，当股价处于跌势中时，主力在 K 线上出现了一根较长的阳线，并伴有大的成交阳量出现，让很多投资者误以为股价已企稳，并出现回升，可实际上，股价在此位置短暂停留后，并没有出现多少升幅，只是略有抵抗之后，继续了下跌的趋势。这是因为，主力在借这根大阳线的出现，高位套牢那些短线跟风者，借机实现出货所致。因此，当 K 线上出现这种大阳线时，投资者就要警觉了。

例如，天士力（600535）在 2015 年 7 月 9 日、10 日及 13 日这三个交易日，就出现了三根这种大阳线，并伴有超大的成交量，单看起来，第一根大阳线的出现，其涨幅都很可观，可如果将三根大阳线加起来一算，就会发现，三根大阳线的出现，股价涨幅也不过30%，而其后股价却是一直处于上下震荡行情中，因为主力不仅在大根大阳线出现时借高位出货，同时在其后也一直处于出货状态，因此才有了其后的震荡走势。所以，K线上尽管出现了三根大阳线，股价其后并未出现上涨与反转，反而在震荡之后出现了快速下跌。如（图7-9）中所示：

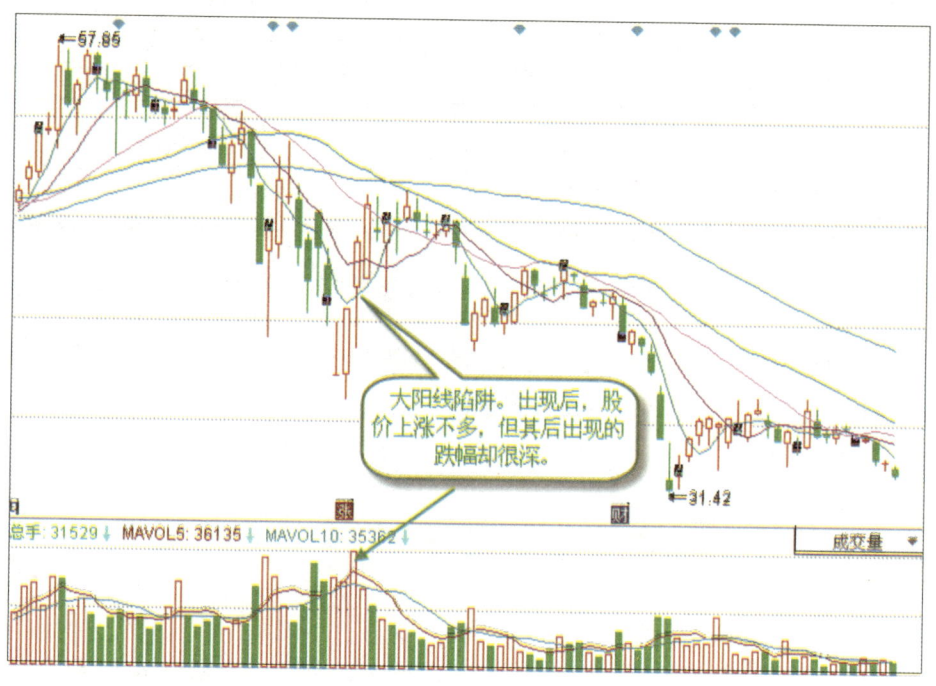

图7-9　天士力——日线图

随后，股价在下跌到一个新的低位后，继续震荡，最终出现了快速下跌，因为主力一直在借股价的高位出货。因此，投资者见到这种下跌途中的大阳线，或是震荡行情中高位的大阳线并伴有大量出现时，应当引起警觉。

实战要点：

1.大阳线的出现，本是股价即将拉升前的征兆，但往往因主力的介入，人为地制造出了一种上涨的假象,所以投资者一经发现,就应当采取卖出股票回避的态度。

2. 大阳线伴有大量的出现,是股价阶段性高点到来前的征兆,也是主力借机出货的信号,因为主力若真正拉升股票,即使出现大阳线,也不会伴有大量的。

3. 大阳线伴有大量,若出现在股价起涨阶段时,是上涨前的征兆,因此,投资者在判断大阳线是否为主力陷阱时,应考虑其出现时的位置。

7.3.2 大阴线陷阱

大阴线陷阱指的是,主力机构利用投资者的恐慌抛售心理,趁机建仓拉升。

例如,贵州百灵(002424)在 2014 年 4 月 25 3 和 28 日就曾出现过种大阴线。如(图 7-10)中所示:

图 7-10 贵州百灵——日线图

实战要点：

1. 大阴线陷阱往往会出现在震荡行情的低位区，是主力借机砸盘的象征，是为了借助当时的恐慌氛围进一步打压股价，以实现低位承接筹码的目的。因此，若大阴线出现在低位区时，投资者应当观望后市的情况而决定买入。

2. 大阴线陷阱出现时，往往是在下跌末端，因此成交量尽管看起来有所放大，但其出现后则多为阳量，是主力大举买入股票的信号。

3. 如果大阴线是出现在阶段性高点时，是主力快速出货的象征，此时应当回避。因此，分辨是否是大阴线陷阱，应当视股价当时的位置而定。

7.3.3 阴包阳陷阱

阴包阳陷阱指的是，当股价经过连续下跌后，出现了短暂反弹，并在前一天收出一根阳线，次日顺势高开后却因获利回吐压力沉重，抛盘源源不断地涌出，买方放弃抵抗，接盘稀少，导致股价出现持续向下，并最终以低于前一阳线开盘价的价位收盘，一口吞掉前一天的阳线，如此便形成阴包阳之势，这预示着今天的阴线将昨日的阳线全部吞没了。主力在拉高股价并在高位出货之时经常会出现这种形态，投资者应当重视。

例如，东易日盛（002713）在2015年4月7日与4月8日就出现过这种形态。当时，股价正处于震荡下跌趋势，突然出现了止跌回升，股价开始出现反弹。在4月7日突然出现了一根长阳线，延续了之前的上涨趋势，但在4月8日却出现了一根阴线，将昨日的上涨全部吞没了，从而形成了阴包阳形态。如（图7-11）中所示：

在阴包阳形态形成的第二天，股价开始延续了昨日的走势，直接以高开的形式开盘，但高开后并没有出现继续上冲，而是一路出现了下跌，多方毫无抵抗之力，这显示主力是在借股价被拉升至高位出货，使得股价远远收在了昨日收盘价之下，因此投资者应当果断离场。如（图7-12）中所示：

第七章 震荡行情的跟庄实战

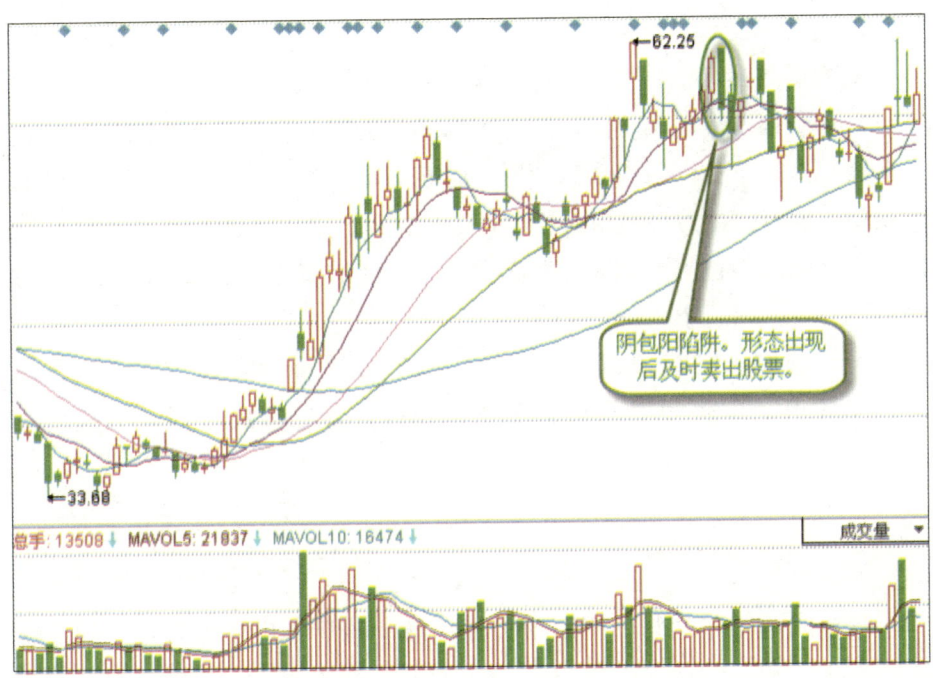

图 7-11 东易日盛——日线图

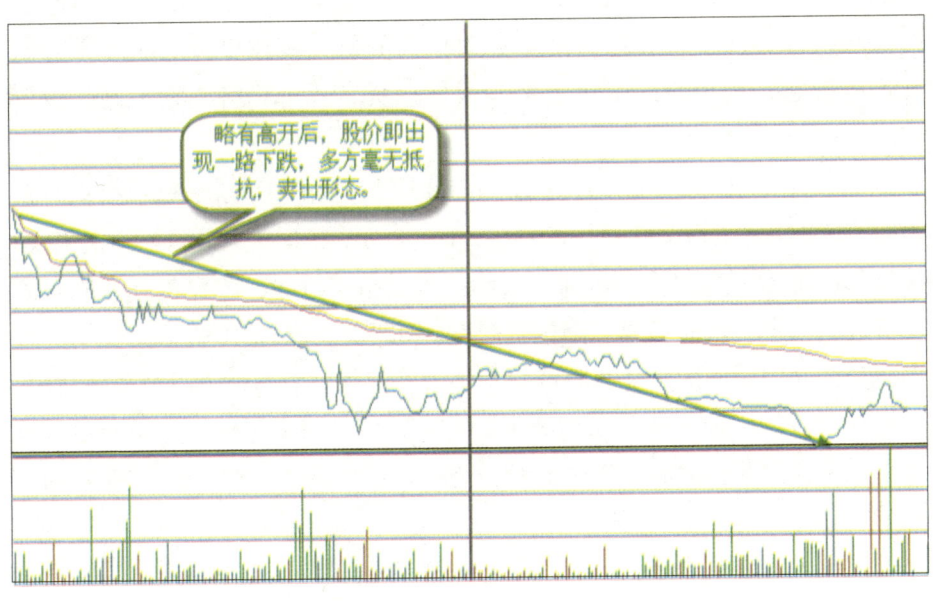

图 7-12 东易日盛——2015 年 4 月 8 日分时图

实战要点：

1. 在阴包阳形态出现时，前一天的阳线的收盘价即是多头之生命线，只要跌穿这一价位，后市多数情况下将转为下跌趋势，投资者应当立刻退出观望。但有时主力会利用这种形态进行洗盘，之后再进行向上拉升。

2. 在确定阳包阳形态时，要求后一日阴线的实体要远大于阳线，此时对后市看空的判断才能较为准确。

3. 阴包阳形态出现时，有时主力会利用这种形态进行洗盘，之后再向上拉升。但短线股价会在形态出现后走低，因此应当以短线回避为主。

7.3.4 阳包阴陷阱

阳包阴陷阱指的是，当股价经过连续上涨后，出现了短暂反弹，并在前一天收出一根阴线，次日买盘却源源不断地涌出，卖盘稀少，导致股价出现持续向上，并最终以高于前一阴线开盘价的价位收盘，一口吞掉前一天的阴线，如此便形成阳包阴之势，这预示着今天的阳线将昨日的阴线全部吞没了，后市看涨。主力拉高股价在高位出货之时经常会出现这种形态，利用假的阳包阴走势误导投资者股价仍将继续走高，投资者应当引起重视。

例如，南兴装备（002757）在2015年8月7日及10日就出现过这种形态。当时，南兴装备正处于反弹行情中，股价于8月7日在高位出现了一根阴线，次日却出现了一根阳线，对前一天的阴线进行了吞没，收盘价并在昨日开盘价之上收盘，从而形成了阳包阴形态。如（图7-13）中所示：

如此一阴一阳的走势，股价等于是没跌没涨，依然处于高位震荡之中，而次日，股价出现了冲高回落的走势，并形成了双头形态，这说明股价即将出现见顶回落，因此投资者此时应当卖出股票持币观望。如（图7-14）中所示：

图 7-13 南兴装备——日线图

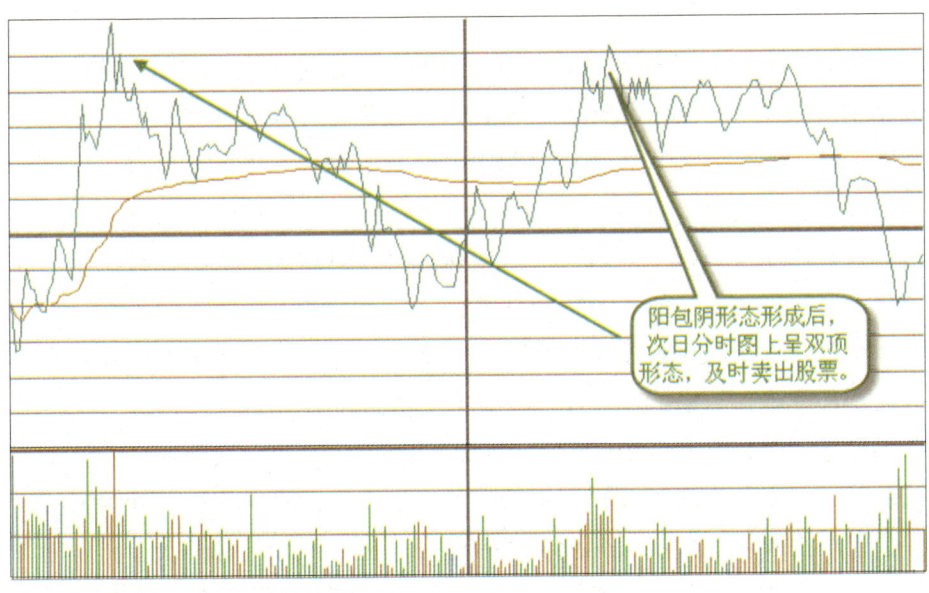

图 7-14 南兴装备——2015 年 8 月 11 日分时图

实战要点：

1. 只有股价经过大跌后出现的阳包阴形态，可信度才更高，是买入形态。

2. 在阳包阴形态中，如果后一天阳线的实体远大于前一日的阴线，且成交量出现明显放大，后市上涨的概率较大。若成交量并无明显放量时需谨慎看待后市反弹的高度。

3. 若阳包阴形态出现在高位整理形态后，可能是主力诱多出货的手法，投资者需根据股价所处的阶段和成交量进行判断，切勿盲目追进。

7.3.5 探底针陷阱

探底针陷阱指的是，当股价经过一轮下跌行情后，主力运用投资者对K线技术形态的迷恋，有意将K线图上出现一根或双根下影线较长的K线，让很多投资者误以为股价短期已经见底，于是大量买入股票，可其后，股价却出现了进一步下跌。因此，投资者在见到K线上出现单根或双根探底针时，应当结合当时的成交量来判断行情的趋势。

例如，科远股份（002380）在2015年7月29日就曾出现过这种形态。当时，股价正维持在高位，承接昨日的走势，7月29日走出了一根单针探底的形态，但是其后，股价并未出现上涨，而是继续维持在高位震荡，这显示主力是在借这种K线形态大举出货。因为这种探底针根本不是出现在下降趋势中，而是出现在上涨过程中的略有下跌形态中，所以这根探底针根本没有任何意义。相反，在2015年7月16日出现这根探底针时，股价恰好在经历了大跌后刚刚反弹，这根探底针是对前期低点的一种测试，因此更具有实用价值。如（图7-15）中所示：

同样，如果探底针是出现在了下跌途中，这也往往是主力借反弹出货时的一种假象，给投资者造成一种股价止跌的假象。

比如，上风高科（000967）在2015年6月23日，股价当时正处于下跌趋势，但突然出现了一根下影线很长的十字星，股价其后展开短暂的反弹，但很快股价即出现了继续下跌的走势。这是因为，当K线上出现单针探底时，未能放出大的成交量，这说明股价的调整还不够，主力是在借机完成出货的目的。如（图7-16）中所示：

第七章 震荡行情的跟庄实战

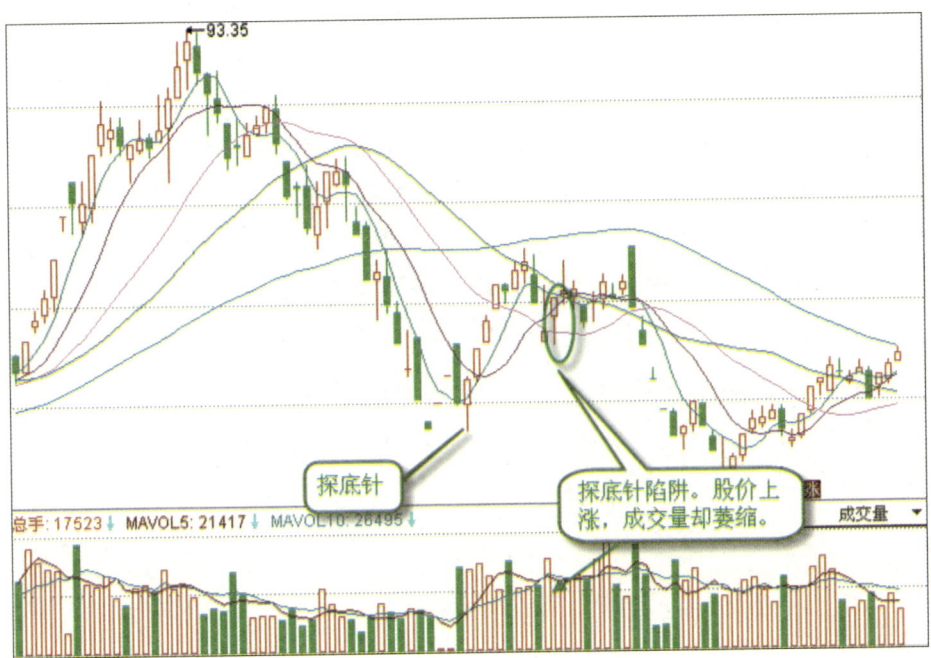

图 7-15 科远股份——日线图

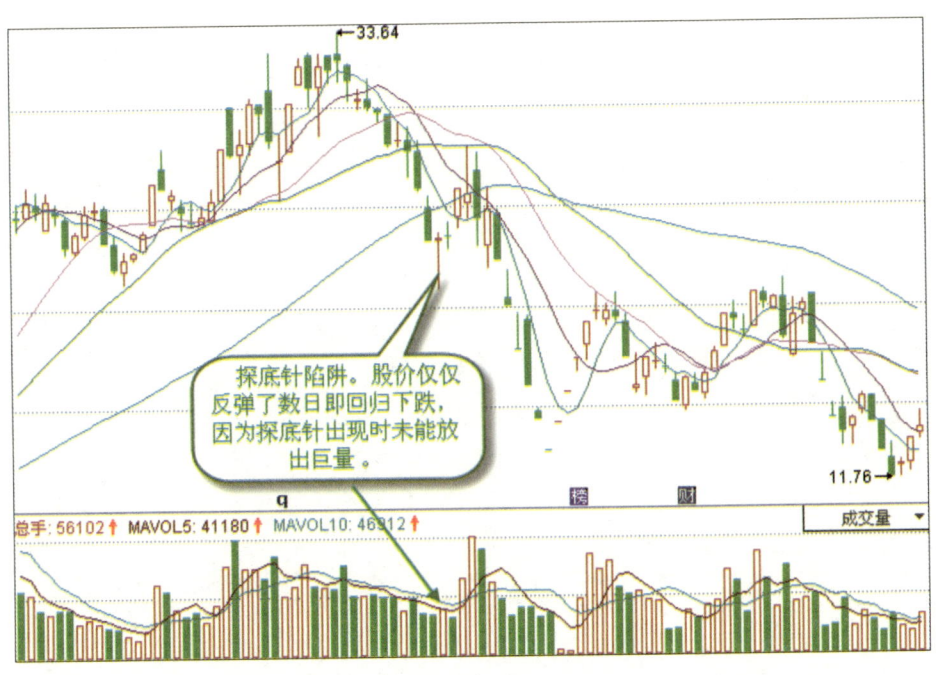

图 7-16 上风高科——日线图

实战要点：

1. 探底针出现时，可以是一根 K 线，也可以是两根 K 线，但形态是必须确保下影线长，且越长则越可靠，但同时必须放出较大的成交量，无量的探底针不具有任何意义。

2. 必须是在股价经过大幅下跌后出现的探底针，这才更具意义，因为即使主力打算出货，也会在股价触底反弹后进行，因为没有主力会在最低价位出货。因此，大跌后放大量，是探底针的短期触底的真实表现。

3. 波段性高点或调整时出现的探底针，往往股价触底反弹的意义不大，且极有可能是主力借机震仓洗盘时惯用的手法。

第八章 震荡行情的短线实战

在震荡行情中,投资者往往无法实现中长线持股,因此,一定要学会在震荡行情中的一些短线实战技巧。比如短线操盘的买入技巧和卖出技巧。但是仅仅明白这些短线实战技巧还是远远不够的,俗话讲,火车跑得快,还要车头带。所以,一切实用的短线操盘技巧,都是要建立在短线操盘策略之上。这样,投资者在实战中,才能够真正做到不畏惧震荡行情,从震荡行情中攫取到属于自己的一桶金。

8.1 短线操盘策略

8.1.1 以中长线思维短线操作

在震荡行情中，投资者在选择短线操作的同时，也应当以中长线选股为原则，这样做的原因，一来是震荡行情本来就是个股筑底的过程，中长线选股可以避免投资者过于看短，而忽略了中长期投资的目的；二来可以避免选择到无业绩支撑的垃圾股，防止个股因质地本身的原因而出现情况进一步恶化，走势走上极端化。

例如，同样是选择医药股，如果是在2011年12月选股，投资者可选择其中的华东医药（000963），这是因为，从较长周期入手就会发现，在月线上，从2006年至2010年，股价一直处于上涨行情，而此时正是股市从牛市到熊市的历程中，而华东医药的长期发展趋势，却说明即使是经历了股市中的熊市，其股价依然十分坚挺，这说明其定然是有很强的业绩支持的，不然根本无法支持其长牛的走势。

在2011年底至2012年初这一段时间内，华东医药正处于震荡整理行情中，那么此时就形成了中长期持股的最好介入时机，如（图8-1）中所示：

如此一来，投资者即寻找到了一个长期持股的标的，长久的业绩支撑使得华东医药多年来一直处于上升周期之中，这一点如果投资者去查看相关华东医药的资料就可以得知，这样，如果长期持有该股，定会获得长期投资的利益，并且可以无须惧怕股市的短期波动。

但长期持股只是基于战略目的而制定的选股策略，在逢低介入后，投资者就可以安心根据华东医药的短线波段运行去具体操作并获取价差了。

比如在2014年12月至2015年3月期间，投资者可根据其日线上的变化，在波段高点来临时选择卖出一部分股票，而在波段低点时选择再买入一些股票，根据股价短期的变化如此反复来操作获利了。如（图8-2）中所示：

第八章 震荡行情的短线实战

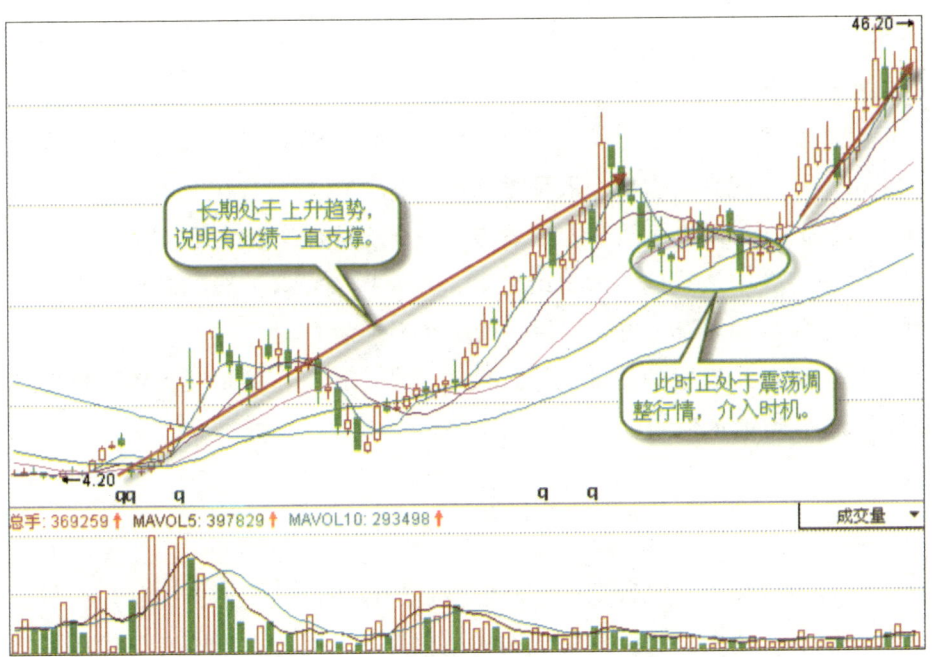

图 8-1 华东医药——月线图

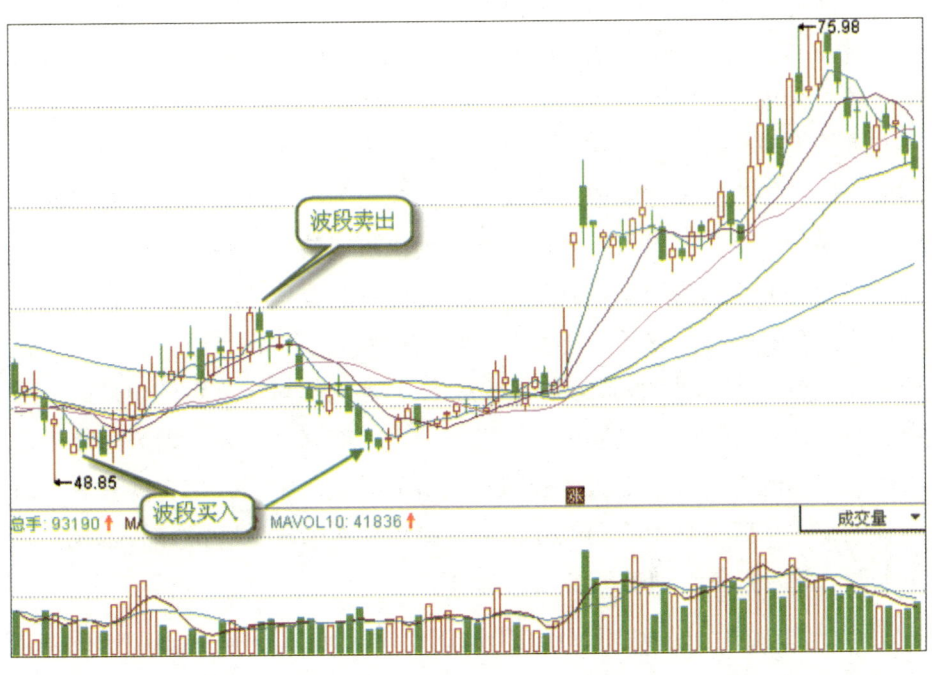

图 8-2 华东医药——日线图

实战要点：

1. 中长线思维选股是保证降低投资风险的有效手段，因为从拉长投资周期去看，才能真正看清个股质地的好与坏，因为只有在熊市中抗跌或行情见好后股价得以快速回升的股票，才是真正具有价值投资的标的。

2. 只有在中长线选股的思维之下，才能把准短线波段的脉搏，即使短线操作出现某些失误，也能确保短线操作不受损失。

3. 在中长线选股的基础上短线操作，即使不进行中长线投资，仅仅是短线买入，也能最低限度地防止短线被套。

8.1.2 控制好仓位降低风险

在震荡行情中，投资者要想降低投资的风险，就要学会控制好仓位。因为在震荡行情中，股价的短期波动是很大的，因此，投资者要想在短期股价的波动中获得稳健投资，就必须要控制好自己的仓位，这样即使股价短期震荡走低，投资者也不至于损失太大，可以及时抽身而退。

例如，美邦服饰（002269）2015年8月13日，股价在接连出现上涨后，突然跳空高开，并放量，从日线形态上看，如果忽略了60日无线的走势，极有可能出现突破平台整理。如果不是仔细观察，很多投资者会错误性地买入。但是，作为理性的投资者来说，因为之前股价刚刚实施完高送转后股价的横盘震荡，而股价不可能如此快地出现趋势上的转变，所以投资者在参与行情中，应当控制好仓位，以三分之一的仓位轻仓买入，在确认震荡行情已经结束时，方可全仓买入。如（图8-3）中所示：

在（图8-3）中，投资者若在8月13日不愿错过未来可能出现的上涨行情的话，此时的买入只能试探性以三分之一的仓位买入，因为即使后市出现上涨，也可以在发现行情确实发生转变后及时跟进，以实现获利。而事实上，在其后8月19日及20日中，趋势果断未改，股价突然出现了震荡走低，此时投资者即可果断止损卖出了。

第八章 震荡行情的短线实战

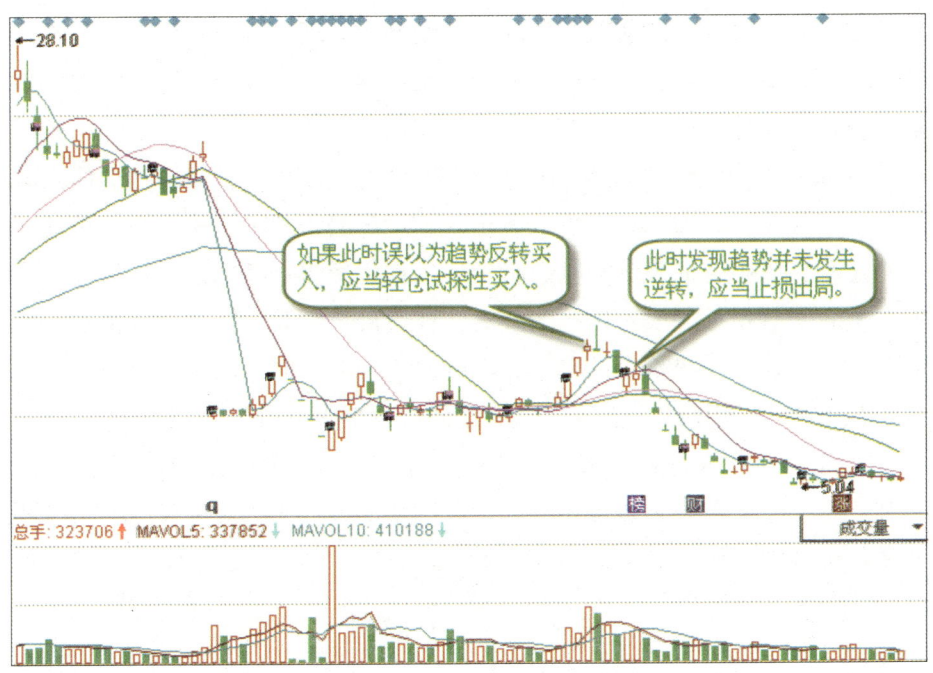

图 8-3 美邦服饰——日线图

实战要点：

1. 在震荡行情中，股价短期波动较大，此时一个利好即可引发股价的快速上涨后的快速回落，因此，投资者在震荡行情中一定要学会控制好仓位。

2. 在震荡行情中，投资者只有控制好自己的仓位，才能做到尽量减少风险，从而实现扩大收益，因为没有人能够做到百分百的短线投资准确。

3. 投资者只有在震荡行情中学会控制好仓位，确保资金不受损甚至少受损，才能利用有限的资金从市场上实现获利。即使是长期看好该股，也可以在其后股价走低时买入而摊低成本。

8.1.3 以抢反弹的心理操作

在震荡行情中，股价总是在涨涨跌跌中运行，这就要求投资者在面对行情的起起伏伏涨涨跌跌时，一定要以一种冷静的心理对待。因为明明看着行情极好，极有可能转眼行情就会出现回落。所以，当投资者面对震荡行情中的上涨行情中，应当始终保持抢反弹的心理来参与，这样才能实现震荡行情中的短线获利。

例如，包钢股份（600010）自步入震荡行情以来，其股价短期内的波动一直很大，从日线趋势上可以看出，其短线的趋势一直是向下运行的，但在这种整体趋势向下的震荡运行中，出现了很多局部的波段性上涨，如果投资者能够把握好股价运行的节奏，当股价下跌到一定程度并出现止跌回升时买入，而当股价上涨到一定程度并出现回落时及时卖出，那么短期以抢反弹的心理参与行情的话，收益同样是相当大的。如2015年7月7日至7月13日、8月4日于8月17日、8月28日至9月2日出现的三波反弹行情，短期涨幅都是很明显的，投资者如果掐头去尾地保守参与，收益是很可观的。如（图8-4）中所示：

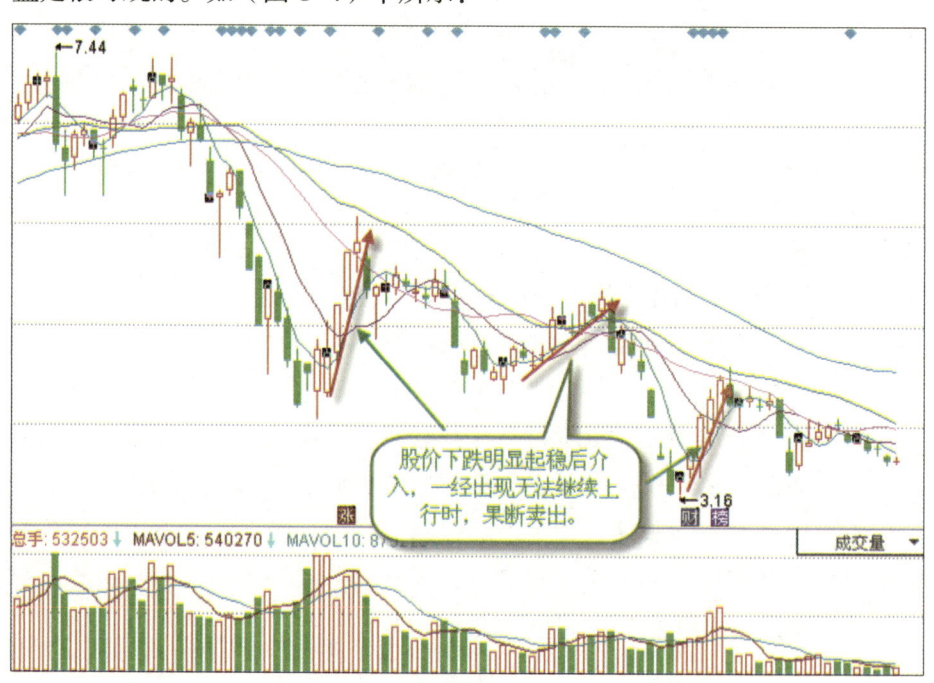

图8-4　包钢股份——日线图

然而，为什么投资者要以抢反弹的心理来参与呢？

第八章 震荡行情的短线实战

关键在于,并不是所有的抢反弹都能够获利的。在震荡行情中,只有热点的领涨股涨幅才会很可观,而通常的股票,其反弹力度往往是有限的,即使是短线高手操盘,很多时候也是很难获利的,因此要理性对待震荡行情中的反弹行情。

比如,华能国际(600011)在 2015 年 7 月 28 日至 8 月 14 日期间的反弹行情中,即使从 7 月 28 日的最低点 9.50 元算起,至这轮反弹的 8 月 14 日最高价 11.50 元,之间的价差仅仅有 2 元左右,而投资者是根本无法实现在最低点买入最高点卖出的,即使是从 7 月 28 日的股价出现止损时买入,到 8 月 14 日出现股价出现明显回落时卖出,投资者也很难实现获利,或是获利甚微,而要做到盘中获利,必须保持抢反弹的心理,只要内心稍微一贪,利润转瞬即逝。因此,投资者在面对上涨行情出现的时候,一定要保持抢反弹的心理,见好就收,才能保持投资获得收益。如(图 8-5)中所示:

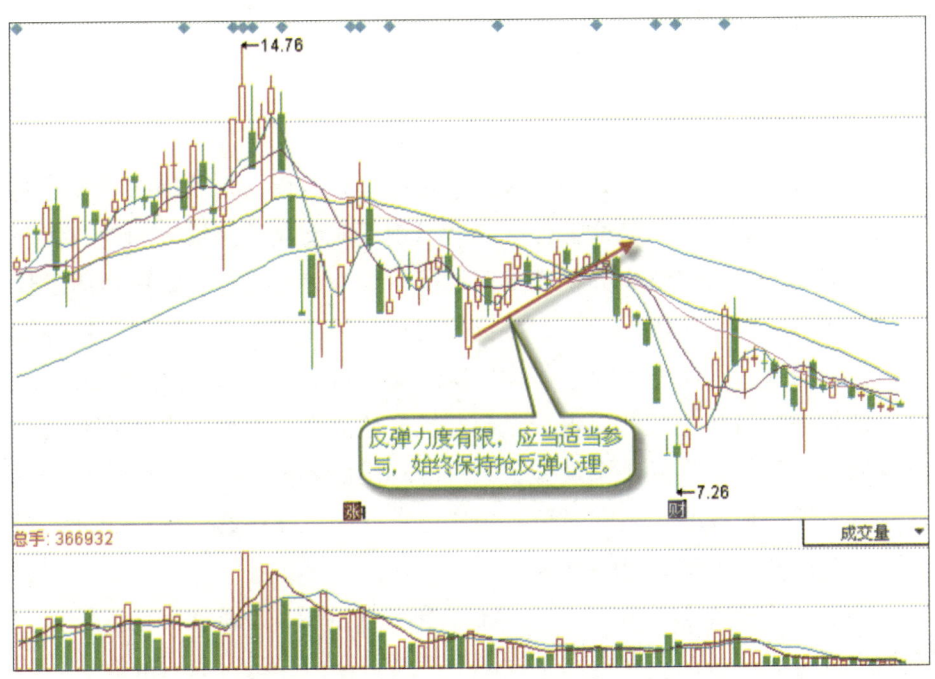

图 8-5 华能国际——日线图

实战要点：

1.震荡行情属于弱势行情，往往在震荡行情初期，股价是处于震荡下跌走势的，即使盘中出现的反弹力度较大，也会转瞬即逝，更有甚者，反弹会如昙花一现，因此，投资者必须保持抢反弹的心理参与行情。

2.震荡行情中的反弹行情，不仅有力度上的区别，同时还有在时间上的差异，因此，投资者应当以抢反弹的心理做到快进快出。

3.反弹行情不同于上涨行情，震荡向上之后，股价会继续震荡下跌，上涨来得快，下跌也很快，即使眼看着已经获利，但很快一旦股价转为下跌，利润会转眼消失的，因此抢反弹时一定要做到见好就收。

8.2 短线买入技巧

8.2.1 底部成交量温和放大

底部成交量温和放大是一种股票走稳的形态，指的是股票在经过长期下跌震荡整理后，在股价的低位区突然出现了成交量的持续温和地放大，这往往表明股价已经基本处于底部区域了。因为只有资金在跌中经历了长期的流出，突然出现不断涌入，才会使得成交量出现放大，所以，这种情况往往说明主力已经开始逢低介入个股了。但此时往往是股价的底部区域，并不能说明股价已经就此将告别底部区域开始上涨，因为主力介入后还会继续吸食低价筹码直到手中掌握了大量的筹码后才会出现拉升的。因此，底部成效温和放大时，投资者可以短线思维介入，并在其后股价的继续震荡中逢低买入，以降低持股成本。

例如，皖通高速（600012）在2014年6月下旬，股价在震荡走低后，突然出现了成交量的温和放大，这说明此时资金已经认可此时的股价，开始介入股票，此时投资者可以适当介入。但其后，股价经过小幅上涨后，再次步入下跌震荡，并于2014年7月底股价震荡走低时，再次出现了成交量的温和放大，这说明资金在持续流入，而股价也随着成交量的温和放大而有所上涨，此时，投资者应当继续买入，其后股价在成交量逐渐放大的情况下，趋势悄然间发生了转变，出现了持续上涨。因此，投资者应当在出现成交量持续温和放大时，陆续买入股票，并持股待涨。如（图8-6）中所示：

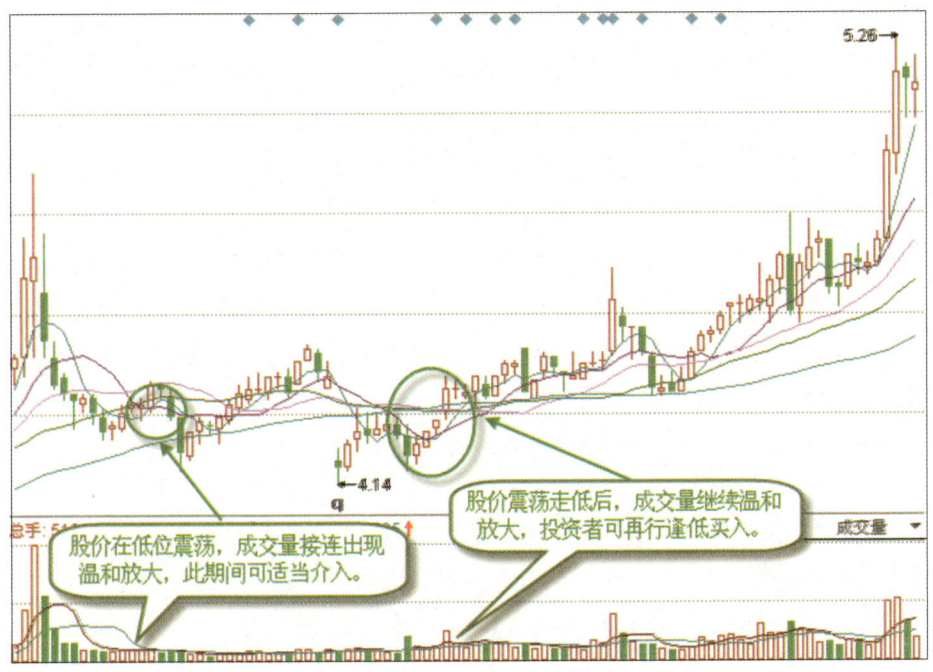

图8-6　皖通高速——日线图

实战要点：

1.成交量温和放大，往往是个股即将走出底部区域的征兆，因此是一种买入股票的形态。

2.成交量温和放大是主力介入股票造成的，但此时尚处于主力的吸筹阶段，因此接下来的行情往往会出现反复，这证明主力在持续吸吸筹，投资者可逢低介入，短线买入，中长线持有。

3.当投资者发现个股成交量温和放大时，应当逢低买入股票，后市可追踪主力动向，当股价出现震仓洗盘时可波段操作，以实现利益的最大化。

8.2.2 大盘止跌时买入

在震荡行情中，除了一些个别的股票会因为种种原因，走出独立于大盘之外的行情外，大多数股票的走势基本上都是与大盘同步进行的，都会随大盘的上涨而上涨，随大盘的下跌而下跌，只是由于各自具体的情况，上涨或下跌的幅度有所不同而已。因此，投资者在震荡弱势的行情中，短线选股应当紧跟大盘的走势，随大盘的涨跌而选择个股的买入或卖出，因为在弱势之中，大盘的起伏往往决定着个股的命运。

比如，在 2015 年 8 月 4 日至 8 月 17 日期间，上证指数处于震荡行情中的反弹阶段，此时投资者可在盘中积极做多。自 2015 年 7 月 24 日开始震荡下跌后，上证指数一直到 8 月 3 日，大盘一直处于震荡下跌行情中，但到了 8 月 4 日，大盘出现止跌回升，当日出现了高开高收，因此，投资者此时可以放心选择盘中个股买入。如（图 8-7）中所示：

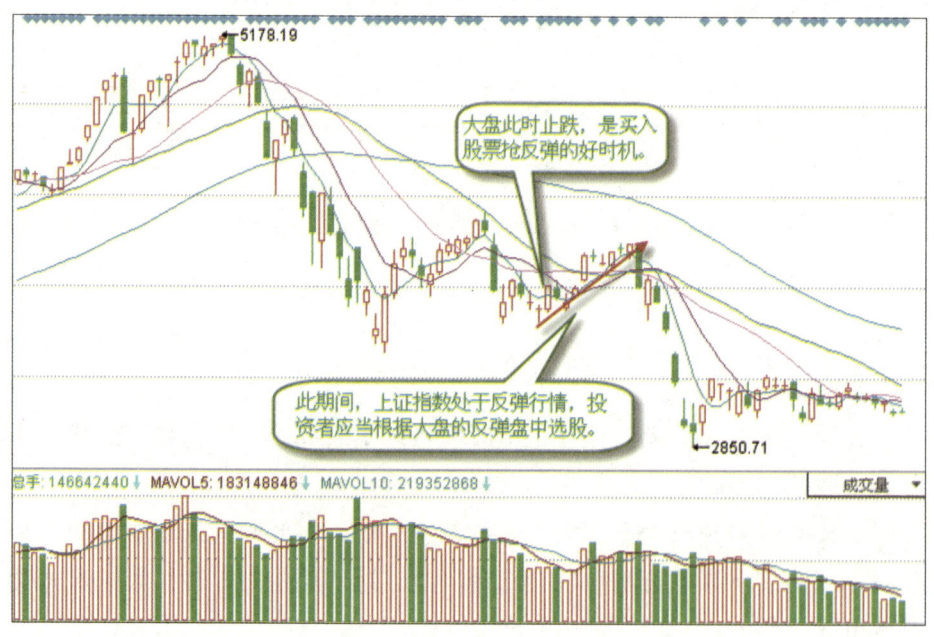

图 8-7　上证指数——日线图

因此，投资者可在 8 月 4 日大盘止跌时，可以放心选择个股，因为只有大盘出现了止跌反弹，个股才会有反弹行情出现。

比如，象屿股份（600057）在 2015 年 8 月 4 日同样止住了跌，投资者可在大盘止跌时选择买入股票，而在 8 月 18 日大盘结束反弹行情中，象屿股份恰好也结束了反弹，此时投资者可选择卖出股票。如（图 8-8）中所示：

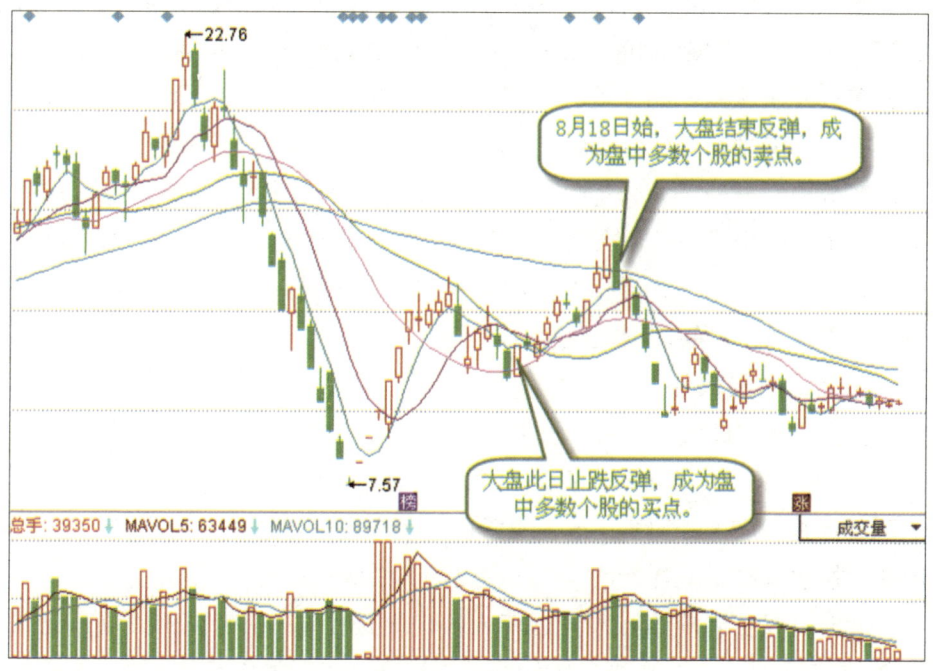

图 8-8　象屿股份——日线图

实战要点：

1. 大盘止跌时，往往是盘中个股止跌的迹象，因为盘中大多数股票的走势是与大盘同步的，因此投资者可根据大盘的涨跌，具体把握盘中个股的买卖点。

2. 大盘与个股的联动并非丝丝入扣，有时间上的细小差别，应当在大盘止跌时根据个股的具体走势选择个股买入，而不能盲目跟从大盘，因为个别股会走出独立行情的。

3. 通常而言，如果上证指数止跌，应当选择沪市中个股买入；深证成指止跌，应当选择深证成指中个股买入，但往往深证成指是顺应上证指数的走势的，因此，除非是特殊情况，投资者应当以上证指数的止跌为准。

8.2.3 买在支撑位

支撑位是指在股价下跌时可能遇到支撑，从而止跌回稳的价位。通常，在震荡行情中，判断股价是某一价位是否会获得支撑，应当看在此价位是否有多数筹码聚集，如果是有众多筹码在某一价位聚焦时，股价一旦首次跌破这一价位时，往往会获得支撑。投资者可在支撑位时果断买入股票。

实战中，每一条均线都会对股价形成支撑的，因此，当股票在下跌过程中，每一条均线一旦首次跌破，都会在此处受到支撑的。比如5日均线，往往是最为明显的一条支撑线。但是投资者在根据5日均线进行短线操作时，往往代表的时间周期较短。

比如，中国软件（600536）自2015年7月9日步入震荡行情以来，就曾多次跌破5日均线，并出现向下的远离5日均线，如7月9日、8月4日、8月27日，以及9月2日，在这四个交易日中，股价均出现了在5日均线之下运行并远离5日均线，这说明股价已经出现了在短线支撑位之下运行，因此很快便发动了反弹行情。如（图8-9）中所示：

此时，投资者应该在股价远离5日均线的时候，果断买入股票。比如在2015年8月4日，在当日股价突然以远低于当时的5日均线31.02元的30.84元出现，并一跌震荡向下远离5日均线，最低到了28.20元，这种情况就是一种股价向下远离支撑位的表现，因此投资者此时应当果断买入，而其后股价即一路上涨，触发了反弹。如（图8-10）中所示：

实战要点：

1. 支撑位因有较多筹码在这一价位聚集，因此对股份短期有一定支撑，越长周期的均价往往对股价的支撑力越大，周期越短支撑力越小。

2. 支撑位往往是短线支撑的效果更为明显，因此，短线投资者应当在股价跌破支撑位时果断买入。

3. 如果股价处于长期震荡下跌的走势，中短期支撑位往往是诱发行情

第八章　震荡行情的短线实战

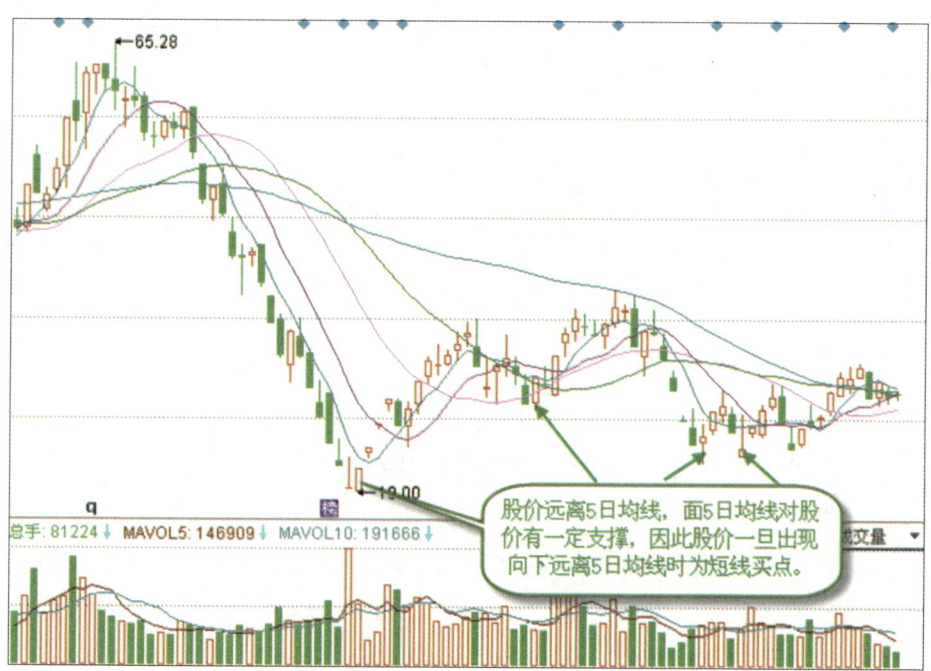

图 8-9　中国软件——日线图

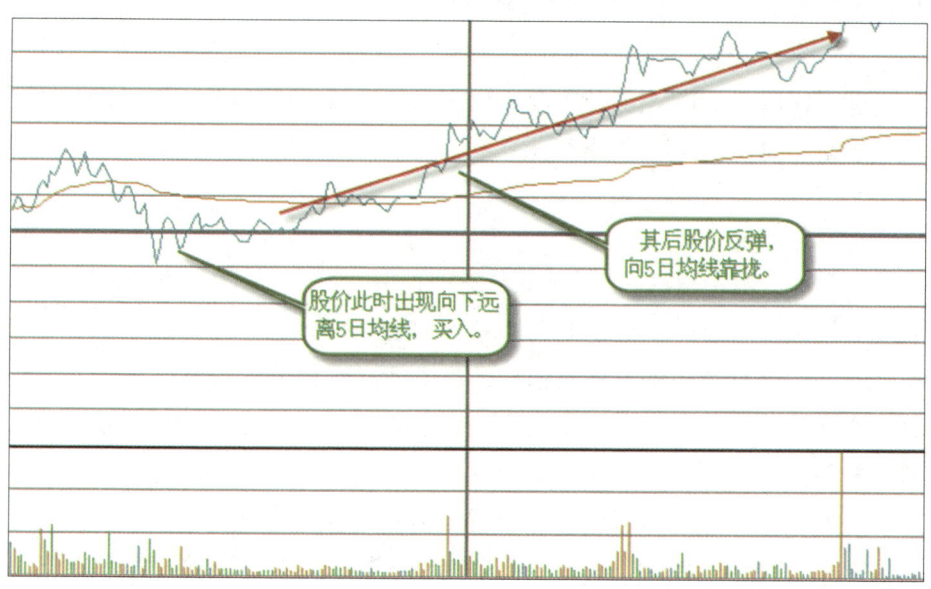

图 8-10　中国软件——2015 年 8 月 4 日分时图

出现反弹的因素，尤其是在股价快速跌破支撑位时，后市快速引发反弹的概率会大些，而并非股价遇到支撑位就会引发一轮反弹。

8.3 短线卖出技巧

8.3.1 回调时果断卖出

股份在震荡行情中运行时，往往会出现反弹来得快，去得也快。因此，对于短线投资者而言，如果要参与反弹行情，在股价止跌时买入后，一旦发现股价已无力继续上行时，应当果断卖出股票，以保存收益。

例如，九州通（600998）在8月28日出现止跌反弹时，投资者应当选择果断买入股票，但股价运行至9月7日时，出现了上行遇阻后的回调，此时说明股价已无力上行，反弹行情即将结束，因此，不管买入后赚了多少利润，此时都应当果断卖出，因此此后股价即出现震荡走低，还会见到更低的价格。如（图8-11）中所示：

如（图8-11）中所示，股价在9月7日出现了反弹行情中的上行遇阻，并出现了回调，因此，当股价在盘中出现快速冲高后回调时，应当果断离场，获利了结。如（图8-12）中所示：

实战要点：

1.震荡行情中出现的反弹，往往时间很快，但下跌的速度也很快，因此，投资者一经发现股价在盘中出现了回调，应当果断卖出。

2.在震荡行情中的反弹行情中，投资者在观察日线图时，往往只能看到一种趋势，也就是只有行情走出来后才能发现，因此应当结合分时图或是5分钟、15分钟图观察细微的短期变化。

3.在确认卖点时，可综合多种技术指标，以及趋势发展，一经发现股价有上行乏力的现象时，就应当果断卖出股票，不要等趋势过于明朗化后再操作，因为震荡行情中一旦出现股价反弹后的回调，有时时间往往是很迅速的，跌幅短期内也会很大的。

第八章 震荡行情的短线实战

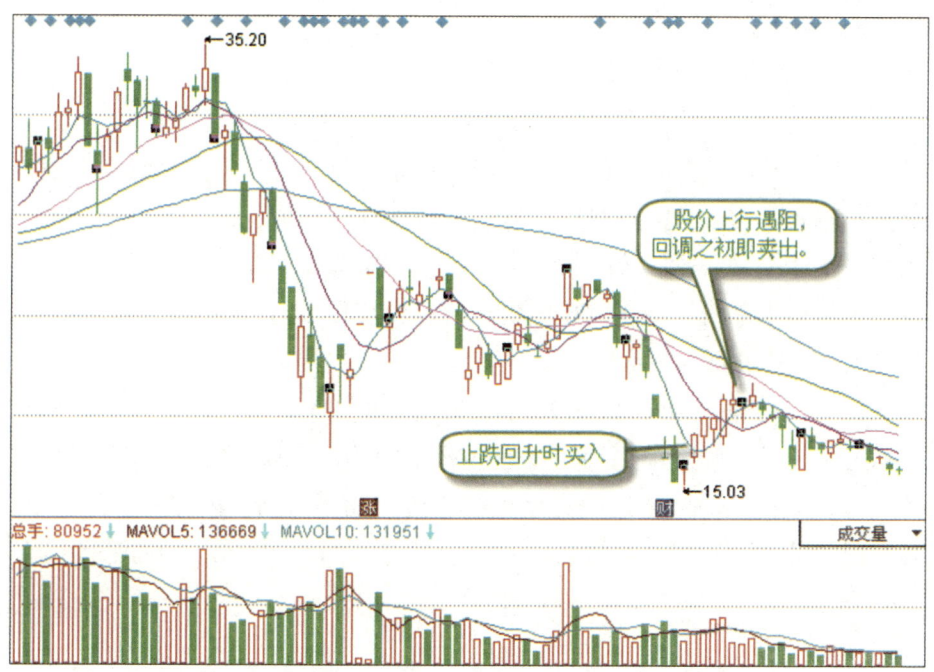

图 8-11 九州通——日线图

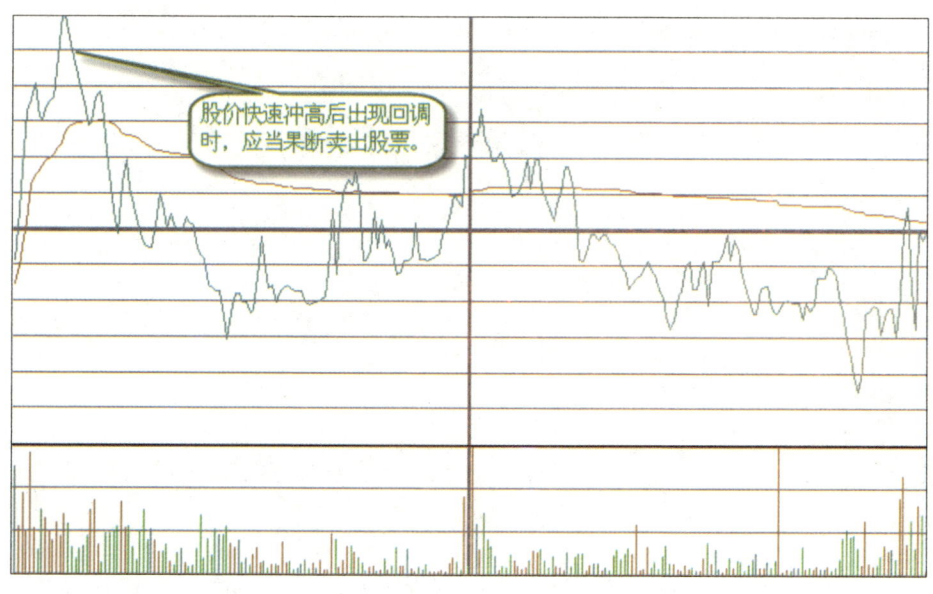

图 8-12 九州通——2015 年 9 月 7 日分时图

8.3.2 上涨过快时卖出

当股价处于震荡行情的反弹中时,如果在反弹过程中,突然发现股价反弹的时间及力度过大过快时,这往往说明此时的股价已到了反弹末梢,尤其是快速上冲后,股价很快就会出现快速下跌。因此,投资者此时应当在股价放量上涨时,一旦发现股价已反弹幅度较大时,不应心存幻想,期望过大,应当在此时逐级减仓。

比如,亿帆鑫富(002019)自 2015 年 8 月 4 日出现反弹后,在历经 4 个交易日后,股价即出现了接近 30% 的涨幅,而此时正是震荡行情中的反弹,无论从时间上还是力度上者不应当期望过高,因此在 8 月 11 日高开后上冲的过程中,投资者应当及时减仓。如(图 8-13)中所示:

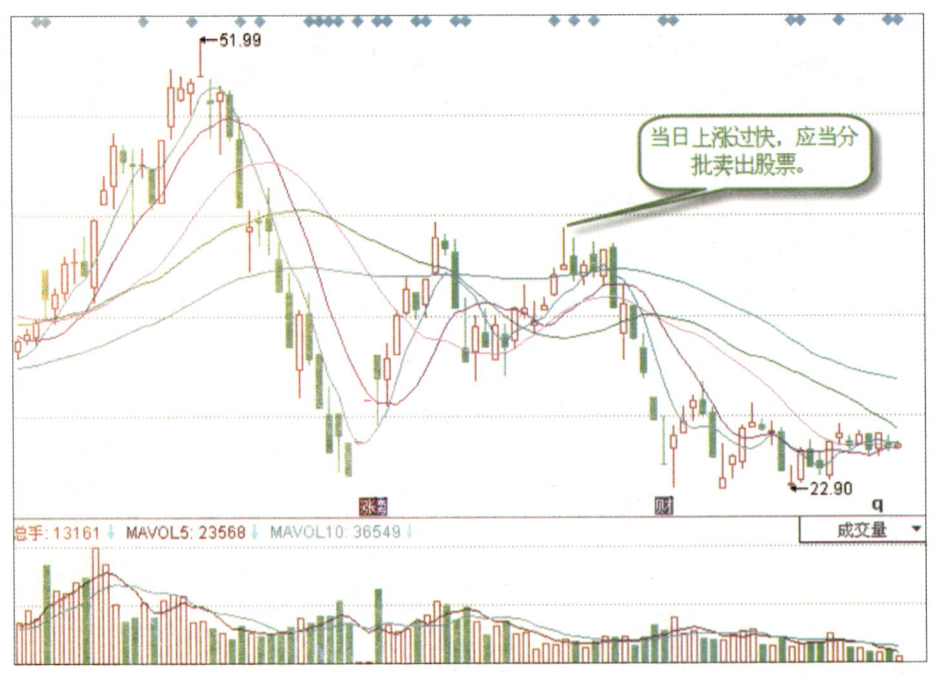

图 8-13　亿帆鑫富——日线图

第八章 震荡行情的短线实战

此时，如（图8-13）中显示，此时亿帆鑫富尚处于上涨行情中，但是如果从分时图上即可以清楚地看到，亿帆鑫富在8月11日这一交易日，当时高开后，股价出现了放量快速上涨，无论上涨速度及成交量均时放大很多，这说明这种情况很难为继，应当在上涨时分批卖出股票，以保存胜利果实。如（图8-14）中所示：

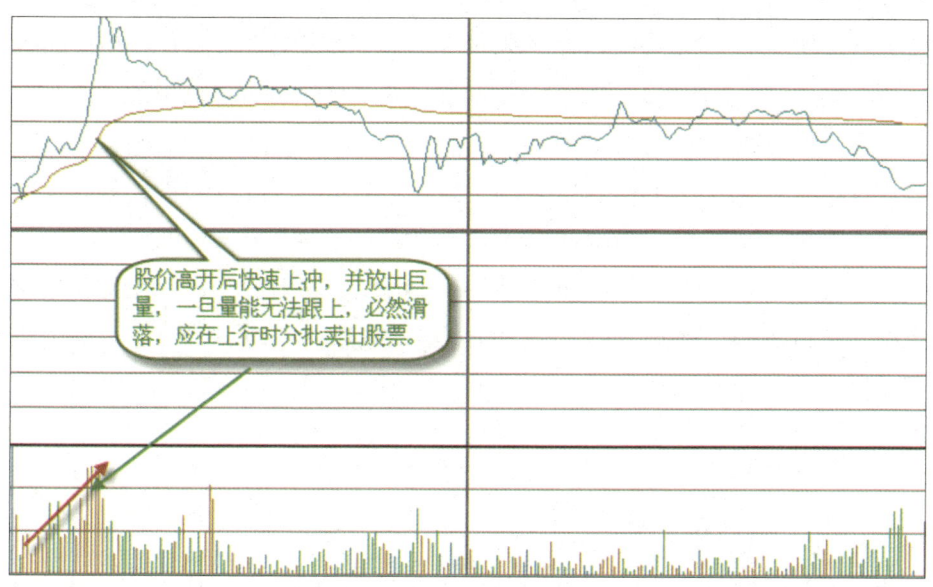

图8-14 亿帆鑫富——2015年8月11日分时图

实战要点：

1. 在震荡行情中，如果股价上涨的速度和幅度过大，而时间又极短时，这种行情往往是很难持久的，因此出现股价短期快速赶顶的表现时，应当及时卖出股票，回避。

2. 股价在短期内上涨过快，如果要持续这种情况时，必须有更大的量来配合，而行情又属于弱势中的震荡行情，因此这种情况很容易引发股价的冲高回落，投资者应趁股价未回落时卖出，因为其后的回落同样可能很快跌涨较大的。

3. 快速上涨是股价反弹的末期，多方在借反弹之势实现最后的拔高卖出，投资者此时卖出，是卖在股价的上行过程中，往往更容易成交，因为随后出现的下跌过程，股价往往会出现快速下滑。

8.3.3 卖在阻力位

阻力位则是指在股价上升时可能遇到的压力，从而出现反转下跌的价位。通常情况下，下跌的阻力位往往也是上涨时的支撑位，在此价格区间内由于聚集了前期上涨时较多的筹码，因此股价要实现继续突破上涨，就必须让价格实现突破，而一旦价格突破后，前期买入的筹码此时已完全实现解套，就会选择大量卖出，因此股价必然会在此价格区间因大量卖盘的引发而出现回落。因此，投资者应当在震荡反弹至阻力位时选择果断卖出股票。

浪潮信息（000977）在2015年8月4日展开的反弹中，当股价震荡上行至8月18日，向上行运行至60日均线左右，随即引发了许多前期在60日均线处买入的筹码，从而令股价上行遇到了阻力，因此投资者应当选择在股价上行触碰到60日均线时卖出股票。如（图8-15）中所示：

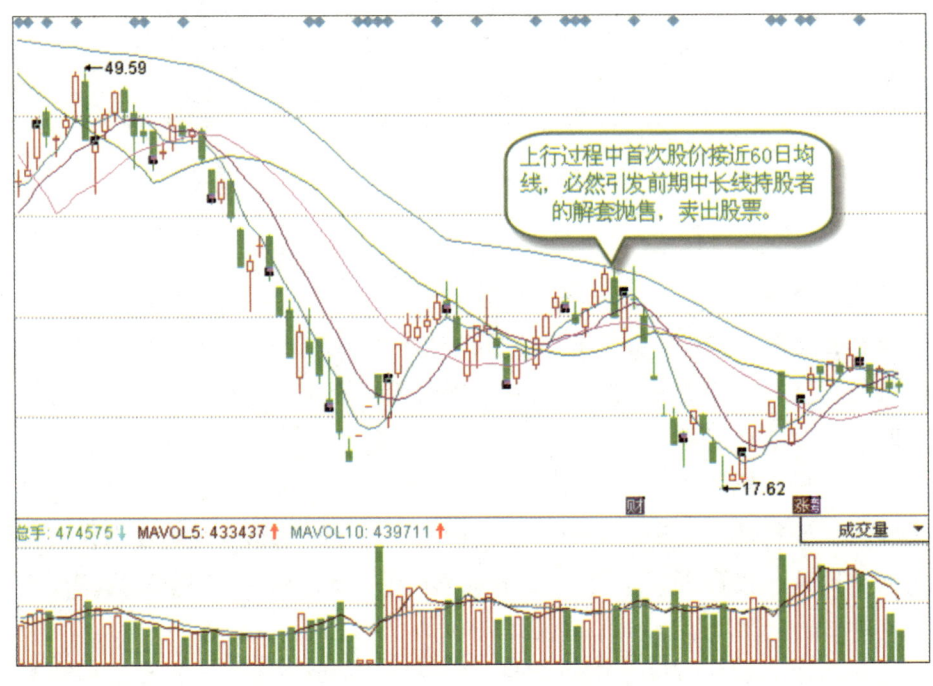

图8-15　浪潮信息——日线图

第八章 震荡行情的短线实战

如（图 8-15）中显示，当股价运行至 8 月 18 日，股价一经向上运行触碰到 60 日均价线 34.35 元时，即引发大量的卖盘，股价即出现震荡回落，成交量不增反减，这说明股价很难一举向上突破 60 日均线的阻力位，投资者应当在股价突破 60 日均线时果断卖出股票。如（图 8-16）中所示：

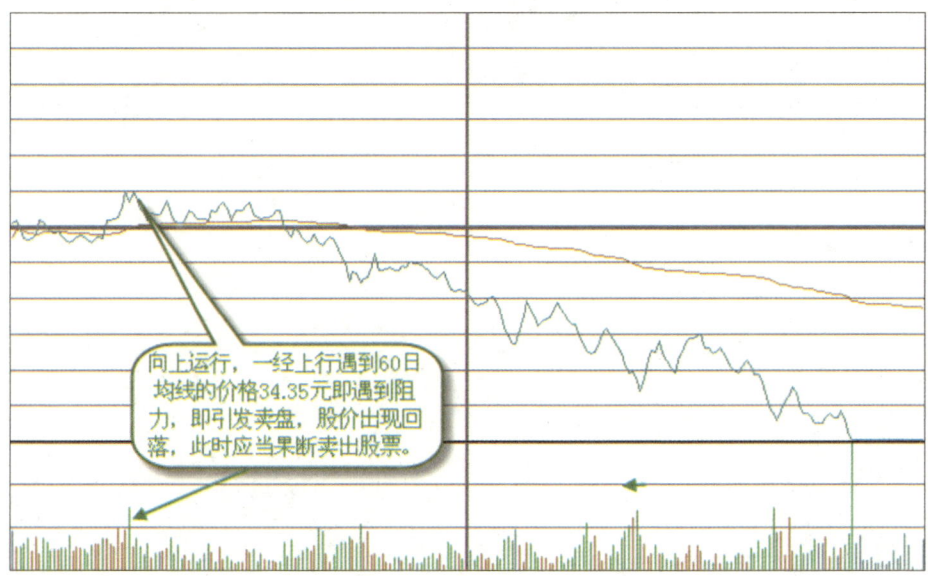

图 8-16　浪潮信息——2015 年 8 月 18 日分时图

实战要点：

1. 股价在震荡行情中，如果实现向上突破各条均线时，则必须要配合较大的成交量，否则很难一举突破，尤其是中长期均线，对股价的上行有着较大的阻力，因此阻力位也常常成为投资者选择卖出股票的明显标志。

2. 计算股价上行的阻力位时，往往周期越长的阻力越大，股价在上行过程中遇到较长周期均线时，通常不会遇到突破。因此，中长期均线的价格往往成为投资者短线卖出的理想价位。

3. 阻力位处往往有大量前期被套的筹码，因此才成为制约股价继续上行的阻力，但当股价在震荡行情中，如果反复向上接触阻力位后，一旦放量时，即将突破阻力位，行情出现反转，因此投资者在股价上行遇到阻力位时，应当观察成交量的变化。

在震荡行情中，即使出现下跌和上涨，或者是震荡整理，行情总会出现明显的高点与低点，因此，投资者可以根据震荡行情中出现的阶段性高点或低点，选择波段操作。但是，如何判断这种阶段性高点和阶段性低点，却不是仅仅观察个股的变化而定，而既要学会时刻关注大盘的阶段性高低点的出现，又要根据个股的实际运行综合判断。因此，投资者只有能够准确判断出阶段性的高点和低点，才能在震荡行情中游刃有余地赚到钱。

第九章 震荡行情的波段实战

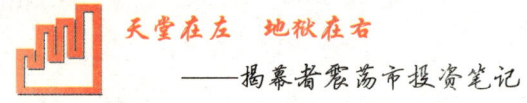

9.1 如何把握波段操作

9.1.1 阶段性高点

在震荡行情中,要想把握好卖点,就要懂得如何去判断阶段性的高点。因为股价在震荡运行过程中,阶段性高点的出现,则说明股价已结束了上涨行情,即将进入震荡下跌之中,也就是股价的阶段性顶部已经到来,因此,阶段性高点成了波段操作者短线的最好卖点。

明白了阶段性高点的重要,关键就是如何把握阶段性高点了。在震荡行情中,逆势运行的股票毕竟是少数,多数股票仍是随大盘一起涨跌,因此,把握个股的阶段性高点,尤其是在震荡行情中,首先要学会把握大盘震荡的阶段性高点,然后再根据大盘的提示,具体操作个股。

比如,大证指数自2015年7月步入震荡行情以来,至2015年8月17日,无论是从成交量上,还是K线走势上都处于震荡向上的趋势,但是在8月18日,开盘放量却走出一波较大的下跌,并放出巨大的阴量,从而彻底破坏了震荡向上的走势,因此当日的开盘点数成为盘中的阶段性高点。如(图9-1)中所示:

仅仅从日线上看,行情或会延误,因此,在观察日线的变化时,投资者可随时观察大盘在分时图上的变化,从而更及时地掌握行情。比如,在8月18日,投资者只需打开大盘的分时图即可观察到,股指略有高开后,成交量却放出大的阴量,卖盘不断涌现,使得股指在一个上午都呈现出震荡盘跌的走势,尽管卖盘后来缩减了下来,但指数的盘跌趋势却未改变,这说明因为之前的上涨所带来的短期获利回吐一举出现,大盘的阶段性高点出现了,此时应当卖出股票。而下午,大盘出现了放量下跌的趋势,趋势由此彻底转弱。如(图9-2)中所示:

第九章 震荡行情的波段实战

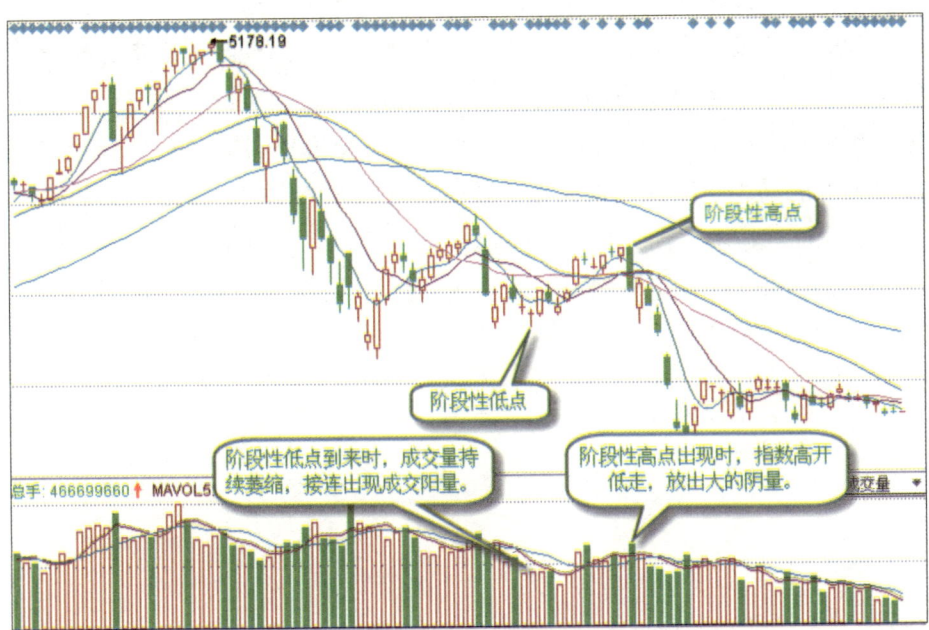

图 9-1 上证指数——2015 年 5 月至 10 月日线图

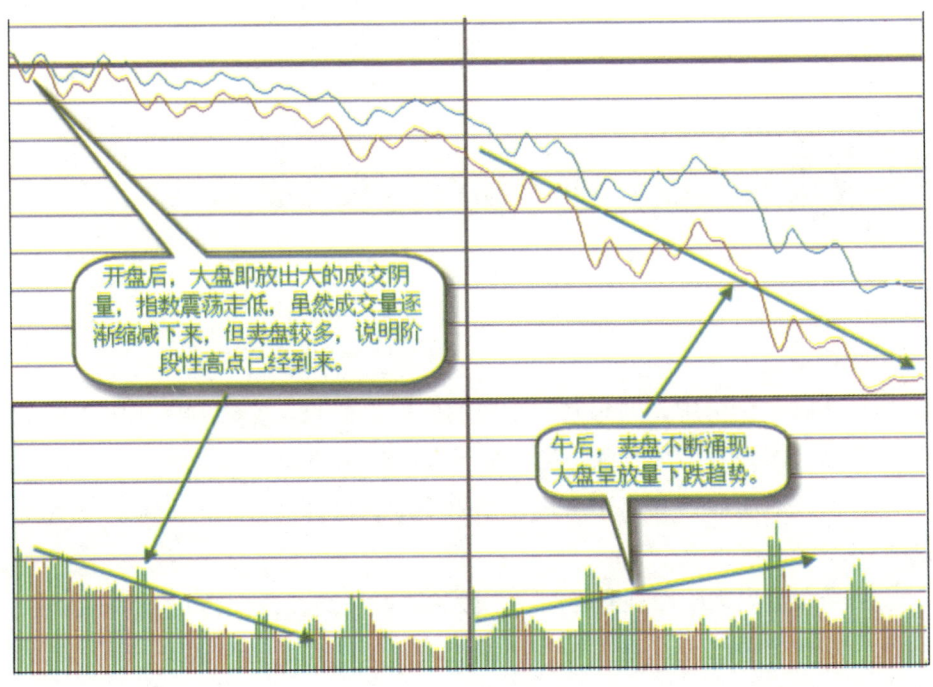

图 9-2 上证指数——2015 年 8 月 18 日分时图

此时，只要投资者随意观察大多数股票，都会出现与大盘走势相近的股票，比如我们若是持有浙能电力（600023），之前股价一直处于上涨趋势，但在8月18日同样是低开低走，很明显成交量呈阴量，并进一步缩减，股价无上涨动力。因此，在大盘阶段性高点到来的同时，浙能电力的阶段性高点也已经确立，所以应当及时卖出股票。如（图9-3）中所示：

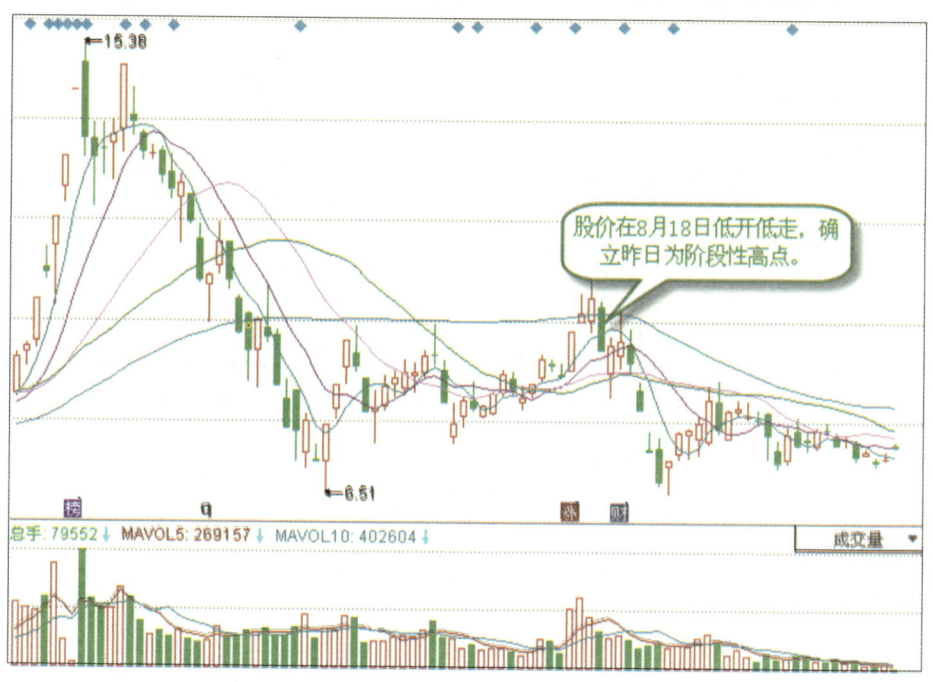

图9-3　浙能电力——日线图

实战要点：

1. 在震荡行情中，要想判断个股的阶段性高点，必须判断出大盘的阶段性高点，因为大多数股票的走势是与大盘联动的。

2. 当大盘阶段性高点出现后，如果不是走出独立行情的股票，就要坚决卖出。

3. 当大盘出现阶段性高点时，个股的阶段性高点或许会先于大盘出现，因此当发现个股已上涨乏力时，则说明其阶段性高点已经到来，同样要敢于先一步卖出。

9.1.2 阶段性低点

阶段性低点指的是股价在震荡行情中，在下跌过程中突然出现了低点后而无法继续下跌，股价从此开始出现上涨时的价格区间。因此，阶段性低点是震荡行情中的一种买入股票的时机。

投资者要想在震荡行情中判断出个股的阶段性低点，首先同样需要判断出大盘的阶段性低点，因为只有大盘出现了止跌，盘中个股才会出现止跌。

如前文（图9-1）中所示，上证指数在2015年7月24日震荡走低来，至8月3日下午突然跌破了3500点的整数关口，但紧随其后，大的买盘突然出现，股价即刻从低点拉起，同时成交量出现了持续增加，这说明盘中买盘突然大举出现，持续买入，从而确定了下午破3500点后为此轮调整的低点。其后，股指出现了一路上行。如（图9-4）中所示：

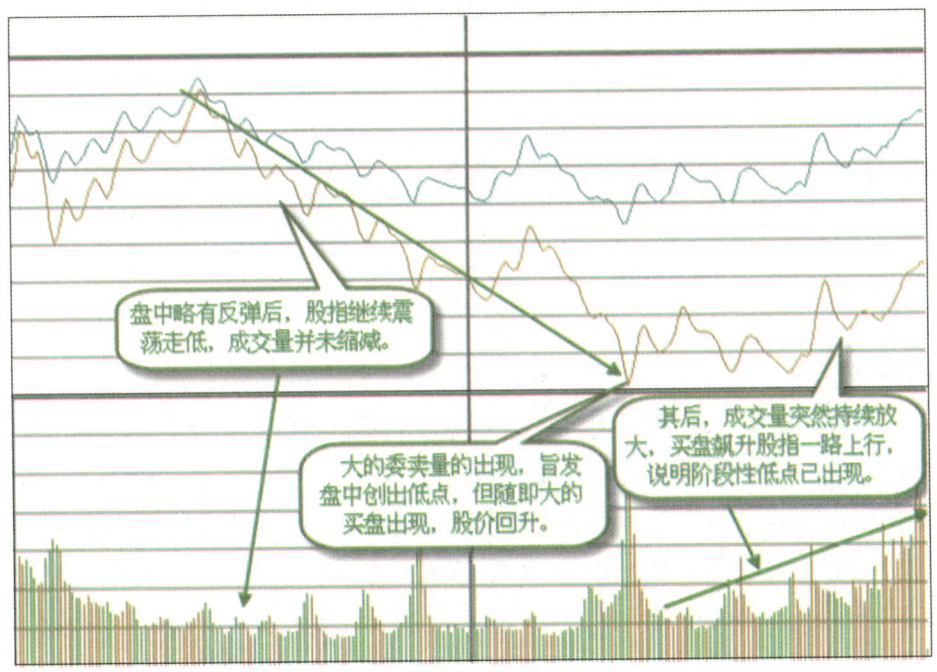

图9-4　上证指数——2015年8月3日分时图

投资者可在大盘确立阶段性低点时选择买入盘中股票，因为此时大盘已止跌，盘中个股同样会出现止跌，比如中环股份（002129），在日线图上同样可以发现，当大盘阶段性低点出现时，中环股份同样走出了几乎与大盘相同的走势，因此其阶段性低点此时已经出现，投资者应当及时买入股票。如（图 9-5）中所示：

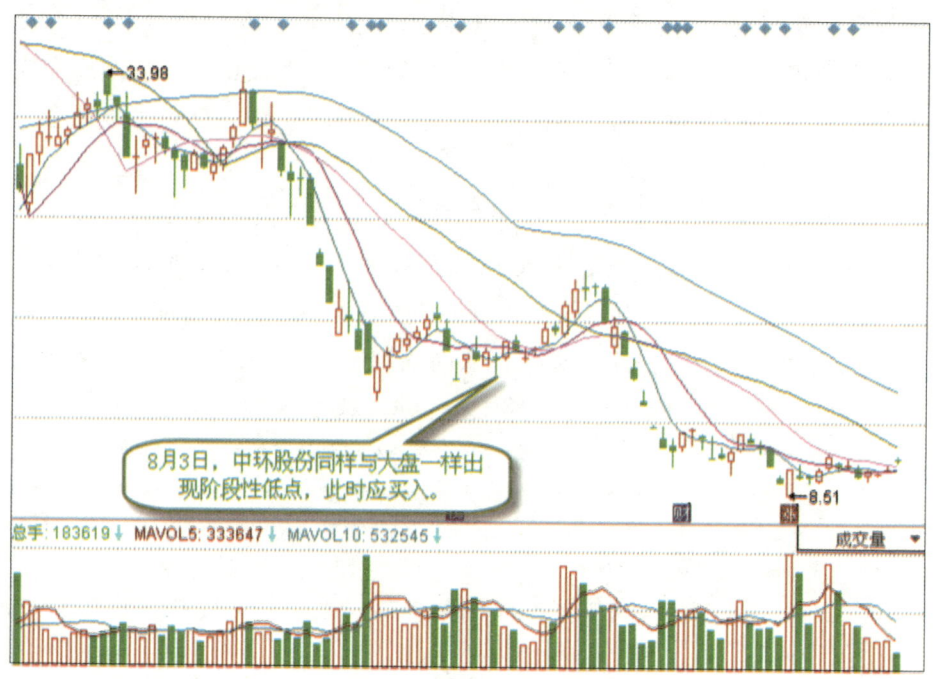

图 9-5　中环股份——日线图

实战要点：

1. 当阶段性低点出现时，无论大盘或是个股往往会出现持续缩量并呈阳性，因为只有卖盘在持续增加，而卖盘在不断减少时，阶段性低点才会出现，否则卖盘过大，指数与股价还会继续寻求更低点的。

2. 独立行情的出现往往是少数，多数股票的价格都是随大盘一起涨跌的，因此，在判断个股阶段性低点时，应当以大盘出现的阶段性低点为准。

3. 阶段性低点的出现，是买入股票的时机，但这种低点只是阶段性的，因此，投资者此时应当以阶段性的短线眼光看待这一低点的出现。

9.2 波段操作的仓位控制

9.2.1 半仓战法

在波段操作中，投资者一定要首先控制好投资的风险，这样才能实现投资获利，而控制风险最好的办法是控制仓位。因为震荡行情中属于指数或股票震荡走低寻找底部的时期，此时指数与股价往往是极为脆弱的，即使明明看着是上涨行情，突发的某一件事，即有可能引发盘中风云突变，出现很多意外的下跌，因此，只有控制好投资的仓位，才能不被意外所击败。

比如，东港股份（002117）在2015年8月26日出现阶段性低点后，随后的两个交易日中，股价出现了反弹行情，从K线上及成交量的变化上来观察，都是呈阳量，并逐日递增的，但投资者在阶段性低点出现后，仍应当以半仓的思路来买入。因为在其后的8月31日，股价却突然出现了快速冲高后的回落，其后几个交易日中，股价却一改当时的反弹行情，出现了震荡走低。如（图9-6）中所示：

此时，如果投资者查阅读相关的信息却发现，此时消息面上没有任何的利空出现，反而有诸多利好的维稳消息。那么如何会出现莫名地下跌呢？

其实只要仔细想一想就会明白，当前属于弱势震荡行情，行情极为脆弱，即使盘中不出现任何利空消息，只要是市场中没有出现增量资金，加上卖出的出现，同样会引发系统性下跌的风险的，因此投资者在阶段性低点买入时，一定要控制好风险，半仓买入，这样即使遇到像8月31日出现的莫名下跌，投资者也如（图9-6）中所示，可以在其后的9月16日，当股价再次出现阶段性低点时，再行买入以摊低持股成本的。

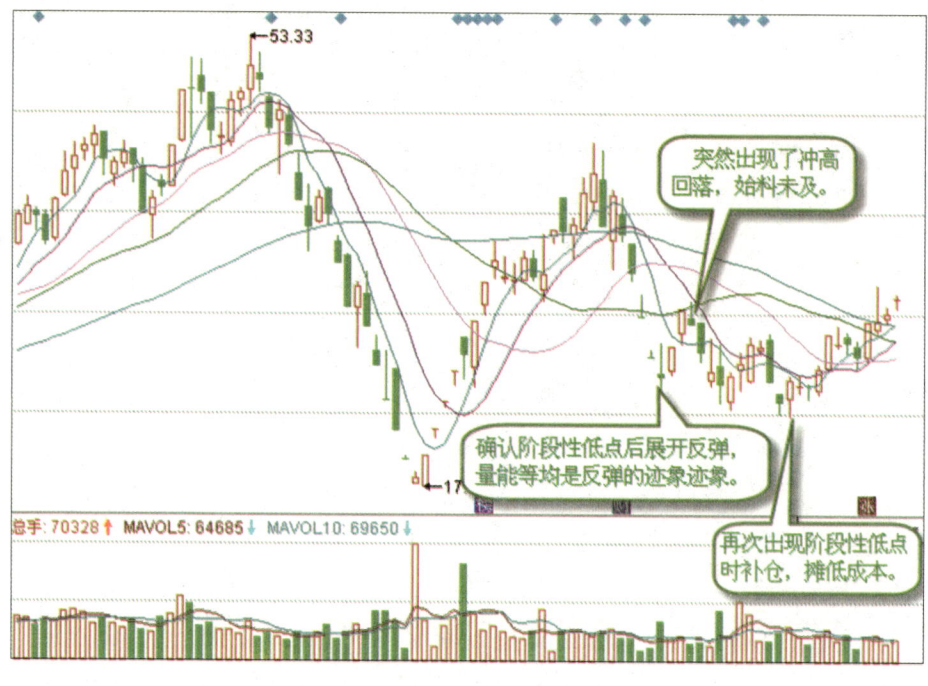

图9-6 东港股份——日线图

实战要点：

1.震荡行情中的半仓操作，是为了有效地降低持股风险，一旦股价受到意外的打击，或发生系统性及非系统性风险，行情风云突变时，投资者若没有及时卖出时，可再逢低买入以摊低成本。

2.半仓操作是为了给自己留有一些资金以备不时之需。因为在震荡行情中，指数及股价是在探寻底部的时期，随时都有可能会出现各种意外，即使不为了摊低成本，也可以在更低的价位时选择买入，获取更多的利益。

3.投资者只有在震荡行情中有效地控制好资金的使用，才能在风险无处不在的震荡行情中真正把握住万变的行情。

9.2.2 全仓战法

在震荡行情中，并不是所有的时候投资者都要半仓操作的，因为当行情已经逐渐明朗，出现转变的时候，即使此时的股价高于当初买入的价格，同样需要全仓买入并持股待涨的。这种情况往往出现在震荡行情的尾声,因此,全仓战法往往更适合于当震荡行情即将结束,趋势出现转变为多头时使用。

紫鑫药业(002118)在2014年12月底,当时股价正处于震荡行情中,股价在创出新低11.80元后,阶段性低点出现,投资者此时应当半仓买入。

随后,股价逐渐走出阶段性低点区域,但经过反复在低位震荡后,5日均线与10日均线、20日均线、30日均线等多条均线逐渐汇集到一起,并出现了逐渐拐头向上运行,并且此时60日均线已随着股价的震荡逐渐走低走平,在与多条中短期均价发生交叉的同时,成交量出现了接连的持续放大,股价也于2015年3月4日出现了放量突破前期平台。而此时,5日、10日、20日、30日均线等已呈明显的多头向上排列格局,60日均线也已经走平、出现了向上运行的趋势。

如(图9-7)中所示,种种数据都在表明,紫鑫药业已经结束了震荡整理的行情,趋势上已经转变为向上运行的多头格局,因此,投资者应当在股价放量向上突破前期整理平台时选择加半仓买入的全仓操作,并持股待涨。

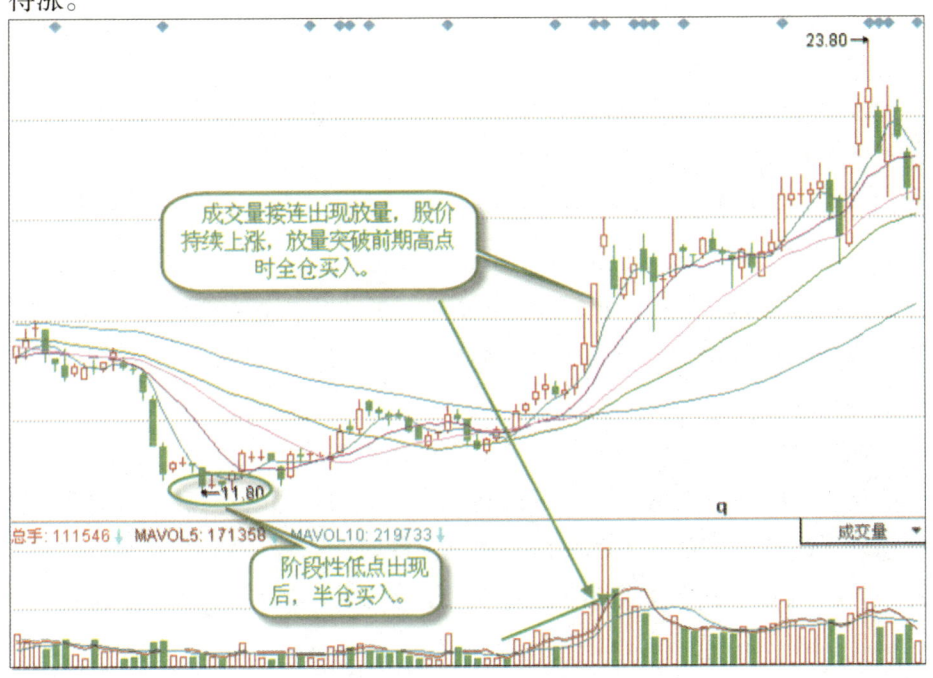

图9-7 紫鑫药业——日线图

实战要点：

1. 在震荡行情中，通常投资者不应该采取全仓操作的，只有在阶段性低点买入后，一旦发现股票趋势已经明显出现转为多头排列时，方可全仓跟进，并持股待涨。

2. 当个股即将结束震荡行情时，尽管放量突破整理平台时，股价远高于阶段性低点，此时买入的价格等于是抬高成本，但此时趋势即将发生转变，投资者应当以多头思维来看待行情，因此应当全仓介入。

3. 在震荡行情中，全仓的介入点属于阶段性高点，只有出现放量突破时方可介入。

9.2.3 逐级减仓

在震荡行情中，很多时候，股价的运行并非是有规律性的上涨或是下跌，很多时候股价处于震荡下跌或是震荡上涨中，行情之间的转换并不是十分明显，这时候，投资者无法泾渭分明地分辨出行，此时应当少一分幻想，多一分现实，也就是，行情越是震荡向上出现快速上涨时，就越要采取逐级减仓的策略，从而保住胜利的果实，而又不至于错过震荡向上的行情。

比如，益佰制药（600594）在2014年12月23日出现阶段性低点后，投资者可以选择买入，而后股价开始震荡向上，但涨幅有限，而在2015年1月13日出现明显加速上涨后的次日，股价出现冲高回落，此时投资者可以选择部分卖出，因为此时反弹行情还在继续，但卖出一部分股票又可以保住到手的利润。

而后，股价迅速出现调整，但很快得以止跌后出现了再次上涨，并且再次出现了接连的上涨，股价很快超越了上一次卖出时的高位，但股价再次出现了高位的震荡，因此时面临前期下跌时的高点区域，所以此时应当选择再次卖出手中的股票，清仓离场，保持观望。如（图9-8）中所示：

第九章　震荡行情的波段实战

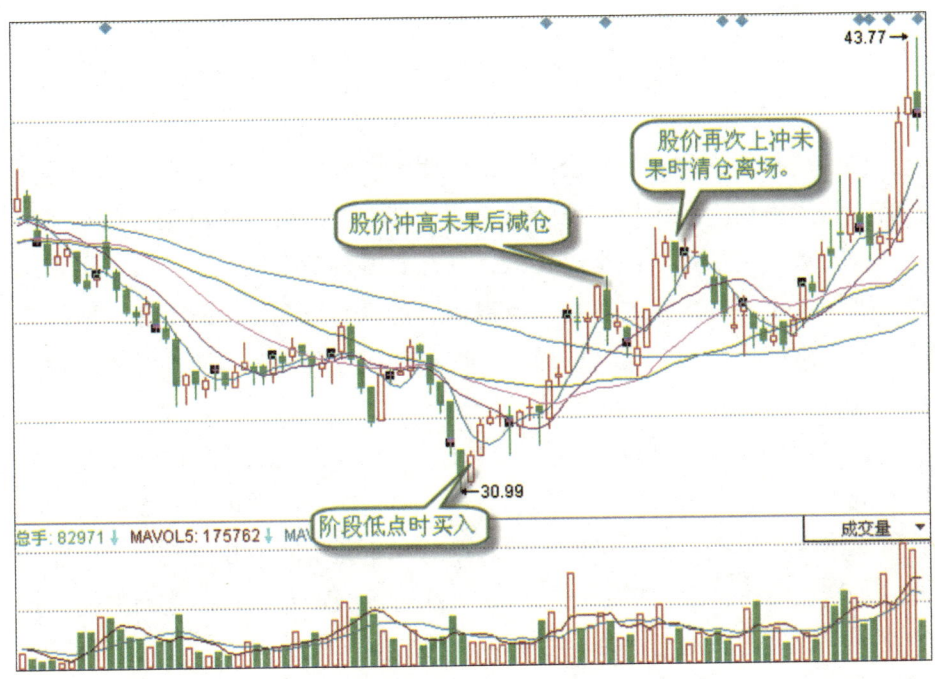

图 9-8　益佰制药——日线图

实战要点：

1. 逐级减仓往往是震荡行情中上涨趋势不够明朗时所采取的一种保留利润的有效方法，越到接近阶段性高点而各种迹象又不明显时，与其等待突破，不如保守一些，选择逐级落袋为安。

2. 股价如果在趋势不明朗的震荡行情中，要想实现向上突破往往很难，所以越是上涨反而会越是压力重重，逐级减仓是保住胜利果实、提早告别风险的有效方式。

3. 股市投资者往往内心会对行情多了一份幻想，而要克服这种不良心理，就要学会逐级减仓，以免坐了震荡行情的过山车，只看到了利润，却没有赚取到利润。

9.2.4 逐级加仓

在震荡行情中，有时候会出现，明明阶段性低点已经出现了，但是投资者一旦买入后，股价仅仅反弹了一两天即宣告结束，并再次震荡走低，几乎在接近前期低点时出现了止跌，并开始震荡向上。此时，最早买入的投资者会产生一种上当的感觉，但很快股价从低点开始止跌上涨，所以此时不是卖出股票，而是应当选择在股价出现接近前期买入的价位时另行逐级加仓。

例如，中孚实业（600595）在2015年8月4日出现止跌信号后，阶段性低点的到来令很多投资者大举涌入，但是次日即出现了冲高回落，接着再次出现了下跌，但在接近前期低点时却止住了跌，开始反弹。投资者此时应当在股价接近前期低点并出现止跌时逐级加仓买入。直到本轮反弹结束时，即刻选择卖出。如（图9-9）中所示：

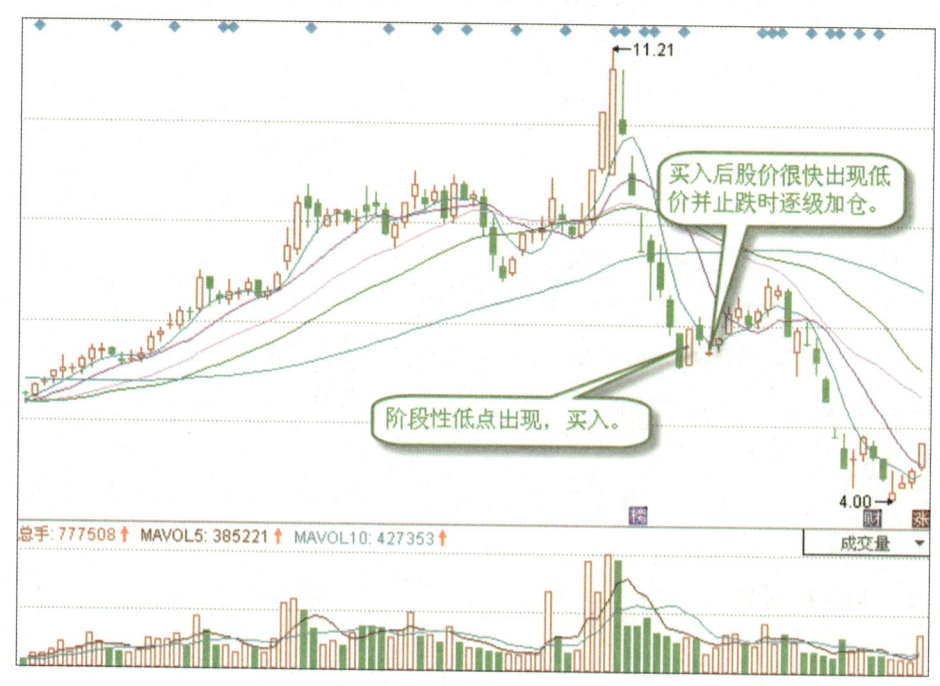

图9-9 中孚实业——日线图

实战要点：

1. 在震荡行情中，多头往往习惯使用止跌后再跌的操盘手法，目的是为了使投资者产生一种踏空的感觉，从而影响到投资策略，出现操作失误。因此，投资者只要是确认低点出现后确实已经止跌，当股价再次出现接近买入时的低点时，选择逐级加仓的策略。

2. 投资者在震荡行情中使用逐级加仓策略后，一旦股价出现较大幅度的上涨时，应当逐级减仓，一旦发现股价在反弹过程中出现冲高回落时，应及时清仓获利了结。

3. 投资者在逐级加仓过程中，一定要观察大盘动向，只要大盘不会出现破位下行，投资者可放心加仓，一旦大盘出现破位下行时，应当及时中止加仓行为，及早卖出股票，因为此时往往意味着此轮反弹已经结束。

9.3 如何抓波段买点

9.3.1 阶段性底部

阶段性底部，是指股票在震荡行情中，当结束下跌趋势后出现的这一时期的底部。股价在阶段性底部时，往往不会形成某些经典的底部形态，但却有着很多底部的特征。因此，在判断阶段性底部时，要综合各种指标进行研判，才能够确认股价的阶段性底部。

例如，奥特迅（002227）在 2015 年 9 月 8 日，股价在下跌过程中在接近前期低价 17.00 元后出现了止跌，但经过短暂反弹后，股价即出现了再次震荡走低，但在向下回踩上一次出现的低点再次出现止跌，如此一来，即可确认股价在 9 月 8 日所创出的低价即为短期的底部区域，此时成交量在底部区域时一直呈现阳性放大的状态，这说明股价在底部区域得到了从多买盘的认可，并一直在大举买入，所以一旦股价在回踩前期底部并止跌时，即可确认阶段性底部已经形成，而从 K 线形态上看，这一底部形态像是 W 底，又像是圆弧底，但均不符合这些底部形态的构成要件，但阶段性底部确认已经形成，因此也成为一种阶段性操作的买入时机。如（图 9-10）中所示：

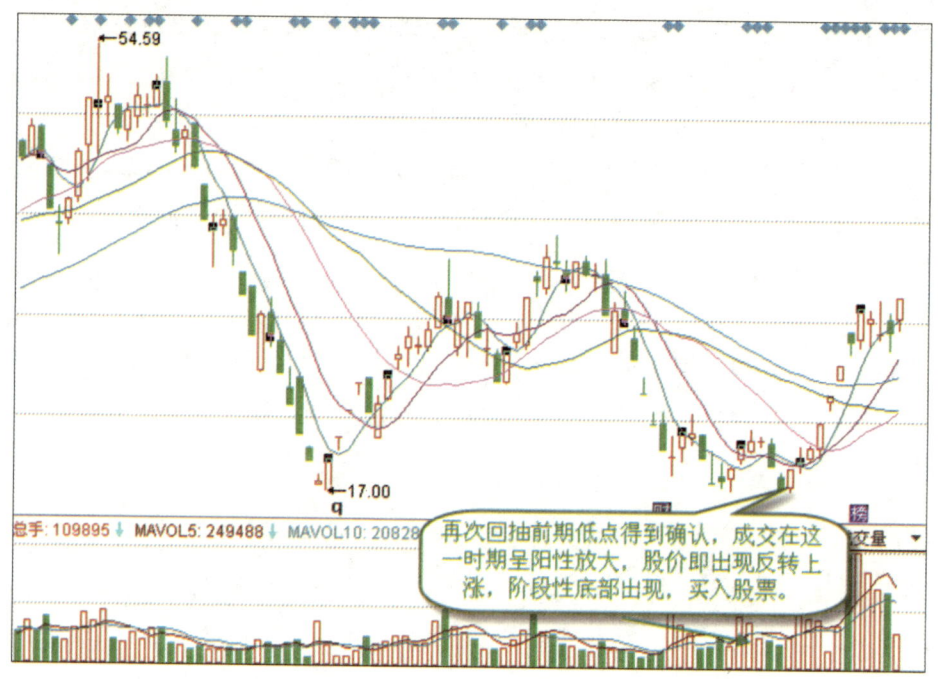

图 9-10　奥特迅——日线图

实战要点：

1. 在震荡行情中，阶段性底部的形成，必须有一定的成交量堆积，这也是后市股价能够走出阶段性底部实现上涨的动力。

2. 在震荡行情中，阶段性底部要想形成，必须有一定时间的累积，因为主力即使是急促建仓，也需要一定的时间收集低位筹码，但时间往往不会过长，否则就会形成中期底部。

3. 阶段性底部到来后，股价即使是处于震荡行情，短期涨幅往往也十分可观，因此可阶段性大举买入。

9.3.2 突然的急跌

急跌往往是股价在下跌过程中，突然出现快速下跌，但往往不会放出大量，并且在急跌过后，很快会出现快速反弹，股价很快会回到最初下跌时的平台，此时往往说明波段的调整低点已经到来，因此投资者应当在股价快速回升到下跌前的平台时及时选择买入。

例如，九洲电气（300040）在之前一直处于下降趋势，但在2015年8月27日突然出现了高开，虽然盘中多次出现急跌，但成交量均未放大，并且股价很快收高于当日开盘价，K线上留下了一根较长的下影线，并未创出昨日新低，因此是一种阶段性止跌的表现，也是一种买入的信号。如（图9-11）中所示：

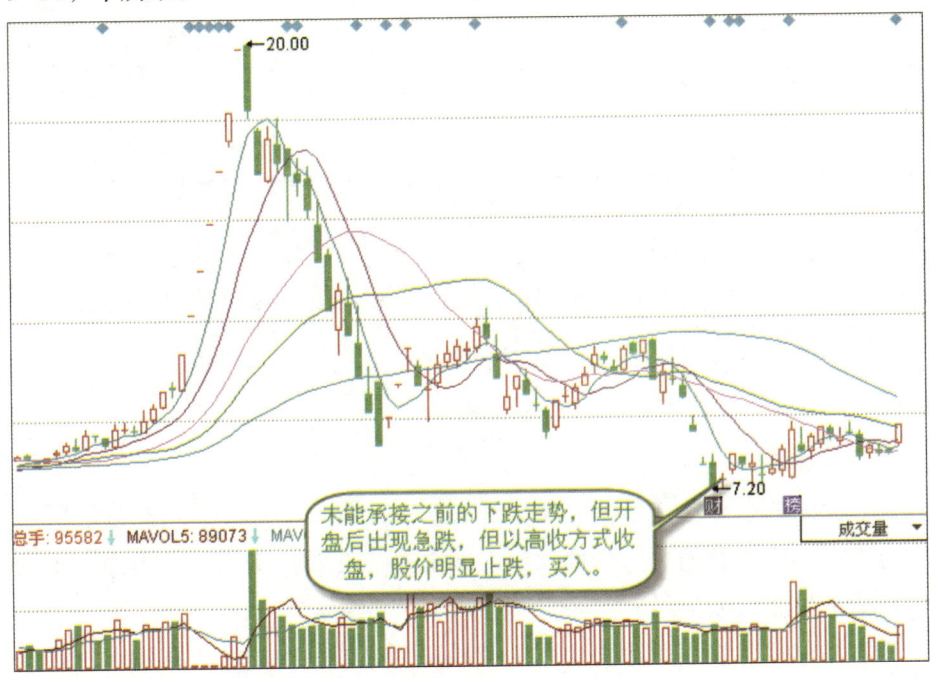

图 9-11 九洲电气——日线图

如果此时投资者从分时图上看，会看得更为明显，因为在8月27日这一天，九洲电气突然以远远大于昨日收盘价的方式高开，与之前的下跌趋势形成了完全相反的走势，并一直在高位震荡，直到午后突然出现了快速下跌，股价瞬间跌破了昨日收盘价，但并未创出新低，并且成交量未放大。其后成交量放大，股价很快回升到下跌前的平台，以继续震荡走高的方式收盘，这说明股价在盘中的急跌，只是多方试探性的下跌试盘行为，而股价的快速回升，则说明主力此时根本不愿更多人买到更为低廉的筹码，因此出现了快速上涨，形成了阶段性底部区域的买点。如（图9-12）中所示：

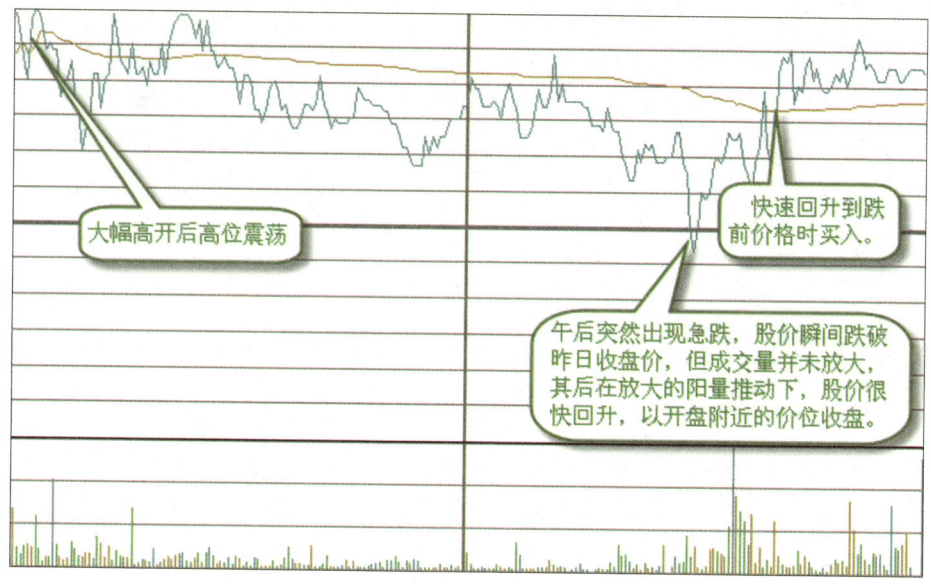

图9-12　九洲电气——2015年8月27日分时图

实战要点：

1.突然的急跌往往发生在震荡下跌途中，往往是股价短期已经跌到位，多方借机向下探盘所为，因此在分时图上往往形成V形反转的形态，也是股价短期见底时的信号。

2.往往股价在下跌途中出现的急跌更为可信，前期的跌幅越大，股价形成短期反转的冲力更强。

3.股价在震荡行情中出现急跌后，必须能够快速回到下跌前的平台时才能确认短期底部的形成，若未能回到原来的价格，则极有可能是突发的利空导致的股价破位下行，投资者应当警惕。

9.3.3 跌停买入法

跌停买入法指的是，股价在下跌过程中，突然出现了跌停，但跌停板却封不死，不久即被打开，其后股价虽然同样会以跌停的方式收盘，投资者却可以在跌停价上买入股票。因为这是在下跌途中出现的跌停板封不死，是股价即将止跌前的一种表现，这说明有买盘在利用跌停板打开时投资者的恐慌抛售心理在大举吸筹，其后若再次封死跌停板，是为了次日能够顺利而快速地收集到低廉的筹码。因此，投资者若发现这种情况时，应当大胆在跌停板上买入股票。

盛路通信（002446）在 2015 年 8 月 3 日就曾出现过这种形态，当时，股价正处于震荡下跌状态，在 8 月 23 日出现了跌停，但很快跌停板即被多次打开，使得不少不明真相的投资者卖出了手中的筹码，最后股价以跌停价收盘，次日股价却以高开的形态开盘，并出现了一波上涨行情。因此，投资者应当在 8 月 3 日的跌停价时买入股票。如（图 9-13）中所示：

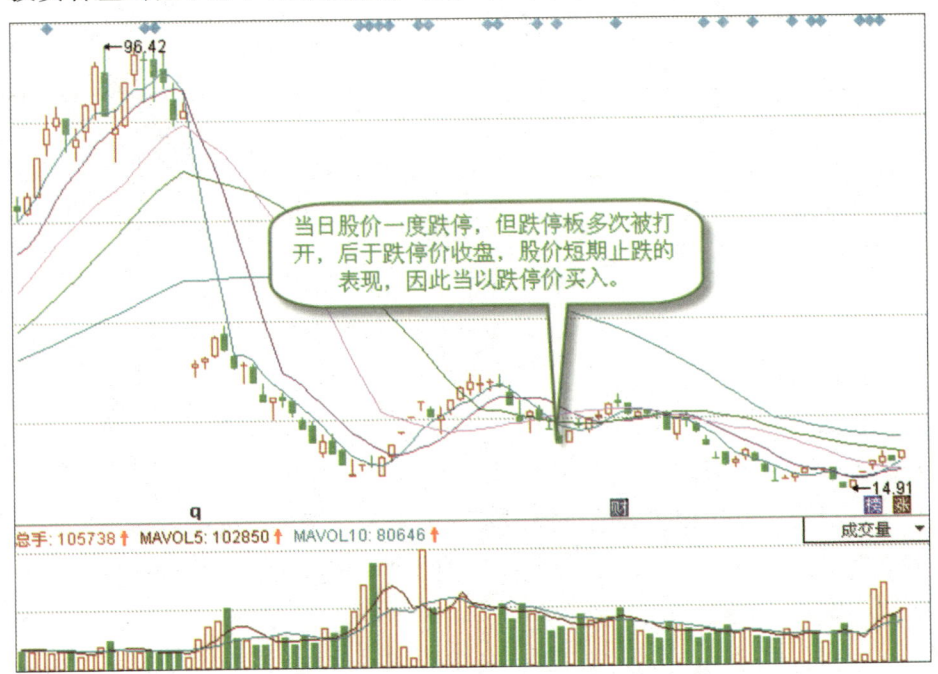

图 9-13　盛路通信——日线图

此时，如果投资者看一下盛路通信在8月日的分时图就会明白，当日，股价以低开的方式开盘后，一路震荡走低，但成交量并不大，为了制造更为恐慌的氛围，午后，股价直接被打至跌停板，但曾数次被打开跌停，使得不少散户投资者借机卖出了股票，但却被一些大单照单全收，并在收盘前股价再次被打在跌停板上。次日，股价却直接以高开的方式开盘，并就此展开了一波上涨行情。因此，投资者应当在发现跌停板封不死的时候，应果断以跌停价买入。如（图9-14）中所示：

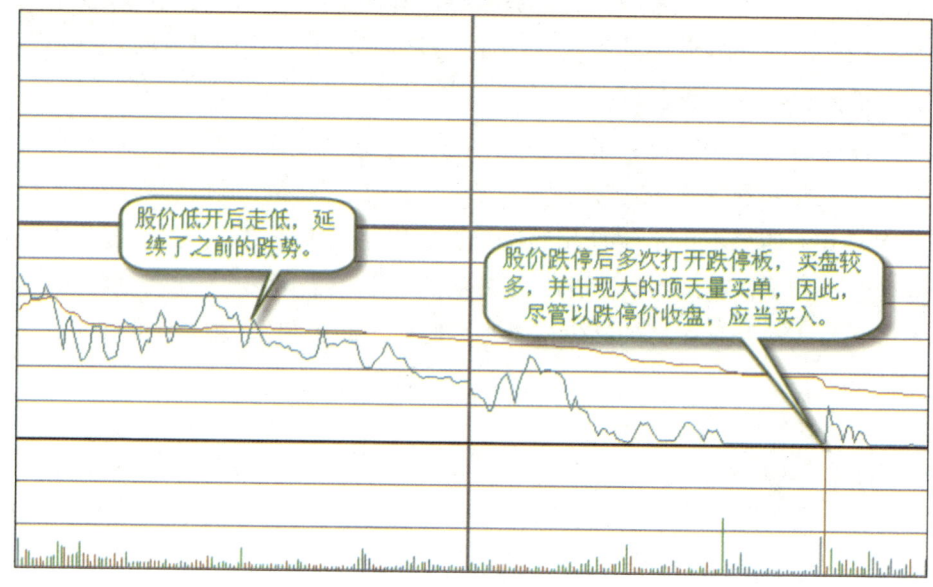

图9-14　盛路通信——2015年8月3日分时图

实战要点：

1. 股价在下跌途中出现的跌停封不死，这往往是短期下跌动能已经衰竭的表现，也是多头开始抬头的信号，因此是一种短期买入股票的形态。

2. 只有下跌途中出现的跌停封不死才是股票短期止跌的表现，如果是发生在竞边上涨趋势中，或是震荡行情的阶段高点时，则往往是主力出货时的表现。

3. 股价经过大幅下跌后出现的低位跌停封不死时，可信度更高，但投资者在以跌停价买入时应当设好止位，以防止次日出现继续下跌。

9.3.4 双针探底

双针探底是 K 线图中较为常见的底部反转形态，大多出现在震荡行情的末端，这种形态出现时由两根有一定间隔或是无间隔的有带长下影线的 K 线组成，这种形态多出现在股价经过连续下跌之后，它表示价格已经过两次探底而获得了较强的支撑，也是下降趋势即将结束的信号，股价的底部此时已经基本确认有效，因此是一种买入股票的形态。

例如，壹桥海参（002447）在 2014 年 12 月 30 日股价经过大幅震荡，在创出新低 14.25 元后，股价即出现了回升，K 线上收出了第一根带有较长上、下影线的十字星，之后，股价即出现了震荡走高，但事隔几日后却再次震荡走低，于 2015 年 1 月 13 日，再次收出一根带有较长上、下影线的十字星，并且此日的盘中最低价 14.50 元与 2014 年 12 月 30 日出现的最低价 14.25 元十分接近，因此形成了双针探底形态，其后，股价即出现了一路震荡向上的走势，股价运行趋势也在此后由震荡下跌走势转为了上涨的多头趋势。如（图 9-15）中所示：

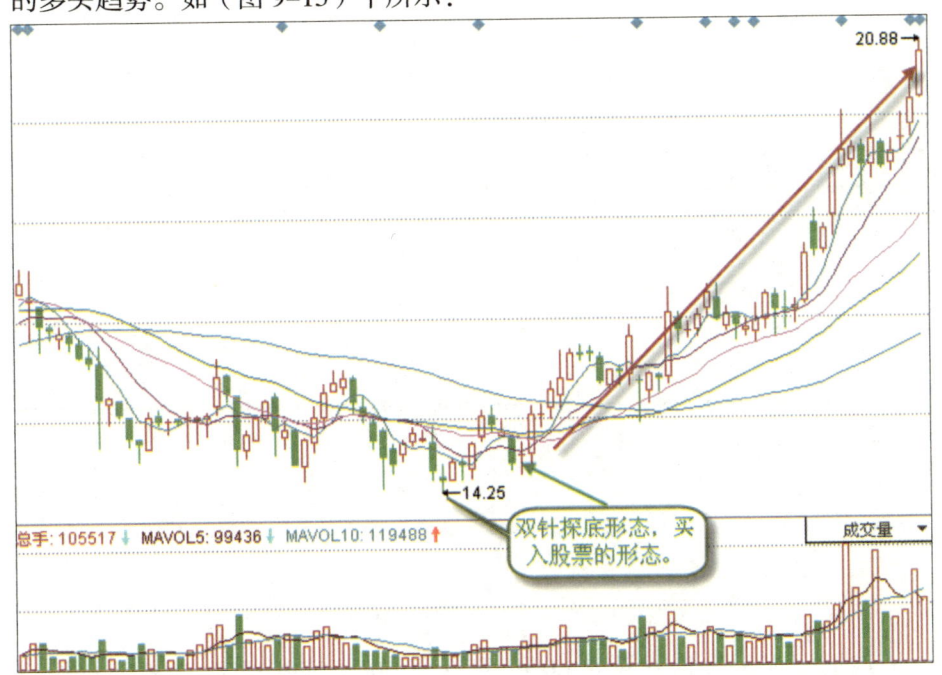

图 9-15 壹桥海参——日线图

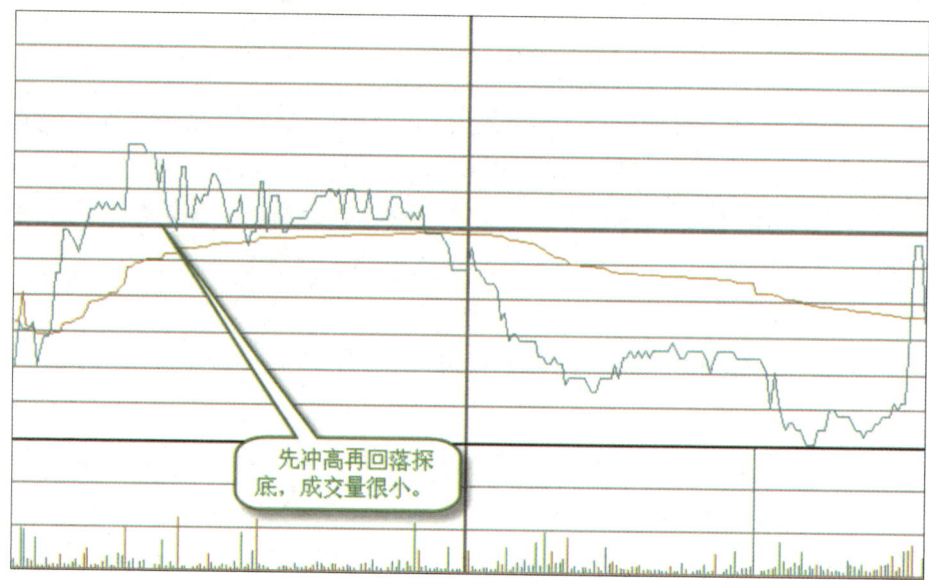

图 9-16　壹桥海参——2014 年 12 月 30 日分时图

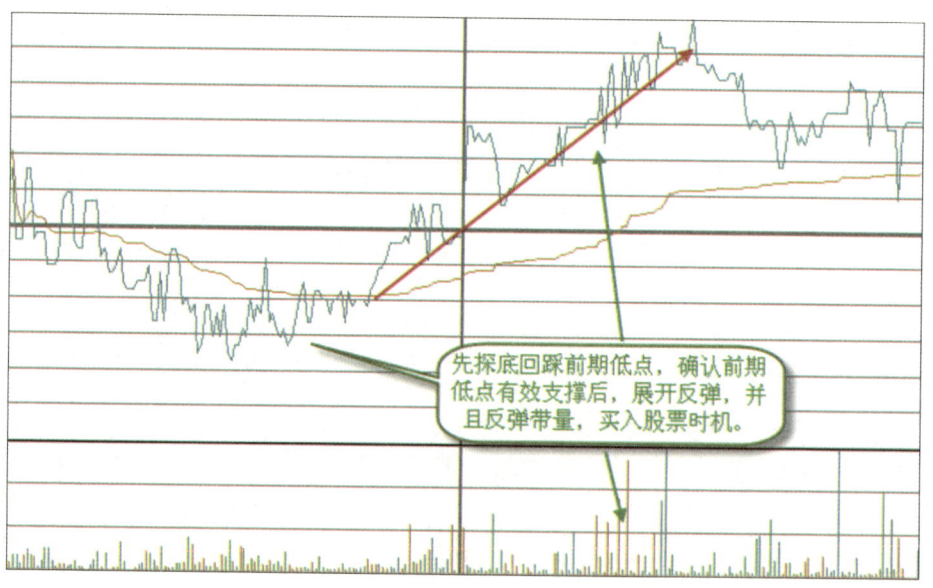

图 9-17　壹桥海参——2015 年 1 月 13 日分时图

此时，如果投资者打开 2014 年 12 月 30 日与 2015 年 1 月 13 日的分时图就会发现，两个交易日内，虽然一个收于绿十字星，一个收于红十字星，但全天的走势恰好相反，第一次是先涨后探底，第二次是先探底后反弹，如（图9-16）与（图9-17）所示。只是在2015年1月13日的红十字星出现时，股价未曾刷新2014年12月30日的新低，股价即宣告调整结束，这说明股价在14.50元附近得到了较强的支撑，因此，此次的回踩得到了确认，投资者可在双针探底形态成立时，果断买入股票。

实战要点：

1. 双针探底是两次向下试探底部支撑的表现，若是第二次探底时跌出了新低，这往往说明第一次的底不够坚实，此时宣告双针探底失败，后市极有可能会出现继续震荡走低。

2. 双针探底形态必须出现在震荡行情的低位区，如果所处的位置偏高，即前期的下跌幅度小于20%时，应当慎重操作。

3. 双针探底形态中的双针，可以是紧密相连的两条长下影线，也可以是中间隔有几条图线的两针走势，甚至第二次探底时可以上三针，但必须确保第二次探底时不能创出新低，否则前期的探底会失效。

9.4 如何抓波段卖点

9.4.1 阶段性顶部

阶段性顶部指的是股价在震荡行情中，由于接连的上涨而形成了阶段性的高点，此时股价经过震荡后，无法再继续上升，因此出现了震荡下跌的走势。因此，当阶段性顶部出现时，投资者应当及时卖出股票，因为阶段性顶部往往震荡的时间不多，大多会以尖形顶出现，也就是上涨得快，下跌时也快。

例如，国星光电（002449）在2015年7月24日及8月17日与18日，曾经两次出现过阶段性的顶部，并且这两次形成阶段性顶部时的时间都极短，往往快速冲高后出现回落，并由此形成了尖形的顶，股价在形成阶段性顶部后，出现了快速下跌。因此，投资者遇到股价上冲乏力时，应当果断卖出股票。如（图9-18）中所示：

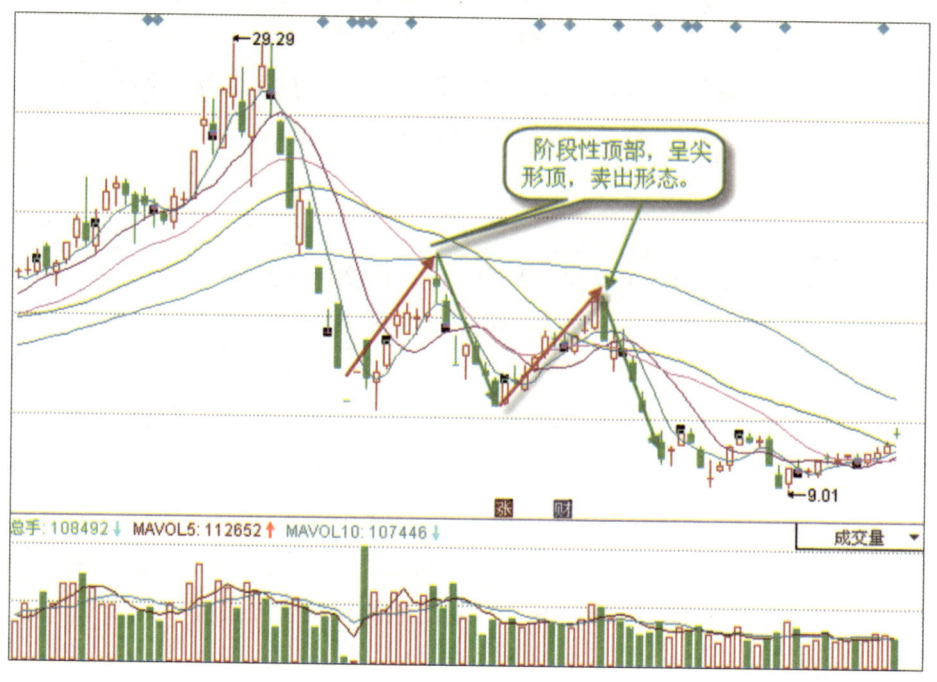

图9-18　国星光电——日线图

很多时候，震荡行情并非都是有规律性的明显上涨或是明显下跌走势，因此，此时的阶段性顶部往往不会只形成一个高点，而是呈逐级上升并下降的方式。所以，此时投资者可根据盘中股价的涨幅，一旦出现快速的大幅上涨时，就要先行卖出一些股票，直到卖完为止。

比如，摩恩电气（002451）从2015年8月3日至8月18日的上涨中就是如此，在8月10日，股价经过接连上涨，盘上已累积一定涨幅，此时盘中一经出现回落，投资者即应当先行情卖出一部分股票，因此，此时尚处于反弹行情中，但为了保住获利，应当选择一部分卖出股票。

其后，当股份再次震荡走高，至8月18日冲高后出现回落时，选择再行卖出手中剩下的股票，以完成彻底的获利了结。如（图9-19）中所示：

第九章 震荡行情的波段实战

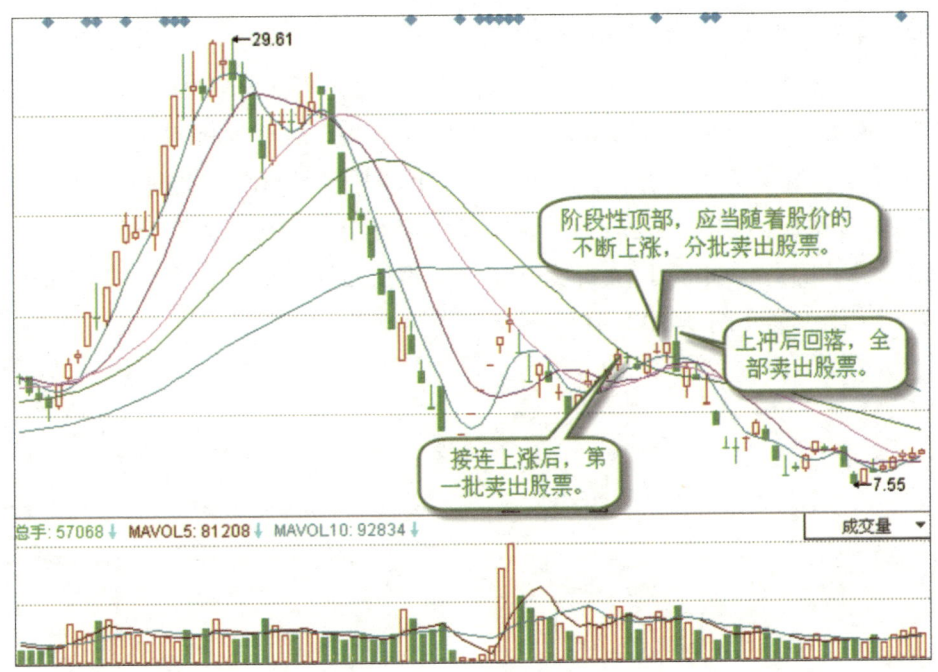

图 9-19 摩恩电气——日线图

实战要点：

1. 在震荡行情中，阶段性顶部的出现，是股价短期即将出现反转下跌的象征，因此应当选择卖出股票。

2. 如果出现快速形成阶段性顶部时，应当选择快速卖出股票。如果形成阶段性顶部的时间较长，可选择分批卖出股票。

3. 阶段性顶部属于股价阶段性高点，而震荡行情中股价往往会多次反复走高走低，因此投资者不能提前定好止赢价位，应根据顶部出现时的特征决定卖出，即使此时获利极小，只要阶段性顶部已然确定，就要果断卖出。

9.4.2 长阳卖出法

长阳卖出法指的是，当股价在震荡反弹的行情中，接连出现了上涨，并且涨幅短期内已经很大，却在此时突然出现了一根放量长阳，这往往是股价无力上冲前的垂死挣扎，尽管此时种种征兆并看不出股价有下跌的迹象，但同样要卖出股票。因为震荡行情中的反弹与单边上涨行情不同，即使再强劲的反弹力度也是有限的，快速的上涨，却往往预示着其后的快速下跌。

例如，艾迪西（002468）自2015年8月4日展开反弹以来，至8月14日已经出现了7连阳，股价短期已经上涨超过了30%，此时60日均线与30日均线均在向下运行，这说明盘中定然会受到中长期套牢筹码的卖出压力，因此，当8月14日突然拉出一根放量长阳时，投资者应当及时获利了结。如（图9-20）中所示：

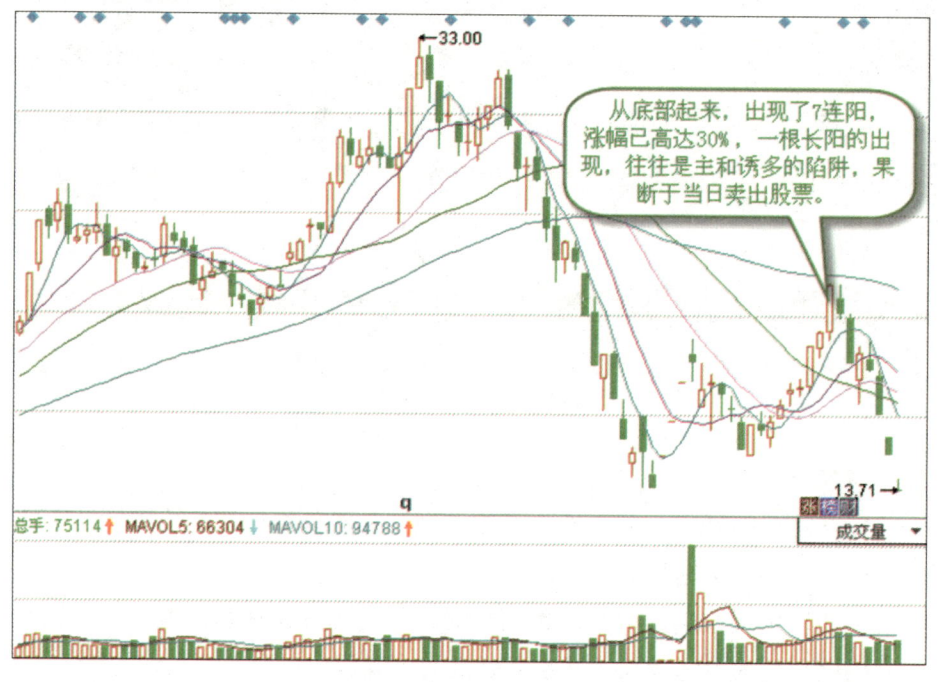

图9-20　艾迪西——日线图

实战要点：

1.震荡行情中出现的上涨行情，往往是阶段性的，因此在短期接连上涨后突然出现的长阳，反而往往是一种假象，因此应当及时卖出。

2.震荡向上行情中出现的放量长阳，往往是主力以小单频频卖出，而以大单做价拉高时有意做出来的，因此在K线上显示的成交量是呈阳性的，这往往成为主力诱多出货时的掩护，也是套牢短线跟风者的手段。

3. 一旦发现震荡行情中接连上涨后突然出现放量长阳时，投资者一定要注意，有时主力是用利好借机会出货，尤其是成交量格外放大的长阳。

9.4.3 涨停卖出法

涨停卖出法指的是，当股价在上涨过程中，经过一段上涨后，突然出现了一个涨停，但是却无法将股价封死在涨停价上，使得涨停板多次被打开，有的可能最终以涨停价收盘，有的会以低于涨停板的价格收盘。这种情况的出现，往往意味着主力将股价维持在涨停板附近，而有意借阶段性高位出货，因此这种形态的出现是一种卖出股票的信号。

比如，赣锋锂业（002460）在 2015 年 8 月 11 日就曾经出现过这种情况，当时，股价正处于反弹行情之中，当时从 8 月 4 日开始触底反弹，至 8 月 11 日，在短短数个交易日里，赣锋锂业的股价已经涨幅超过了 40%，但在 8 月 11 日，当日竟再次出现了快速涨停，并且涨停板一直封不死，因此，投资者应及时借涨停卖出股票。如（图 9-21）中所示：

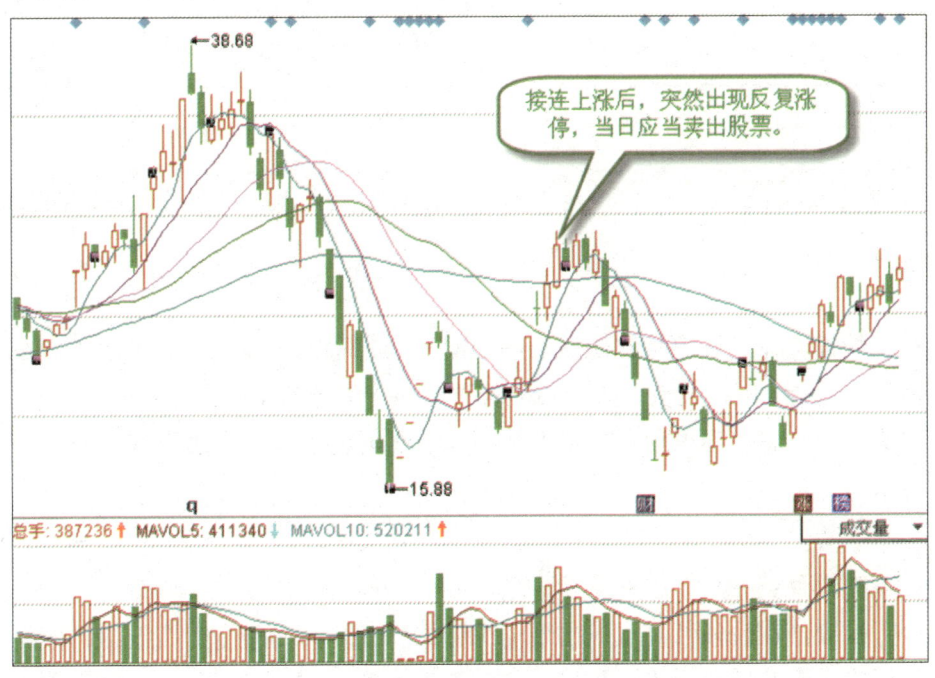

图 9-21　赣锋锂业——日线图

此时反弹幅度已接近50%，这说明主力在借涨停出货。此时如果观察当日的分时图即可看得一清二楚。当日，赣锋锂业在略有低开之后，在成交量的推动下，股价出现了快速上涨，并很快封于涨停板，但卖盘一直不断，涨停板随即被打开，但很多散户蜂拥而至，使得股价很快又封于涨停，但其后，涨停板又数次被打开，卖盘再次出现，当股价再次被封涨停后，直到尾盘时再次被打开，并且此时爆出大的成交量，股价再未封于涨停。如（图9-22）中所示：

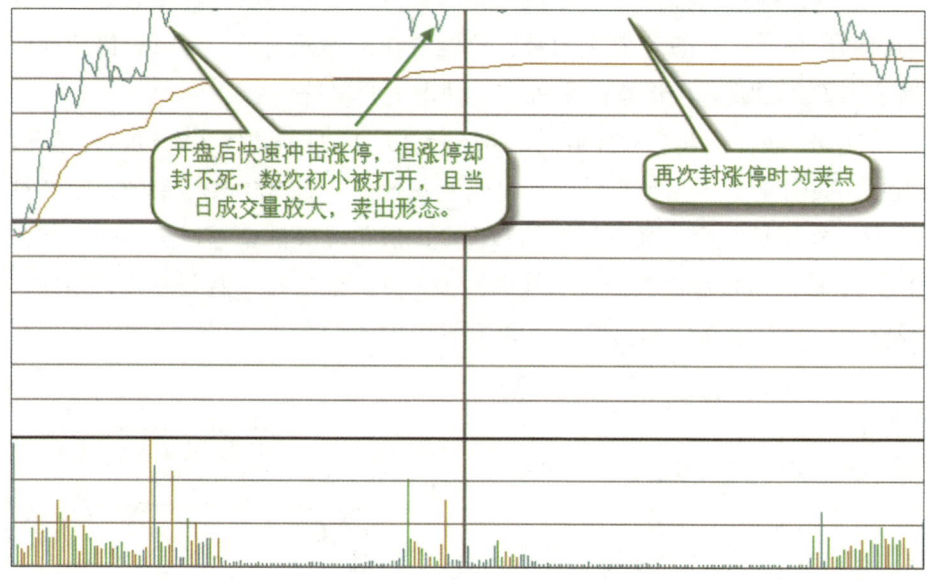

图 9-22　赣锋锂业——2015 年 8 月 11 日分时图

赣锋锂业的涨停板在阶段性高位时总也封不死的现象，这说明主力在借高位出货，因此投资者应当借股价再度封于涨停时果断于涨停价时卖出。因为其后，股价即出现了高位震荡，并很快出现了下跌，如（图9-21）中显示。

实战要点：

1.股价在阶段性高点时出现的涨停封不死，并不是主力在洗盘，而是在出货，因此应当卖出。如果是主力以涨停的方式洗盘，往往会出现在股价的低位区。

2. 越是在震荡行情中，短期涨幅较大的时候，并出现涨停封不死的现象时，越说明阶段性高点已经出现，应当回避。

3. 反弹高点出现涨停封不死的现象时，有时涨停板打开后即出现封不死的现象，因此，此时不可贪恋小的利润，应在涨停板打开后卖出即可。因为越是短期涨幅过大后出现的涨停封不死，后市看跌的概率越高，而且时间往往很短。

第十章　如何在震荡行情中捕捉黑马股

震荡行情往往也是黑马股蓄势待发，以借震荡行情中大展身手的时候，但是投资者如果想在震荡行情中实现一举捕捉到黑马股，这往往并非一件易事，因为要想擒住黑马股，就要明白在潜伏期、启动时都有哪些征兆，以及黑马股是怎样形成并出现的，这样投资者才能通过仔细的观察，在震荡行情中一举擒获黑马股。

10.1 黑马股选股策略

10.1.1 低起点

震荡行情往往是未来黑马股云集的时期，此时投资者如果想抓住未来的黑马股，应当从眼高手低做起，就是要做到看得远，但起点时一定要低。因为很多黑马股此时往往会借震荡行情充分洗盘，为未来的拉升做准备，所以，投资者此时着眼一定要低，选择那些业绩一直很好，但这一时期因业绩平平而表现较弱的股票。

比如，在 2014 年 6 月至 11 月期间，上证指数一路震荡上行，在 5 个月的时间里上涨了 500 多点，如（图 10-1）中所示：

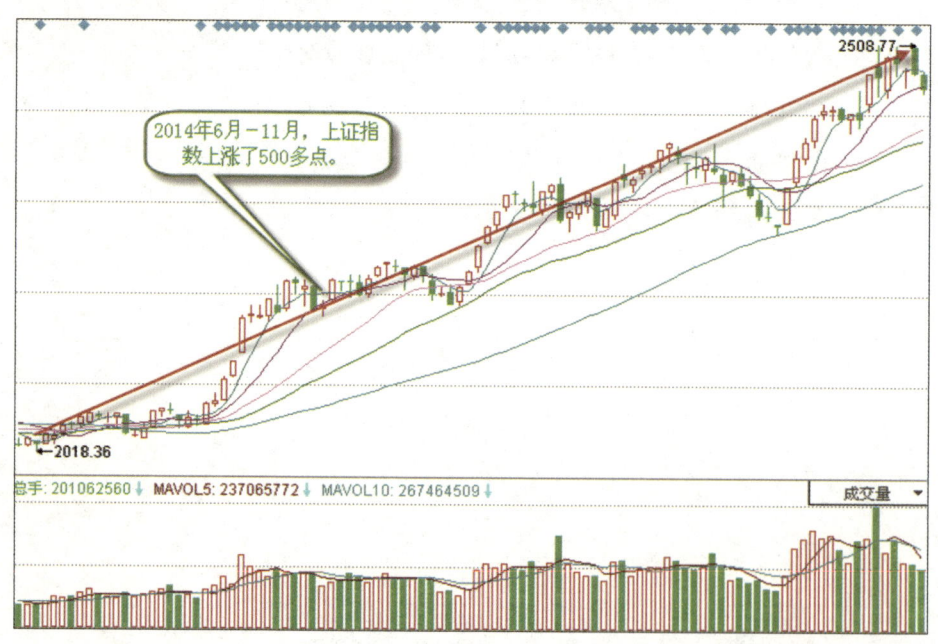

图 10-1　上证指数——2014 年 6 月至 11 月日线图

第十章 如何在震荡行情中捕捉黑马股

在此期间，很多个股都上涨了不少，最高了已经实现了翻倍的走势，少的也上涨了30%，可是如果再来看一下啤酒花（600090）呢？

在大盘指数及盘中个股纷纷上涨的浪潮中，啤酒花似乎不为所动，一直处于震荡整理的行情之中，股价一直维持在6.50元至7.50元之间上下震荡。这种情况极为不正常，因为大盘涨，它不涨；大盘跌它也不管，只是上下来回震荡，股价一直维持在7元左右的位置，而此时，盘中许多股票的价格都至少在10元以上。

再来看消息面，自2010年2月世界第五大酿酒集团嘉士伯接手啤酒花后，其后数年间，啤酒花的业绩一直一般，但在以啤酒为主业的前提下，啤酒花依然从事着果蔬产业、矿产产业和房地产业，一直多元化并举，在此期间，很多像啤酒花一样的小盘股不停地高送转后填权，只有它岿然不动。这一来说明公司不缺钱，二来表明主力一直在低价位蓄力，因此投资者应当在啤酒花低位蓄力之际果断买入股票。如（图10-2）中所示：

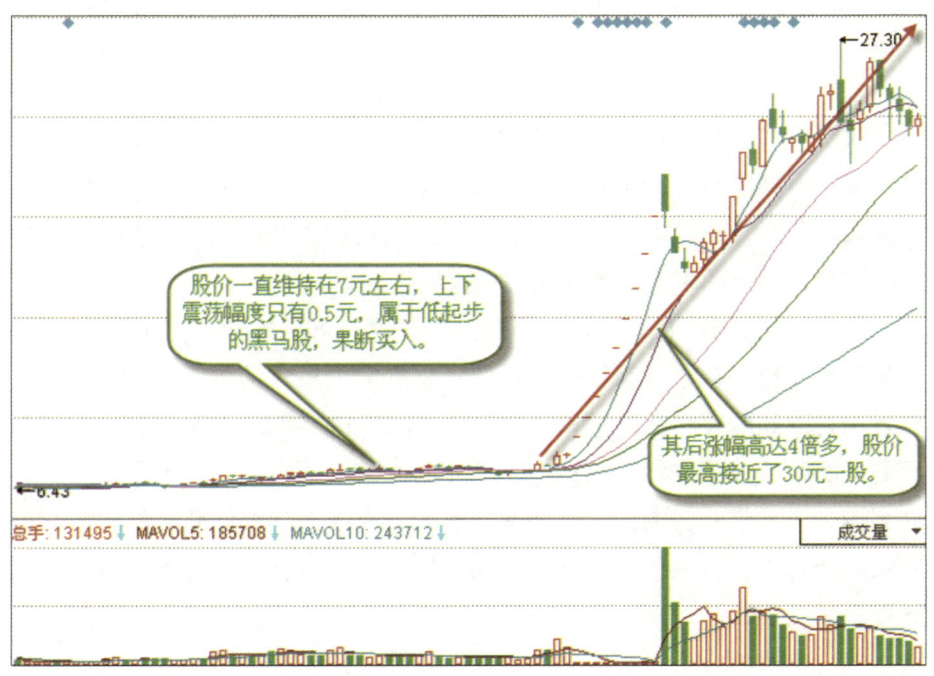

图10-2 啤酒花——日线图

其后,当公司业绩出现扭转之际,股价青云直上,在接连拉出9个"一"字涨停后,股价依然震荡上行,最高至2015年6月15日的29.15元,以当初的7.00元计,上涨幅度超过了4倍多,成为当之无愧的一匹黑马。

实战要点:

1. 在震荡行情中,黑马股往往不为外界所动,也就是大盘的涨跌似与其无关,大盘涨它不涨,大盘跌它也不管,直到主力收集到充足的筹码,后市才会一举拉升,瞬间跑盈大盘及许多股。

2. 越是股价低的股票,在震荡行情中一直处于箱体窄幅震荡中的股票,投资者越要引起注意,尤其是当时基本面尚好、但业绩一直一般的低价股,窄幅震荡的时间越久,后市涨幅越大。

3. 并不是在震荡行情中,所有的低价都能成为未来的黑马股,只有基本尚好但业绩一直一般的股票,未来才有可能成为黑马股。

10.1.2 看远景

投资者在震荡行情中寻找未来的黑马股时,还有一个重要的因素,就是看公司所属于行业的远景,而不要只把目光局限于眼前的得失。因为,从公司的业绩增长来看,只有那些未来发展潜力大的行业中的优质股,其业绩才会在不远的未来出现井喷式增长的。

比如,在2014年9月至2015年1月期间,如果投资者选择股票的话,就应当首先想一想,什么行情才是未来发展潜力最大的行业呢?此时,投资者最先想到的应当是马云和他的淘宝,因为在当年的"双11",淘宝当日的成交额超过了去年,高达571亿元的总成交额,远远超过了去年,而许多淘宝店也借马云的淘宝迅速成长起来,而未来的发展此时已明显看出互联网经营模式将取代传统销售模式,那么投资者首先要想到的就是互联网概念的股票。

第十章　如何在震荡行情中捕捉黑马股

此时再从两市去看，计算机应用板块自然会映入眼帘，而其中最令投资者熟悉的当首推生意宝（002095），从消费金融到B2B领域的"支付宝"，再到服装网购平台的建立，生意宝无疑是紧随淘宝其后的互联网商业巨头。

再从日线上看，此期间的生意宝一直在27.48元至37.65元之间震荡，股票均价一般在32元左右，价位不高，加上公司又有发展的远景，因此，此期间正好可以逢低买入。如（图10-3）中所示：

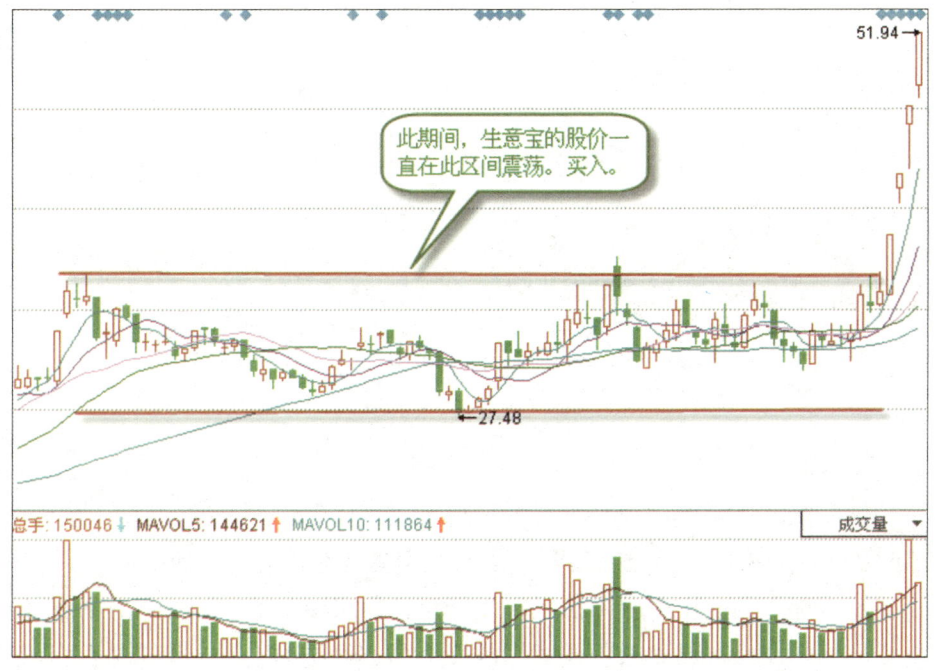

图10-3　生意宝——2014年9月至2015年1月日线图

果然，当股市行情见好的2015年1月下旬开始，生意宝出现了接连的上涨，至2015年6月初，股价从最初的32元左右上涨到了150多元，上涨幅度超过了400%，成为两市当之无愧的一匹黑马。如（图10-4）中所示：

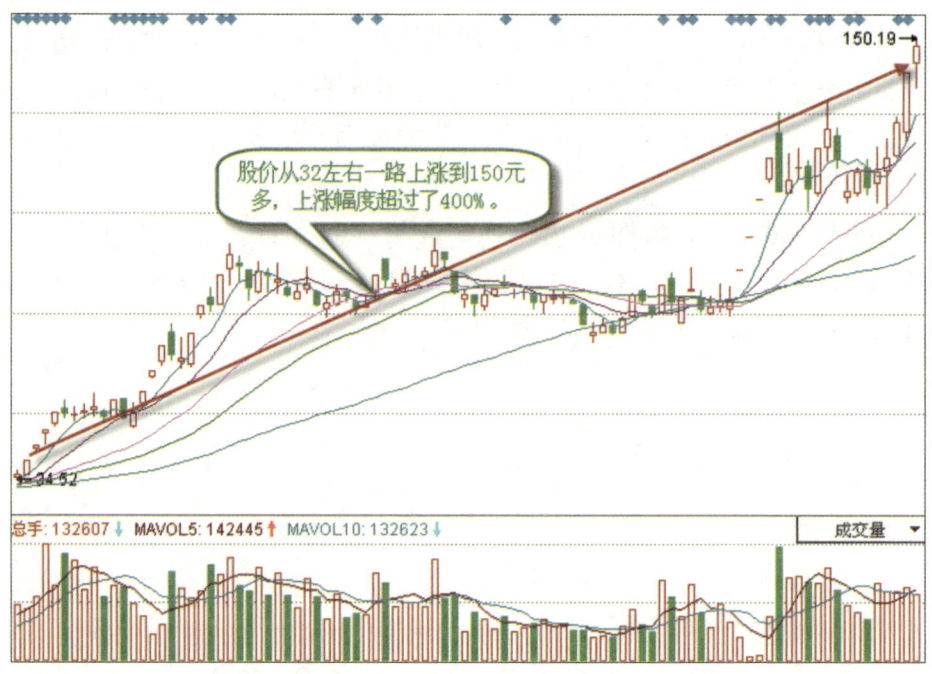

图 10-4 生意宝——2015 年 1 月至 6 月日线图

实战要点：

1. 在震荡行情中，当股价是低价位时，往往是投资者低价买入黑马股的时机，但只有那些行业有远景的公司，未来才有成为黑马股的潜力。

2. 尽管主力炒作个股的情况较为严重，但很多主力炒作个股往往也不是凭空炒作，只有那些未来业绩好的股票才有炒作的空间，但未来好的业绩要靠行业的远景来支撑，因此只有借震荡行情买入那些价格低又有远景的公司，才会捕捉到未来的黑马。

3. 有远景的行业及上市公司，才会有未来的故事，也就是借机炒作的动因，即使是买入后短期涨幅不大，后市收益也会十分可观的。

10.1.3 观动力

动力是一只股票上涨所需的能量，也就是说，只有那些主力介入现象明显的股票，才会在主力收集完筹码之后，突然出现井喷式的上涨的，

第十章 如何在震荡行情中捕捉黑马股

因此，看一只股票是否有动力，关键还是看主力介入的迹象，而黑马股因为后市涨幅很可观，因此要从更长的周期来观察一只股票的介入程度，因为一只股票的"底"越实，后市上涨起来才会劲头十足，成为万众瞩目的黑马股。

沃华医药（002107）在2013年8月至2014年8月期间，股价一直在10.18至14.50元之间上下徘徊，可以说在此长达一年的时间里，投资者即使是波段操作的高手，收益也是很少的。

如此反复，则说明主力在借机大举吸筹。而一旦吸筹力量稍大，将股价打压下去，打压到了10元多时，又因过多的吸筹行为导致股价再次攀升。

但主力不惜耗费如此长的时间来吸筹和震仓，并始终保持股价位于10.18至14.50元之间，则说明后市其涨幅定然会很大。因此，投资者此时只需看一下沃华医药的周线图即可明白，虽然日线上可以看到股价的上下起伏波段，但实际上周线上却清楚地说明了这一点，因此，投资者应当在此价格区间果断买入股票。如（图10-5）中所示：

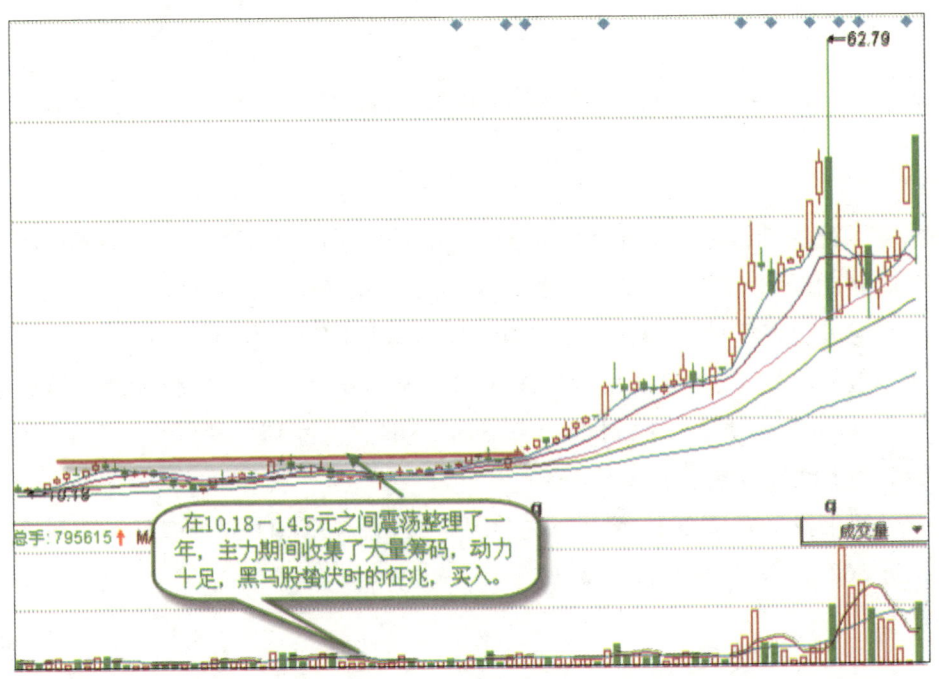

图10-5　沃华医药——2013年8月至2014年8月周线图

此时，再看一下日线，有起伏，有波段震荡，但特征并不明显。如（图10-6）中所示：

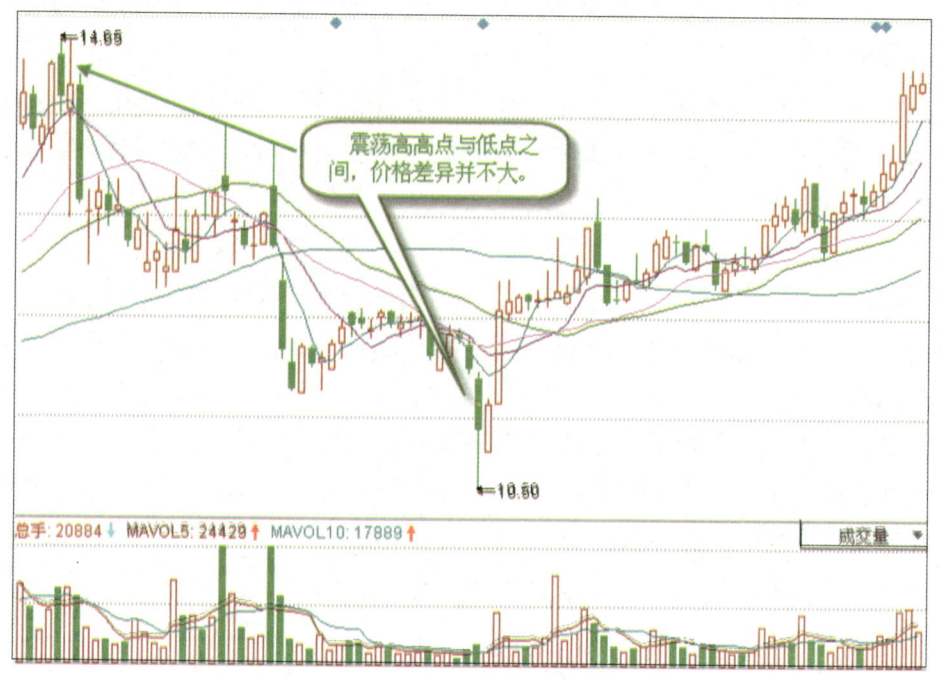

图10-6　沃华医药——2014年2月至6月日线图

尽管从日线上看并不大，但自2014年8月开始上涨后，由于沃华医药此时的动力相当大，股价一路上涨到了2015年3月18日的62.79元，此时与最初震荡时的14元左右相比，上涨幅度超过了400%。

这并不算完，在其后的10送10高送转方案实施后，股价又从送转后的开盘价27.50元，一路到2015年5月25日，上涨到了最高51.41元，送转后的上涨幅度超过了80%。

如果投资者从2014年8月之前买入的话，持有了10个多月，获利将接近500%，无疑骑了回大黑马。

第十章 如何在震荡行情中捕捉黑马股

实战要点：

1. 股票后市的上涨动力是否足，在于前期震荡行情时"底部"是否坚实，因此，只有周K线上的"底部"扎实的股票，才是未来的黑马股。

2. 黑马股买的是股票的未来，因此应当从长周期入手去寻找位于底部的股票，而日线或更短周期的K线，只能作为短线介入时的参考。

3. 观察股票的动力是否足够大到成为未来的黑马，在于看股票在震荡时期的筑底工程是否大，只有大到股价跌无可跌时，后市一旦涨起来才会马力十足。

10.2 黑马股选股技巧

10.2.1 成交量选股

尽管成交量异动的股票不一定是黑马股，但黑马股的形成必然会伴随着成交量的异动，但不同时期的黑马股，其成交量的异动也有所不同。

黑马股初期

黑马股在形成初期，成交量往往会出现均匀放大。一般来说，出现不规则的放量时，短线会有大幅振荡，但并不会产生连续上扬的行情。只有当成交量出现均匀、持续放大时，行情才能连续上扬，也才能出现黑马股。

比如，在2014年时10月，用友网络（600588）刚刚走出底部区域出现上涨，但在此期间，股价处于震荡逐渐向上运行的趋势，成交量也呈现出持续温和的放大，从而走出一波上涨行情。如（图10-7）中所示：

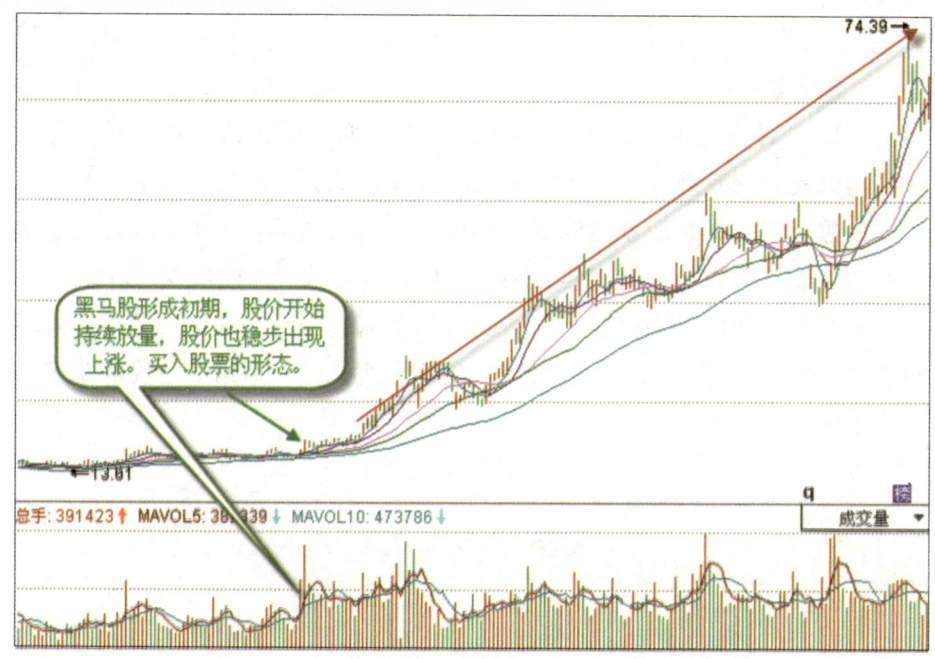

图 10-7 用友网络——周线图

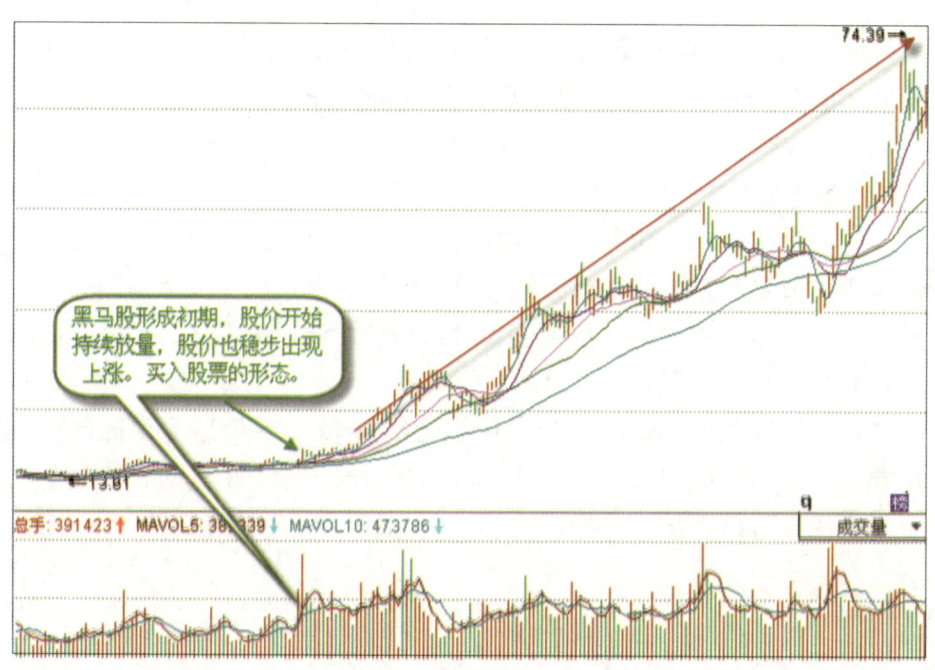

图 10-8 久其软件——日线图

第十章　如何在震荡行情中捕捉黑马股

黑马股中期

在黑马股形成中期时，成交量是极度萎缩的，因为主力在建仓后都要进行打压洗盘，从而令成交量出现大幅萎缩。当成交量突然出现再度放大时，则说明黑马股即将启动了，此时投资者可介入。

久其软件（002279）在 2014 年 10 月至 2015 年 1 月期间，由于主力的震仓洗盘，每当股价出现下跌时，成交量即出现极度的萎缩，至 2015 年 1 月 9 日，成交量突然放大，从此开始了上涨。如（图 10-8）中所示：

黑马股后期

黑马股在后期，往往出现缩量拉升，放量出货。由于此时主力控盘的程度较高，因此在上涨的过程中，往往成交量一般，保持量小或缩量状态，当股价进入派发区域后，应特别注意成交量的变化，当派发区域成交量大的时候应考虑减仓或清仓出局。

比如，精华制药（002349）在经过 9 个 "一" 字涨停后，于 2015 年 6 月 5 日打开涨停板后，突然放出了巨量，并且此时，股价上涨时缩量，下跌时反而放量，这说明主力在借机高位出货，因此投资者此时应当及时卖出股票，获利了结。如（图 10-9）中所示：

实战要点：

1. 成交量是阴阳转化的动力，只有放量，才能促使阴阳向相反的方向转化，尤其是在低位区出现温和放量的股票，投资者应当观察是否会成为启动前的黑马股。

2. 黑马股在完成震荡洗盘后，成交量一旦出现数倍放大，则往往是黑马股启动前的征兆，此时应当果断买入。

3. 在买入黑马股后，一旦发现股价在高位区出现缩量上涨、下跌放量的现象时，则说明主力正在高位派发，应当及时获利了结。

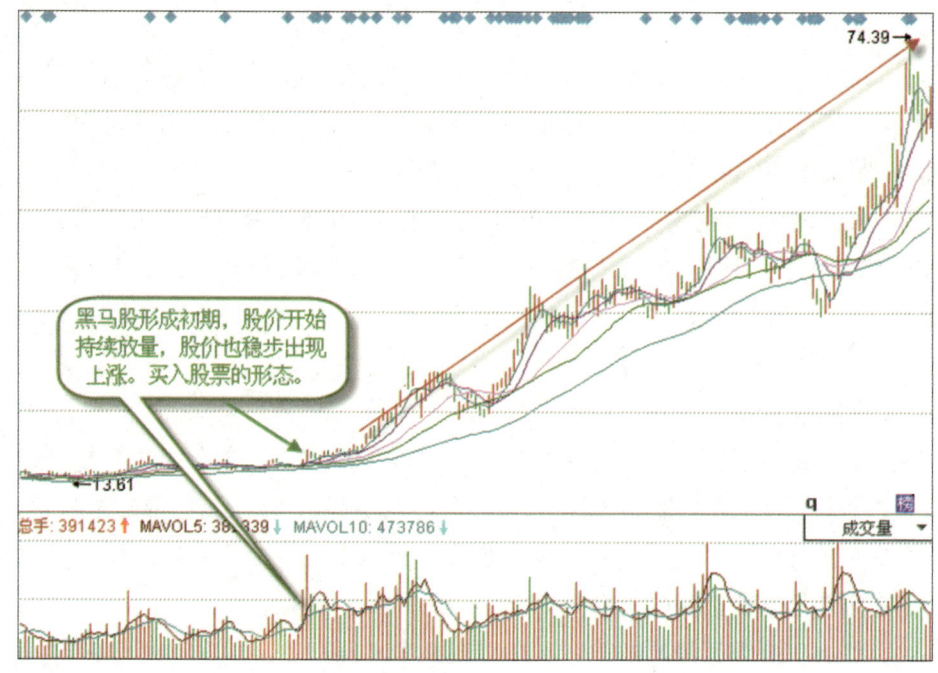

图 10-9　精华制药——日线图

10.2.2 排行榜选股

综合排行榜往往是黑马股经常登台表演的大舞台，因此，投资者只要将目光锁定在排行榜上，即可捕捉到黑马股，但不同的排行榜同样会发现相同的黑马。

涨幅排行榜

在涨幅排行榜上排名前列的个股身上，往往云集着许多黑马，筛选的标准是，若大盘处于振荡过程中，则目标个股涨幅要达到 5% 以上；大盘处于振荡盘整过程中，目标个股走势至少要强于大盘并不时有些异常波动。

比如在 2015 年 8 月 6 日，梅雁吉祥（600868）此时的涨幅为 6.99%，当时虽然未曾涨停，但涨幅已经超过了 5%，此时即可将其列为目标股，此时再从分时图上比对梅雁吉祥与大盘的走势，就会发现，梅雁吉祥的走势在当天是强于大盘的，如（图 10-10）及（图 10-11）中所示：

第十章 如何在震荡行情中捕捉黑马股

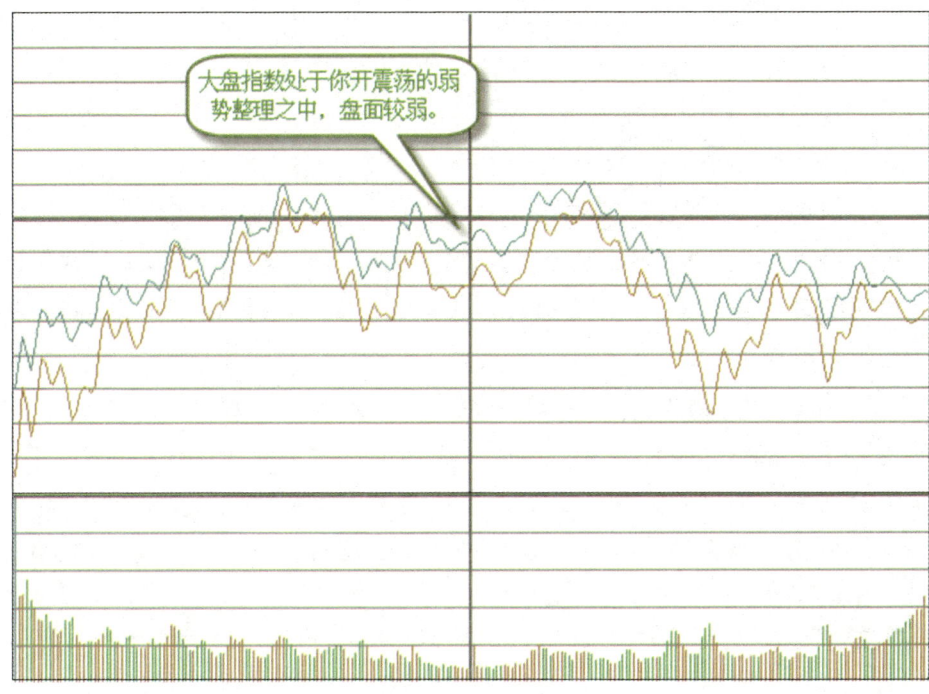

图 10-10 上证指数——2015 年 8 月 6 日分时图

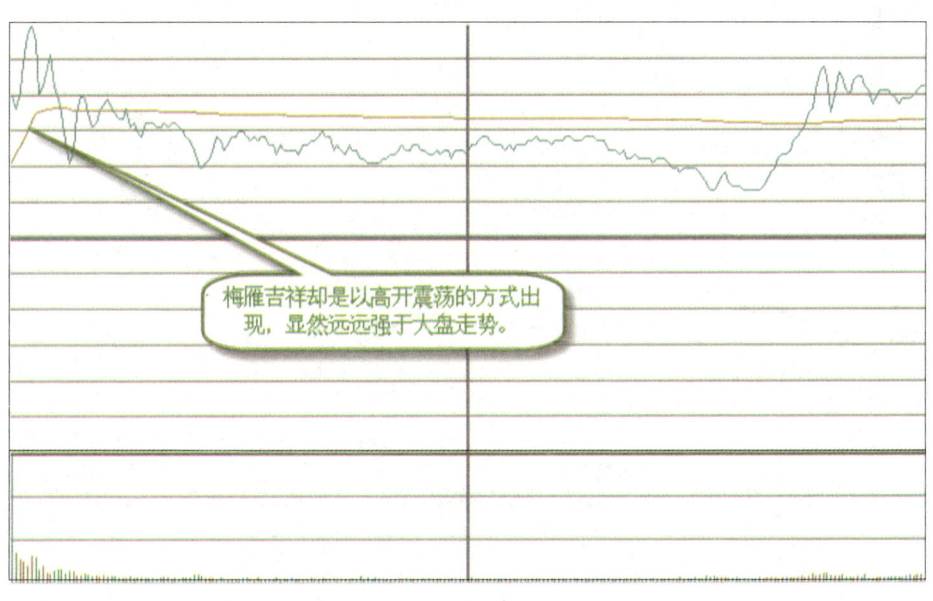

图 10-11 梅雁吉祥——2015 年 8 月 6 日分时图

此时,当发现了梅雁吉祥在 2015 年 8 月 6 日走出了有别于大盘走势的独立行情后,即可将其锁定为目标,继续观察了。

振幅排行榜

振幅是指当日股票的最高价与最低价之间浮动的比率,由于受涨、跌停板的限制,一只股票当日最大的振幅为 20%。因此,超过 5% 以上的振幅,就说明股票当日的换手率一定很大,能够充分在当日得到换手,从而有利于后市的拉升。

在 2015 年 8 月 6 日的振幅排行榜上,梅雁吉祥榜上有名,全天振幅达到了 8.26%,而其盘子并不大,流通的股本只有 189814.87 手,振幅不算太大,但已经达到了要求,当日的换手率却达到了 25.76%,489 万手,成交量呈突然放大的趋势,并且是近期的第一放量。如(图 10-12)中所示:

图 10-12　梅雁吉祥——日线图

周 K 线 KDJ 指标

在满足了以上条件后，则要观察周 K 线了，当该股票在周 K 线图中的 KDJ 指标等刚刚在低位形成金叉或股价在黄金区域运行时，则说明这只股票已经具备了短线攻击的条件，很有可能会成为短线爆发的短线黑马。

比如梅雁吉祥，在满足了前面的几个条件后，无论在涨幅排行榜及振幅排行榜上均出现后，当日换手率也都符合了条件，而此时，在周 K 线上，恰好同样出现了 KDJ 金叉。如（图 10-13）中所示：

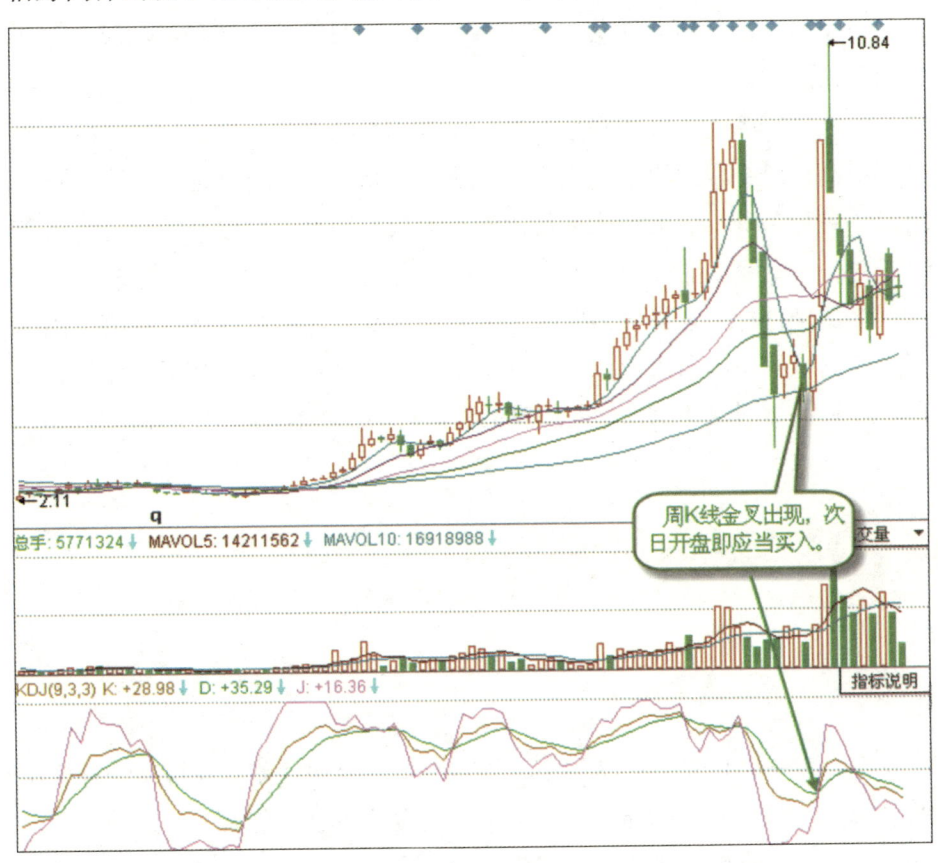

图 10-13　梅雁吉祥——周 K 线、KDJ 指标

此时则说明，梅雁吉祥已具备了短线快速上涨的条件，应当在次日开

盘后，果断买入股票，因为在此之后梅雁吉祥将成为弱市中快速上涨的一匹刚刚启动的黑马。果然，如（图10-12）中所示，在2015年8月7日，股价开盘略探低震荡后即出现涨停，并接连拉出了7个涨停，在2015年8月18日涨停被打开，涨幅短期内超过了100%，成了弱市中一只耀眼的黑马股。

实战要点：

1. 在排行榜上选择黑马股时，不一定非要选择排名靠前的股票，也不是只有排名靠前的股票才会具有黑马特质的，只有符合了条件的股票才能成为买入的目标。

2. 从排行榜上选择黑马股时，一定要综合各个排行榜，如果有一个条件不能满足时，也要谨慎买入，因为震荡行情中什么意外都会发生，只有符合了各种条件，才能最大限度地降低风险，因此，在根据排行榜买入黑马股时，一定要提前设好止损位，如行情出现突变时，应当果断离场。

3. 从排行榜中选择黑马股时，最后一定要结合周K线进行观察，因为主力所制造的所有假象可以在日线上形成，但是在周线上却很难作假，因此，周K线如同照妖镜，任何庄家的做假行为都会在周K线上显形。

10.3 逆向思维选择黑马股

10.3.1 冷门股

冷门股一般是那些交易量小、周转率低、流通性差、股价变动幅度小的股票，因而较少有投资者关注，所以通常以横盘震荡为主，这种股票的上市公司往往业绩不佳，投资有较大的风险。其中一种冷门股票是前期大幅上涨，然后不断震荡下跌。但是冷门股也不是绝对的冷，有时碰上机遇，也经常会爆出冷门，成为震荡行情中一只靓丽的黑马股。

比如，在整个2014年里，很多股票轮流上场，但是有一只股票却很

第十章　如何在震荡行情中捕捉黑马股

少受到投资者的关注，那就是万安科技（002590）。按照行业的分属来看，万字科技属于洗车零部件行业，并且盘子也极小，但是当时却没有多少投资者关注它，以至于一年的时间里，万安科技几乎没有登上过龙虎榜，股价也走势平平，一直在9至16元之间来回震荡，即使是在2014年5月高送转期间，因送转幅度小，也未受到过大多人的关注。如（图10-14）中所示：

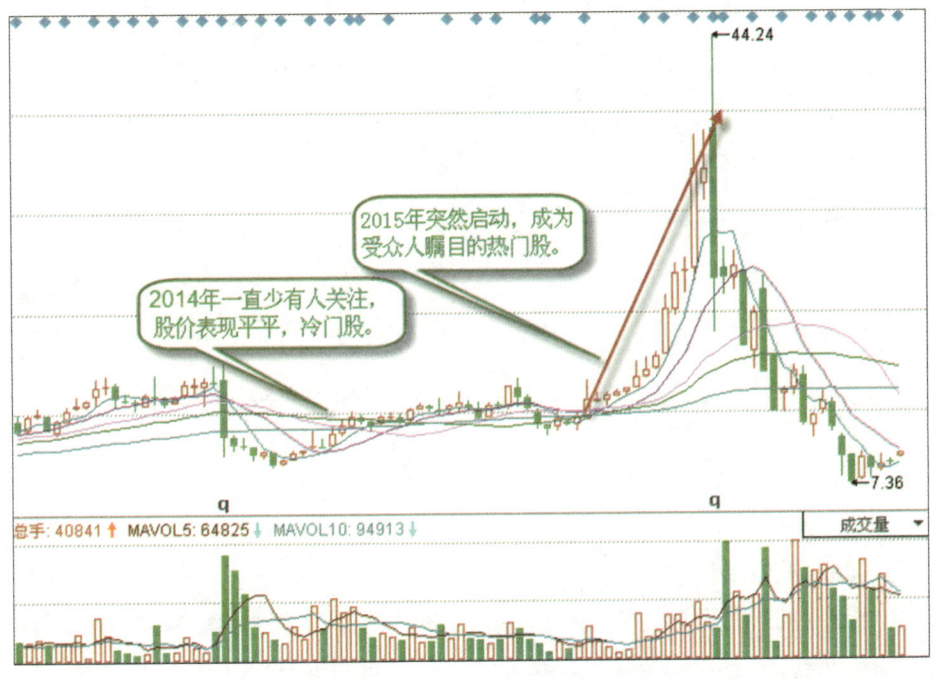

图10-14　万安科技——周线图

此时，如果进一步从日线上，即可清楚地发现，万安科技的股价在此期间极少出现涨停，在2015年1月28日突然出现涨停，但次日即出现了放量下跌，此后走势平平。直到2015年2月27日突然出现了放量涨停，而后两个交易中，量能突然出现放大，股价接连上涨。其后，成交量稳步上升降，股价结束长达1年的震荡走势，一路从10元左右上涨到了2015年5月29日的44.24元，在不到3个月的时间里，一个一直备受冷落的冷门股突然变身为投资者追捧的热门股，股价上涨幅度高达300%，成为当之无愧的黑马股。如（图10-15）中所示：

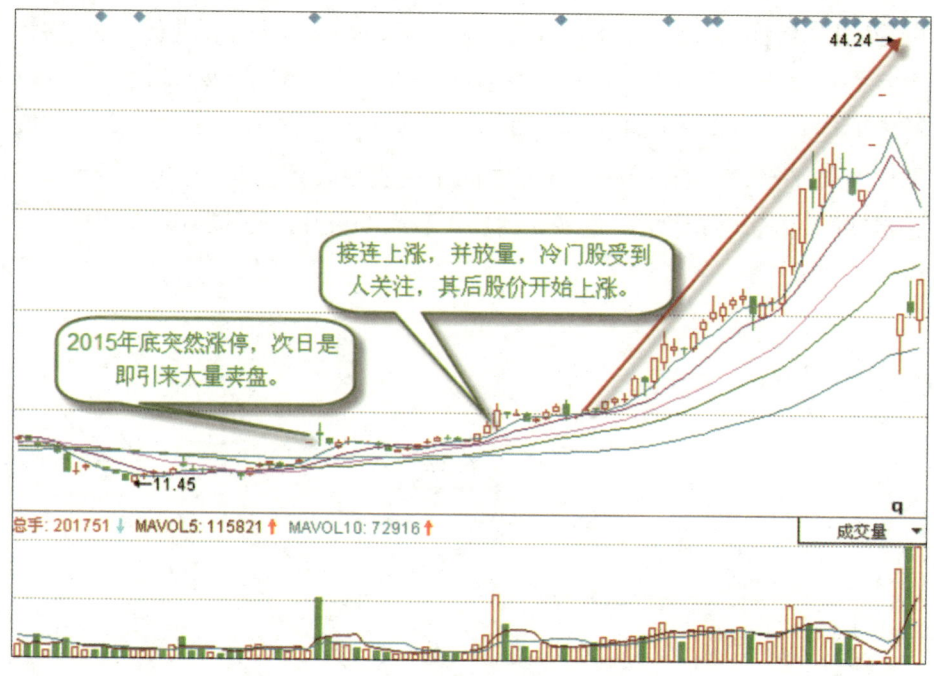

图 10-15　万安科技——日线图

实战要点：

1. 冷门股暴热成为热门股，并非一件易事，投资者可以在震荡行情中关注那些行业较好但业绩一般的冷门股，一旦行业转暖，则业绩的突然提升，极有可能使冷门股变为热门股。

2. 在寻找冷门股中未来的黑马时，应当多从周线上观察，只有那些股价在震荡行中上下浮动幅度不大、成交量一直处于低量温的冷门股，未来才有可能爆发为黑马股。

3. 冷门股通常极少出现在龙虎榜上，也极少出现涨停，投资者要持续观察后，在冷门股启动时选择买入股票。

10.3.2 行情震荡，利空频出

在震荡行情中，很多个股经常会出现许多的利空消息，从而令本来就有些脆弱的市场变得更加脆弱，股价在下跌过程中出现一跌再跌。表面看

第十章　如何在震荡行情中捕捉黑马股

起来，投资者应当回避这些股票。可事实上，主力往往借这些利空消息进一步打压股价，而令投资者不敢在低位承接这些股票，从而买到大量的低价筹码。然而利空出尽是利好，因为公司的基本面没有发生变化，只是外部环境略有改变，因此，当所有的利空都出尽了时，也是很多震荡行情中频遇利空打击的个股苦尽甘来之际。破鼓万人锤的"落水狗"此时往往会摇身一变，成为了腾空而起的"黑马王子"。

例如，云天化（600096）自2014年4月进入震荡行情以来，利空消息可谓频出，先是公司发布了限售股解禁的公告，股价出现了震荡下跌，接着公司的半年报又显示，公司业绩出现了小幅的亏损，让股价随后在低位徘徊。接下来，各种研报又纷纷出台，因为此时外盘的钾肥公司出现了大幅暴跌，而钾肥也开始面临连续的降价，使得原本刚刚有些起色的股价继续震荡走低。如（图10-16）中所示：

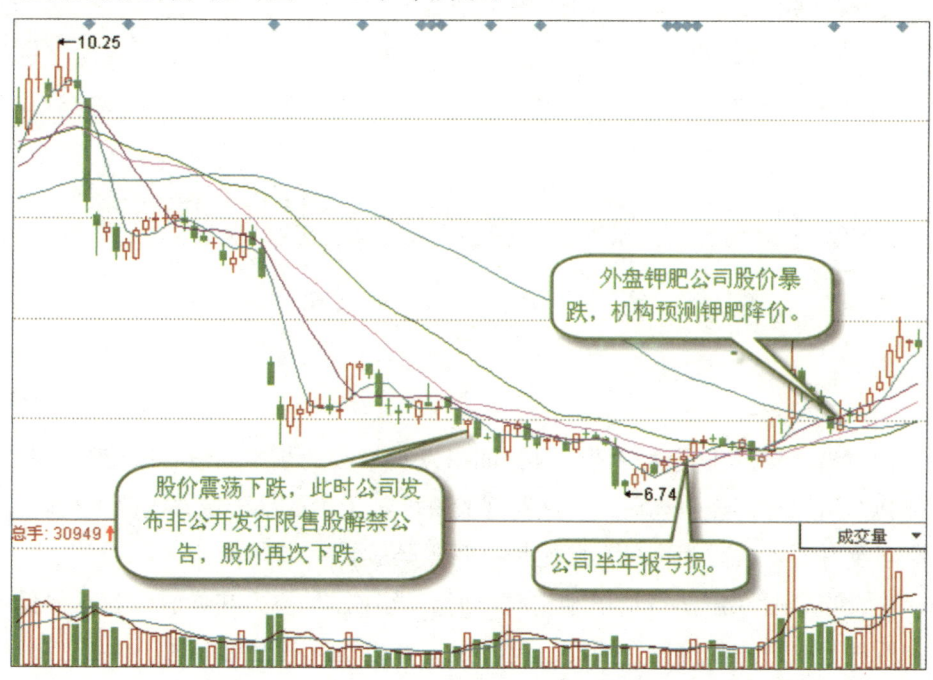

图10-16　云天化——2014年4月至8月日线图

这一时期的云天化可谓四面楚歌，没有一家机构发出看好之声，但股价却从2014年8月开始走出底部区域后，略有震荡即出现了快速上涨，其后涨幅高达近300%，成为一匹当之无愧的黑马。因此投资者应在利空频出而股价走出低部区域时选择大胆买入。如（图10-17）中所示：

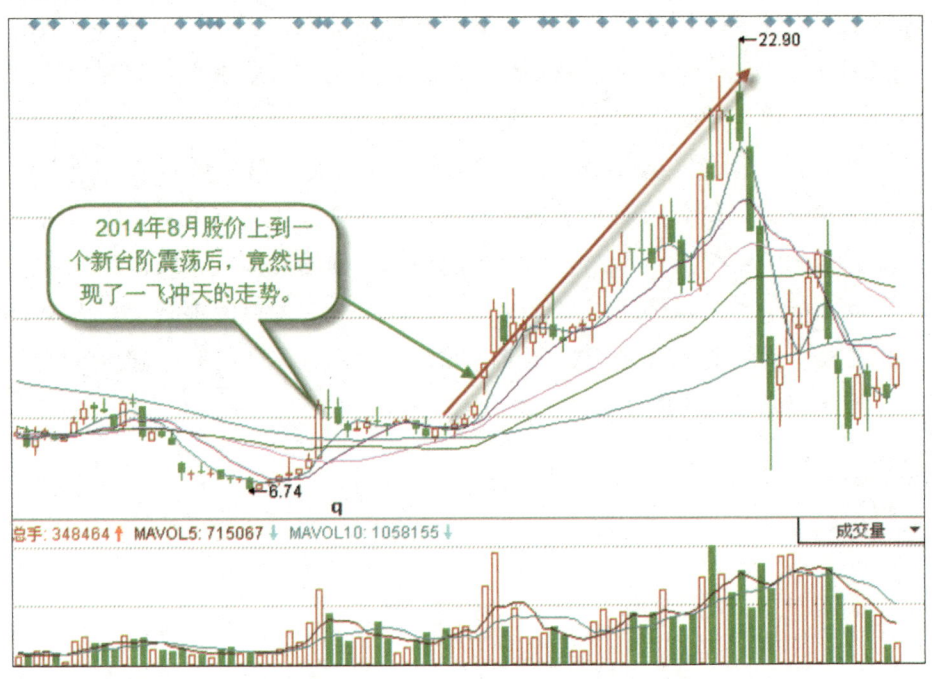

图10-17　云天化——周线图

实战要点：

1.当市场处于震荡行情中时，如果发现个股的基本面没有改变、但各种利空消息却接连出现后，一旦发现股价已经走出底部区域并震荡上行时，应当及时买入，因为这极有可能是一匹黑马股。

2.当个股在震荡行情中利空频出时，这往往是主力在借股价震荡寻低时所进行的进一步打压，因此，此时投资者应当反其道而行之。

3.在震荡行情中，投资者只有保持冷静的头脑，才能于"乱世"中抓住黎明前的黑马股。

10.3.3 异动个股

在震荡行情中,盘中个股往往是涨跌不一的,因为此时往往大盘无法左右个股的具体走势,因此,此时的盘中个股往往会呈现出一种百花齐放的情况。尤其是当大盘处于反弹行情中时,很多股票的启动往往就是在此时开始启动的,所以,此时投资者一定要多观察,一旦发现盘中有异动的个股,则极有可能是一匹黑马股在蠢蠢欲动了,投资者应当及时根据情况快速抓住这些异动的股票。

例如,北斗星通(002151)在2014年12月26日复牌,当时处于震荡行情之中,复牌后的北斗星通以"一"字跌停的方式出现,但当天的换手率却高达了8%。其后,股价继续震荡下跌,并创出新低32.40元,可是在此期间的换手率一直居高不下,平均每天有4%左右。

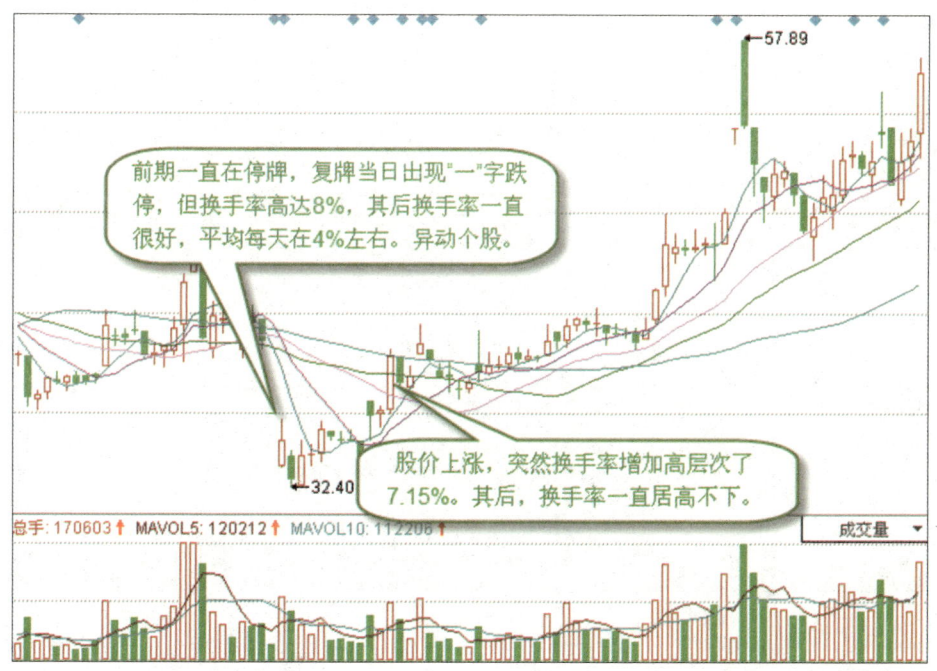

图10-18　北斗星通——2014年12月至2015年5月日线图

2015年1月22日，北斗星通换手率突然上到了7个多点，当日股价即走出底部上到了一个新的价格平台。可是在平台震荡整理期间，每天的换手率依然维持在4%左右，这说明北斗星通在复牌后，有资金在借机大举吃进筹码，并且这种状态从2014年12月底一直维持到了2015年3月中旬，时间长达了3个半月之久。

到了2015年3月16日，北斗星通的换手率突然再次提高到了7.63%，出现了突然的放大，股价也出现了快速的明显上涨，此时投资者应当及时买入，因为这说明主力已经快速完仓，即将开始向上拉升了。果不其然，其后至2015年5月27日，在两个多月的时间里，股价即最高冲至了82.89元，短期上涨幅度超过了100%，无疑成了一匹快速启动的黑马。如（图10-19）中所示：

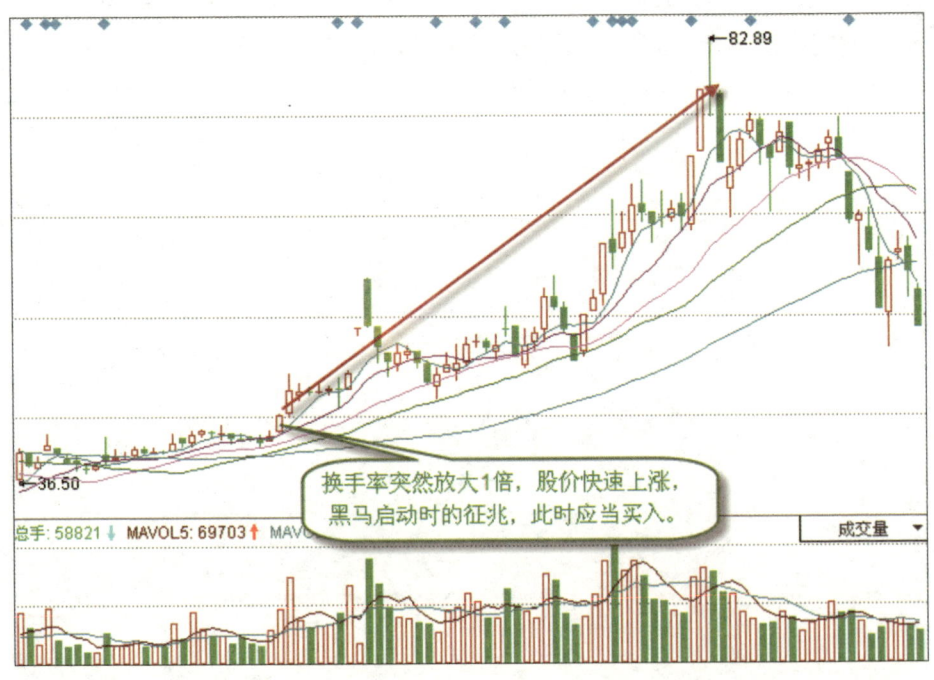

图10-19　北斗星通——2015年1月至6月日线图

第十章 如何在震荡行情中捕捉黑马股

实战要点：

1. 股票的异动与人的异常行为相同，只有发生内在的变化时，表象才会出现异动。因此，股票在异动之后必然会引发异常的行为，黑马股突然启动时就是这样。

2. 震荡行情中异动的个股，最先表现在每天的换手率上，但突然的启动之前，必然有接连的异动行为，投资者想要捕捉黑马股，就要在个股异动之初留心观察。

3. 除了换手率的异常，还有量比、振幅、成交及涨幅等方面，投资者想要捕捉震荡行情中的黑马股，可以平时多关注炒股软件中的综合排名，从而通过跟踪观察捕捉黑马股。

10.3.4 量能异常个股

在震荡行情中，量能的异常同样是一个不容忽视的现象，因为黑马股要想起动，没有突然的量能是无法完成盘中的快速拉升的。因此，投资者要想捕捉到黑马股，必须从成交量上仔细观察。通常而言，黑马股在启动前，成交量往往是比较均匀的，只有启动前，才会呈现出缓步增量的现象。所以，投资者在震荡行情中应当时刻关注股票的成交量。

例如，博彦科技（002649）在2014年期间，股价一直处于震荡行情之中，但震荡的幅度并不大，每当震荡到高点时，成交量即刻出现了缩减，股价回落到阶段性低点时，成交量又出现了逐渐放大，像波浪一样上下起伏。这是因为，主力在借震荡高点时刻意打压股价，但至震荡低点时又在大举吸筹，从而引起股价上涨，但上涨到一定幅度时再次缩量打压，如此反复，如（图10-20）中所示：

此时，如果再观察日线就会发现，在2014年12月下旬，博彦科技开始破位下行，并形成圆底形态，当圆弧底左侧已经形成后，成交量突然出现了高于之前一倍以上的逐渐放大，但股价却呈稳步上升状态，这说明博彦科技经过长达一年的震荡，开始启动了。如（图10-21）中所示：

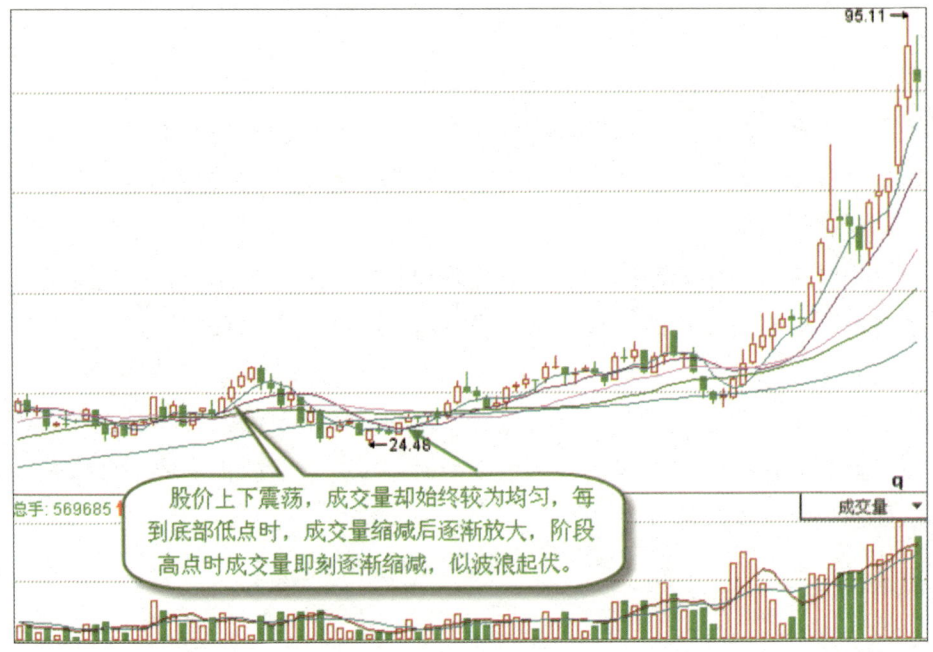

图 10-20　博彦科技——周线图

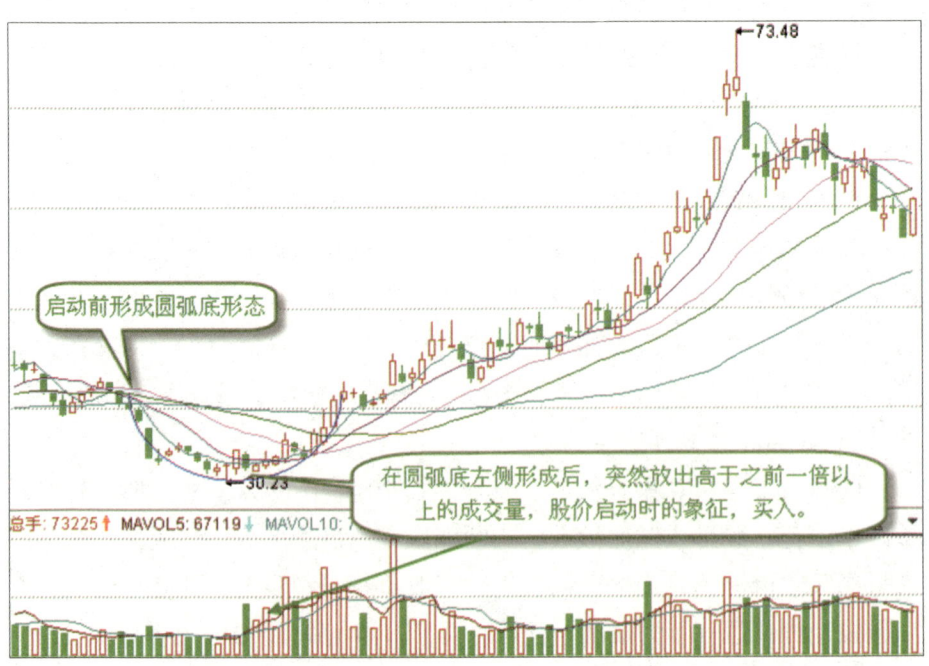

图 10-21　博彦科技——日线图

第十章　如何在震荡行情中捕捉黑马股

其后,博彦科技在一举形成圆弧底的右侧后,出现了一路上涨,如(图10-20)中显示,股价最高冲至了95.11元,历时5个月,上涨幅度达到了300%。因此,投资者应当在底部形态明显,且出现突然放量时果断介入。

实战要点:

1. 黑马股在震荡行情中,往往是人家涨它涨得少,人家跌它反而借机微跌,成交量始终处于一种温和的变化中,但一旦放出量时,即使股价出现微涨,也是启动时的征兆,投资者应当及时抓住机会买入。

2. 黑马股在启动前,K线形态上往往会出现明显的各种底部形态,但量能往往随着股价的下跌不降反升,一旦出现放量,则是走出底部的信号。

3. 仅仅从成交量上观察,黑马股往往是和其他股票呈相反状态的,别的股票上涨放量,它却缩量以抑制股价上涨,震荡下跌时则恰恰相反,出现逐步增量,从而封死了股价进一步下跌的空间。